THINK TANK
REPORT

构建合理有序的公务员收入分配制度研究

Study on Establishing A Reasonable and Orderly Income Distribution System of Civil Servants

权衡　等 / 著

上海社会科学院出版社
SHANGHAI ACADEMY OF SOCIAL SCIENCES PRESS

本书系国家社科项目“合理有序收入分配格局下公务员收入分配制度改革研究”(14BJL036)的研究成果；

本书系上海社会科学院国家高端智库研究成果(扩展版研究)；

本书系国家万人计划哲学社会科学领军人才、中宣部“四个一批”人才研究资助项目。

序 言

改革开放以来，中国居民收入的基尼系数从0.3左右上升到2008年的0.491，目前中国的总体基尼系数徘徊在0.47—0.49的范围内，2014年为0.469。[①] 伴随着经济规模的迅速增长，中国已经由一个较为平等的国家，逐步发展成为一个收入差距持续扩大且存在分配不公的国家。[②]

一、公务员收入分配：充满争议和敏感的问题

目前，对公务员是否该“涨工资”的争论是在中国经济长期增长但收入差距持续扩大的背景下产生的，公务员工资的制定依据是什么？公务员工资多少才算合理？公务员工资高和低的标准是什么？这些问题折射出日渐分化的社会利益群体在经济下行过程中关注自身合法权益的复杂而又敏感的社会心理。从公务员收入分配制度切入研究中国的收入分配问题，实际上是在城乡之间、城

① 数据来源：国家统计局。
② 参见李实、佐藤宏：《经济转型的代价：中国城市失业、贫困、收入差距的经验分析》，中国财政经济出版社2004年版。

乡内部不同收入组、行业和不同所有制企业的传统分类视角之外，又增添了一个新的研究视角，或者说是体制内和体制外的视角。这一视角之所以重要，是因为它不仅反映出中国特色社会主义制度下社会管理者参与社会产品分享的过程，体现了中国社会经济转型过程中政府与市场的关系问题；而且还能产生对公权力的激励与约束机制，涉及公务员队伍的公正廉洁、政府的公信力与行政效率等问题。更进一步，公务员的收入来源还同财政分权与财政预决算体制有关，包括政府的预算外收入、“三公”经费的支出与使用、土地财政以及房地产行业发展等现阶段社会经济发展中面临的诸多重大问题。可见，公务员收入分配问题绝非简单的公共部门内部的利益分配问题，而是同整个国家的经济发展模式、收入分配秩序、财税体制和行政体制改革等休戚相关。①

为此，公务员收入分配制度改革或将成为全面深化改革的一个重要的突破口，具有深刻的社会影响与改革的示范效应。构建合理有序的公务员工资收入分配制度，是实现十八届三中全会提出的构建合理有序的收入分配格局的重心，也是规范收入分配秩序，实现“权利公平、机会公平、规则公平”分配原则的重要举措。现阶段，公务员工资收入分配失范的核心问题是，既在理论层面缺乏科学的指导依据与客观标准，又在实践层面存在大量不规范的收入来源导致收入分配秩序混乱、管理失范。所以要全面深化公务员收入分配改革，必须规范公务员收入分配的理论建构，消除现

① 周知秋：《公务员收入分配改革亟须破除的四个困惑——权衡等访谈》，《东方早报》2014年3月11日。

实困惑，引导改革突围。

二、激励错位：公务员工资与津补贴“倒挂”

在改革的推进过程中，公务员工资和公务员收入是两个截然不同的概念，必须加以区分，不能混为一谈。目前，公务员收入主要由两部分组成，一是工资，二是津贴和补贴。从结构上看，公务员工资只占公务员收入的很小一部分，为20%—30%，其余都是津补贴。

我国公务员工资制度分别在1956年、1985年、1993年、2006年和2015年经历了5次比较大的调整，改革朝着不断细化和规范化的方向前进。在2006年7月1日起正式实施的《公务员工资制度改革方案》(以下简称《方案》)中，明确规定了公务员工资由职务工资和级别工资两部分构成。其中，职务工资主要体现公务员的工作职责大小，从国家级正职到办事员共分12个类别，而且领导职务和相当职务层次的非领导职务对应不同的工资标准。级别工资主要体现公务员的工作实绩和资历，每一职务层次对应若干个级别，共27级，每一级别又设6—14个工资档次不等。公务员根据所任职务、德才表现、工作实绩和资历确定级别和级别工资档次，执行相应的级别工资标准。①

① 周知秋：《公务员收入分配改革亟须破除的四个困惑——权衡等访谈》，《东方早报》2014年3月11日。

这样的工资结构一直沿用至今，基本上形成了“职务与级别挂钩、档次与工资绩效和年限挂钩”的工资形成机制，以及对于年度考核称职的公务员，实行“五年一晋级、两年一晋档”的工资增长机制。那么，这样的工资形成机制和增长机制能否达到《方案》制定伊始提出的，适当拉开公务员工资收入差距以及工资合理增长的预期目标呢？同2006年《方案》出台之前相比，各级公务员的收入差距一定程度上有所拉开，这是对以往平均主义“大锅饭”的否定，有助于形成正向的工资激励。如果把12类职务的职务工资与级别工资加总后简单地区分为高、中、低三组，那么三组的工资比在2006年前后大致从1∶2∶3提高到了1∶3∶7，这同美国、日本等一些发达国家比较接近，[①]因此，《方案》所制定的公务员工资差距相对而言是比较合理的。

但问题在于，现行公务员工资水平严重偏低，即使是国家级正职领导人，其职务工资和级别工资的总和也不超过8 000元，按照工资占收入20%的比例，换算成年薪，大约是45万元人民币，即7万美元左右，仅相当于一名普通的美联邦公务员2004年的全年收入，远低于新加坡、美国、日本、英国、中国香港特别行政区和中国台湾等国家和地区领导人的年度薪酬水平。[②]

一个更容易引发争议的问题是，现行公务员工资的增长往往是同职务联系在一起的，而且由于对公务员业绩评定有时存在较

---

① 周知秋：《公务员收入分配改革亟须破除的四个困惑——权衡等访谈》，《东方早报》2014年3月11日。

② 谢海虹、孙剑平：《我国公务员工资水平市场对比方法设计研究》，《华东经济管理》2012年第1期。

多的主观成分，因此，原本设计中用来衡量工作绩效的“晋档”设计就只能用工作年限来衡量，成为一种变相的工龄工资。如此一来，工资的增长机制就基本上同业务技术等能力评价无关，而只与职务和工龄相关。简单计算便知，“五年一晋级”的年均职务工资涨幅不到2%，“两年一晋档”的年均级别工资涨幅为2%—3.5%，两者加起来扣除物价上涨因素后实际年均增长1%—2.5%，远低于近年来城镇人均可支配收入7%左右的实际增长率，甚至几乎没有增长。为此，如果要实现公务员工资的正常增长，就必须在更短的年限内更快地得到职务晋升与提拔，这极易造成公务员群体“官本位”的价值取向，一方面大量的行政机构副职虚挂，政府机构臃肿、人浮于事；另一方面促使公务员们对权力、特权的追逐，导致比权比富、争权趋利的风气在一些地方政府部门中蔓延，严重损害了公务员群体健康的社会形象。

早在1993年的公务员薪资制度改革中，国家层面就曾提出建立“地区津贴制度”，各地可根据本地经济发展水平和财力状况制定自身的“津补贴”。2006年的改革延续并明确了这一做法，在清理规范津贴补贴的基础上，强化实施地区附加津贴制度，完善艰苦边远地区津贴制度、岗位津贴制度，旨在进一步规范工资之外的收入来源，使各类“暗补”转变为“明补”。

然而《方案》的规定仍过于原则，仅对公务员津补贴标准出台了一个范围，即平均值不能低于年2.1万元，也不能高于4万元，而细化政策迟迟未能出台。在此背景下，地方发放公务员津补贴的名目逐渐失序，地区、部门、单位的工资外收入基本处于失控状态。

据不完全统计，各地擅自发放的津补贴名目就达300多项。[①] 由此，同一级别的公务员尽管严格遵循国家和地方政府发布的统一标准发放工资和津补贴，但因所处的地区和部门不同，各种名目繁杂的津补贴、奖金、福利及其他隐性收入的差距，使得他们的实际收入水平大相径庭。

另外，由于公务员工资调研和信息制度不健全，还缺少充分证据来说明公务员群体内部收入差距悬殊，但可以肯定的是，公务员群体内部收入早已分化，西部欠发达地区和一些"清水衙门"的公务员收入确实不高，不及社会平均工资。然而在东部沿海地区和"肥水衙门"中，公务员收入则成为隐性收入的"蓄水池"。这些工资外收入有的来自部门摊派给企业的各种税费，有的来自各部委垄断"经营"的下属实体，也有的来自土地财政和预算外收入，公务员群体有成为利用体制优势盘剥公众的食利阶层之嫌，同时也加剧了中国经济增长过程中财税收支结构的不合理，以及滋生对土地财政长期依赖等带来的诸多恶果。[②]

因此，目前公务员的工资水平虽然不高，但实际收入不低，并存在严重的结构不合理，其实质是用不规范的收入来弥补规范收入的激励机制"倒挂"，这一基本事实导致《公务员法》等一系列规范公务员工资的法律法规难以对公务员收入形成有效约束，诱发腐败、"官本位"、政府职能转变困难等多种社会问题。考核不科

① 数据来自复旦大学孙琳博士的调查研究。
② 周知秋：《公务员收入分配改革亟须破除的四个困惑——权衡等访谈》，《东方早报》2014年3月11日。

学、激励不匹配使得善于在官场中搞关系、把政绩放在第一位的官员们得以被提拔任用，获得了更高级别的政治行政级别待遇，而普通公务员的工作积极性则普遍不高，长期以来更是形成了“干好干坏一个样，干与不干人人有份”的懒政思想，不利于提升公务员队伍的整体素质。要改变这一现状，提高公务员收入，则必须先要在制度设计层面严格规范公务员的收入结构和收入来源，构建和完善良性的正向激励机制。

三、理论重构：内部劳动力市场的定价机制

在公务员收入分配制度改革的过程中，也曾有过一些前瞻性的方案设计。例如，2006 年公务员收入分配制度改革的目标是“限高、稳中、托低”：一是要规范津补贴，设定上、中等收入的政策范围，收入超过平均线的公务员津补贴要削减；二是稳中，即中间层的收入水平可以继续保持，也可以适当增加；三是托低，当时准备用 3 年时间提高低收入公务员的收入水平，特别是艰苦边远地区的公务员，使其收入达到平均水平。2008 年，山西、上海、浙江、广东、重庆等地先后进行事业单位养老保险制度改革试点，对事业单位进行分类管理，有行政职能的纳入公务员的劳动保障体系，具有经营性质的事业单位，将参照企业职工保障制度进行改革。然而，这些改革措施却大都停滞不前，未能取得预期效果。因此，改革实

践缺乏分配理论的指导，无疑是导致改革措施缺乏执行力和前行动力的重要原因。①

目前，理论界比较认同的公务员工资制定依据是比较平衡原则，2006年的《方案》中也明确要求，“建立工资调查制度，定期进行公务员和企业相当人员工资收入水平的调查比较”，但是在具体的比较结论上却存在着分歧。一种观点认为，为了确保政府机关的行政效能和防止腐败的产生，公务员工资应普遍略高于社会平均工资，以体现社会公共服务的需求及社会公共管理的劳动价值，公务员工资应当同大学教授、企业技术人员和私营业主的工资基本相当。② 而另一种观点认为，正因为公务员工作相对稳定，是“金饭碗”，因此，公务员工资应当略低于社会平均工资，减少的部分是对降低失业风险的让渡。③ 笔者认为，探寻公务员收入分配制度改革的理论依据，还是要回归到工资概念的本源上，从公务员这类“特殊”劳动力的定价规律出发，构建公务员工资形成的理论依据与合理的增长机制。

第一，“生活资料工资说”。公务员工资尽管是一类特定人群的工资，但也应当符合工资的自然属性。因此，正如威廉·配第所言，“工资的自然基础是维持劳动者所必须的生活资料的价值”，④

① 周知秋：《公务员收入分配改革亟须破除的四个困惑——权衡等访谈》，《东方早报》2014年3月11日。

② 孙宏伟：《中法公务员工资制度比较及其启示》，《山西财经大学学报》2009年第11期。

③ 张力、袁伦渠：《我国公务员工资收入决定机制成因：一个基于劳动力市场分割理论的定性解释》，《北京交通大学学报》（社会科学版）2007年第1期。

④ 《配第经济著作选集（爱尔兰的政治解剖）》，商务印书馆1981年版，第85页。

然而与配第观点有所不同的是，这一原则并不是公务员工资的决定原则，而是最低原则，即工资水平至少要满足公务员“生存、劳动和传宗接代”的物质需要，如果连这个也满足不了，其他的也就无从谈起。

第二，“内部劳动力市场理论”。中国大部分公务员属于普通公务员，通过竞争性的公务员考试择优录取，一般没有任期。[①] 在一定发展阶段，公务员劳动力要素的需求规模是相对确定的，具有公共品属性，[②]所以公务员的劳动力价格难以通过市场调节机制自发形成，[③]也就是说，公务员工资不会因为公务员报考人数的增加而下降，也不会因为岗位需求量的增加而增加，而只能以职级工资体系为代表的内部劳动力市场的定价机制来模拟和取代外部劳动力市场的供求竞争。公务员收入分配制度改革的任何措施都必须从这一特殊性出发。

第三，“逐年(或隔年)调整公务员工资”。自 1992 年以来，我国各省和自治区根据自身经济发展、财政状况和物价水平，每两年至少调整一次最低工资。实际上，公务员工资和最低工资的制定与增长机制十分相似，法定的因素占优于劳动力市场的供求决定因素，为此，公务员工资也应仿照逐年(或隔年)调整。从公务员工资的调整来看，级别工资涨幅微小，而且调整间隔时间过长，这是

① 周知秋：《公务员收入分配改革亟须破除的四个困惑——权衡等访谈》，《东方早报》2014 年 3 月 11 日。

② 张力、袁伦渠：《我国公务员工资收入决定机制成因：一个基于劳动力市场分割理论的定性解释》，《北京交通大学学报》(社会科学版)2007 年第 1 期。

③ 董克用、王丹：《公务员工资水平调查比较机制的理论基础》，《中国人才》2008 年第 8 期。

导致公务员收入结构不合理的直接原因。美国等世界上一些主要国家基本上每年都会参照上一年若干主要职业人员(包括大学教授、企业技术人员、私营业主等)工资计算公务员工资的动态调整体系,及时替代和更新现行的职务工资表和级别工资表,再综合考虑地区差异进行微调。

第四,"人力资本产权的跨期配置理论"。公务员劳动力市场的特殊性,决定了不能简单地依靠工资高低来调节公务员的受雇行为,而是要结合内部劳动力市场的特点,充分利用工资和收入设计方面的期限错配,来形成对公务员的正向激励。比如,利用"退休金"制度来奖励那些在职期间尽忠职守的公务员,是国际通行惯例,也符合对公务员廉洁奉公的激励导向,从这个意义上讲,公务员工资及其他相关收入,具有一定的人力资本期权的属性。①

第五,"公开化的阳光工资说"。在一般的劳动力市场中,工资的对立面是企业家利润,工资作为雇员的收入,同时也是雇主的成本,工资是劳动力供求因素角力的均衡结果。然而,内部劳动力市场则有所不同,公务员工资没有与之相对的利润,因而也失去了工资与利润分享的制衡机制。特别是在日益高企的物价和生活成本面前,一些部门将大量不规范的公务员津补贴作为收入的主要来源,就是一种畸形的工资自我膨胀与增长机制。② 为了避免出现这种不合理现象引发的各种灰色收入,就必须引入社会力量加以监

① 周知秋:《公务员收入分配改革亟须破除的四个困惑——权衡等访谈》,《东方早报》2014 年 3 月 11 日。

② 赵湖嘉:《关于公务员收入分配合理性的几点思考——桐乡市实行"四统一"管理前后公务员收入差距状况及心态调查》,《嘉兴学院学报》2004 年第 7 期。

督与制衡，将公务员工资公开化，使公务员工资信息更加透明、阳光。

在寻找公务员工资制定的理论依据方面，应率先做实以上五条，再在此基础上落实比较平衡原则，如此一来，无论公务员工资是高于社会平均工资，还是低于社会平均工资，就都能为社会所接受，因为这符合公务员劳动力定价的内在规律，也更加贴近公开、公平和公正的价值理念。

四、制度框架：规范结构、合理增长、公开公正

针对目前公务员工资制度存在的缺陷，2015 年 1 月，国办发〔2015〕3 号文件转发人力资源和社会保障部、财政部制定的《关于调整机关工作人员基本工资标准的实施方案》(以下简称《实施方案》)，调整内容主要有两方面，一是提高工资标准、规范津补贴；二是建立公务员基本工资标准的正常调整机制。

首先，在提高工资标准、规范津补贴方面，《实施方案》规定，从 2014 年 10 月 1 日起，上调公务员基本工资标准，同时将部分规范津补贴纳入基本工资。调整后，职务工资标准由现行的 340—4 000元分别提高到 510—5 250 元；级别工资各级别起点标准由现行的 290—3 020 元分别提高到 810—6 135 元，其他各级别工资档次标准相应提高。将部分规范津补贴纳入基本工资后，规范津补

贴标准相应减少，并严格按纳入基本工资后剩余的额度执行。与此同时，机关工人技术登记(岗位)工资标准也做类似调整。其次，在建立公务员基本工资标准的正常调整机制方面，《实施方案》要求落实《公务员法》关于定期开展公务员和企业相当人员工资水平的调查比较，推动工资比较原则落地。仿照最低工资标准的调整机制，基本工资标准原则上每年或每两年调整一次，依据工资调查比较结果，综合考虑国民经济发展、财政状况和物价变动等因素确定调整幅度。近期基本工资标准每两年调整一次，参考同期物价上涨幅度、同期企业在岗职工工资增长率等因素，确定工资增长幅度。此外，如遇金融危机、重大自然灾害等特殊情况，基本工资标准延后调整。

我们认为，2015年的国发3号文仍然只是一个过渡性文件，重点是调整公务员收入结构和建立公务员工资正常增长机制，还未触及公务员收入调查、收入公开，以及财政体制改革等深层内容。

为此，在加快落实《实施方案》要求和严格执行国家规定的改革性补贴政策和考核奖励政策，渐次推进公务员收入分配制度改革的同时，还应当从操作到立法层面对以下诸多方面加以完善。

一是做实比较平衡原则。通过工资调查比较，建立一套可行性较强的、系统而完备的收入平衡比较体系，使公务员群体提升工作积极性，减少因贫而贪，以及做兼职等不良现象的发生，同时也能避免因公务员工资畸高而引发的社会不满。可参照美国尝试将全国划分为若干工资水平调查区，确保政府部门获取人才的市场竞争力和公务员工资在当地人力资源市场的合理性及地区差异。

如果进行了若干主要职业人员(包括大学教授、企业技术人员、私营业主等)详细的收入数据调查,在此基础上出台比较详细的公务员收入标准,并允许各地区间根据情况上浮或下调。[①]

二是加强规范津补贴发放。进一步明确工作津贴和生活补贴的名目和类别,实现公务员规范津补贴的"阳光化""透明化",逐步降低津补贴在公务员收入中的占比,从当前的70%—80%逐步下降到50%—60%,中长期控制在40%以下。

三是实行公务员收入分配制度和人事制度改革的联动机制。人事管理制度是公务员工资收入改革的基本保障,应积极探索实行基于岗位分类管理的多系列工资体系,对于专业技术性强的岗位,可根据其特点设计专业岗位工资系列,确保在职务不变的前提下,也存在公务员依靠自身专业技能促进工资增长的渠道,从而更好地发掘此类公务员的专业能力。[②] 还可以采取科学的定岗定编、精简公务员编制、完善工作职责评价等办法,甚至实行"政务员"和"业务员"相分离的公务员人事管理制度。

四是实行公务员收入分配改革与"三公"经费改革联动。将"三公"经费预算落实到个人,通过"节约奖"形式,鼓励个人节省"三公"经费开支。[③] 例如,在公款消费中,超过预算部分的消费额度由个人自行承担;而节省下来的部分则以一定的比例(如50%)作为"节约奖"在次年返还公务员,以作奖励。

---

① 常亚青、权衡、李凌:《公务员收入与福利首先要平衡起来》,《东方早报》2014年3月11日。

② 李佳琪:《专业技术类公务员管理现状及对策研究》,《中国行政管理》2013年第8期。

③ 王战:《三公经费应和公务员收入改革同步》,《劳动报》2013年3月10日。

五是建立廉洁年金制度。参照国外公务员退休制度中的奖励措施，在公务员退休时，对于凡是连续（或累计）工作一定年限且经考核业绩廉政的公务员进行专项奖励（比如一次性奖励20万元），退休后方可领取。①

总之，目前我国公务员工资水平还不高，收入结构也不尽合理，工资与津补贴“倒挂”，这不仅导致公务员劳动力价格信号扭曲和资源错配，而且从根本上导致“三公”经费改革难度加大、政府职能转变困难。合理有序的公务员收入分配制度是实现收入分配改革形成合理有序的收入分配格局的关键之一，也是规范总体收入分配秩序的重中之重，也是全面落实党的十九大精神以及党的十八届三中全会提出的“机会公平、规则公平和权利公平”的收入分配改革的现实要求。公务员工资收入分配应当有理论依据、现实标准和科学程序，而不是简单的高低多少和随意调整的问题。由于现行公务员制度与收入分配体制不合理，加上社会就业压力大；少数腐败、“官本位”等负面影响以及部分公务员隐性福利等收入不规范，造成当下我国公务员收入分配问题异常敏感、复杂，引起各种社会舆论和争论。问题的实质是公务员制度和政府职能转型滞后，公务员工资收入分配制度激励不足与约束不对称。

从近期来看，可以通过公务员工资改革与“三公”经费改革的联动机制，将公务员收入福利激励与减少“三公”经费平衡起来；从中长期来看，则是要通过公务员人事管理制度、财政预决算制度、

① 常亚青、权衡、李凌：《公务员收入与福利首先要平衡起来》，《东方早报》2014年3月11日。

政府职能转型等配套改革，构建起激励与约束对称、合理有序增长的公务员收入分配制度，让公务员收入改革成为构建合理有序收入分配格局的引导者和先行者，从而促进全国收入分配向公平、合理、规范、有序的格局和目标发展。我们深信，通过深化公务员收入分配制度改革，必将会激励和打造一支清正廉洁高效的公务员队伍，不断推进国家治理体系和治理能力的现代化建设，为实现党的十九大部署的各项战略和举措奠定重要基础。

目 录

第一章　导论　构建合理有序的公务员收入分配新秩序

近年来，随着中央八项规定颁布和“三公”经费改革加快推进，公务员收入分配制度成为各方关注的分配焦点问题之一。公务员从众人竞相追捧的“铁饭碗”逐渐变得不那么吃香，一些在职公务员不断抱怨收入低、福利差，涨薪呼声越来越高，局部地区甚至还出现了“公务员队伍不稳定”和“离职潮”等热议问题。如何正确认识和解释这一转变？我国的公务员工资究竟高了还是低了？党的十八届三中全会也提出，要形成合理有序的收入分配格局，而就公务员工资收入分配而言，核心问题是缺乏科学的依据与标准来规范公务员收入分配秩序。因此有必要合理确定公务员工资水平，是公务员薪酬制度建设最重要的任务之一。因此，经济新常态背景下，研究公务员工资收入分配改革对于形成合理有序的收入分配格局，具有重要的现实意义。

一、公务员收入分配：从现象到问题

与社会主义市场经济完全适应的公务员收入水平确定机制尚未形成，目前关于公务员收入变迁的种种现象，引发关于合理确定公务员收入水平的理论思考与实践探索。

（一）与公务员收入变迁相关的六大现象

一是对公务员收入和福利降低的抱怨增多，涨薪呼声四起。2013 年年初以来，从中央到地方，各项规定、禁令不断出台，2013 年因此也被公务员称为“禁令年”。《新京报》就“中央禁令对公务员的影响”在东、中、西部省份随机调查 100 名公务员，结果显示，全部受访者都表示中央禁令对其影响很大，2013 年没有收到任何礼品的受访者占到 79%，有 93 名受访者表示“公务员不好当”，65%的基层公务员认为禁令过于“一刀切”，一些公务员在失去隐性收入后，甚至考虑离职转型。[①] 2014 年 2 月，湖南冷水江市财政系统因密码破解导致该市公务员工资被曝光，区区每月2 000—4 000元的工资，与传说中“公务员高工资”大相径庭。[②] 新华网一篇题为“一个镇党委书记的心里话”，记载了湖北蕲春县株林镇党委书记陈菊珍对“工资低，还不如打工者”的抱怨。与此同时，新华社发表了

① 晏扬：《禁令“逼退”部分公务员实乃幸事》，《新华每日电讯》2014 年 1 月 10 日。
② 刘旭涛：《公务员工资会不会涨疑惑辨析》，《人民论坛》2014 年第 7 期。

《公务员过“裸年”，抱怨吃个水果都要自己掏钱》一文。2015 年 6 月，中国新闻网刊发了一则新闻，透露了 2015 年最新一次公务员工资调整后，陕西某县一位普通科员的涨工资情况，这位工龄 6 年、税后月薪 3 000 多元的陕西公务员的工资结构发生了调整，工资各项有涨有降，总体来看，扣除养老保险、职业年金的缴费后，拿到手的只比之前涨了 71 元。实际上，对于一些基层公务员或不掌握实权的公务员来讲，工作任务重，级别低、实权少，隐性福利并不多。

二是公务员系统出现离职潮，公务员招考遇冷。《解放日报》曾报道过一位在市级机关工作的“80 后”公务员辞职的心路历程。《上海观察》连续刊发了《公务员：这一年少掉的福利》《公务员队伍开始动荡了吗？》等系列文章，社会反响强烈。伴随着中央八项规定出台、反腐倡廉力度加大，最近一段时间“公务员辞职热”“金饭碗已褪色”“公务员频频下海”等标题出现在各大门户网站。人社部提供的公务员招考数据表明，2014 年以来，公务员的招录名额和报考名额都有所下降，其中浙江省机关考试录用公务员注册报名人数 2014 年比 2013 年减少了近 1/4。同年，河南省有关媒体的一份调查显示，有六成的公务员想辞职。2015 年国家公务员考试，通过资格审查的报名人数为 140.9 万人，比前一年少 11.5 万人，报名人数和招考的平均竞争比，均创下 5 年来新低。另外，有数据表明，政府/公共事业/非营利机构行业的从业人员跨行业跳槽人数比去年同期上涨 34%，近年来的公务员考试热也有所降低。[①]

---

① 郭云凯：《人民网评：以平常心看待公务员辞职现象》，http://opinion.people.com.cn/n/2015/0407/c1003-26806740.html。

三是机关事业单位与企业的养老金“双轨制”并轨。养老金双轨制通常又可以称为退休金双轨制，是计划经济时代向市场经济转型期的特殊产物，指的是对于不同用工性质的人员在退休养老金方面采取不同的制度方式来进行。此前相当长的时间内，机关事业单位的养老金标准远远高于企业退休人员，差距大概是3—5倍。机关事业单位人员和企业职工之间养老金差距长时间以来不断积攒了一些不满的情绪。据人民网“全国两会调查”显示，“养老保障”连续多年位居网友关注度之首，养老金“双轨制”一直深受网友诟病。2015年1月14日，国务院发布《国务院关于机关事业单位工作人员养老保险制度改革的决定》，决定从2014年10月1日起对机关事业单位工作人员养老保险制度进行改革，机关事业单位实行社会统筹与个人账户相结合的基本养老保险制度，由单位和个人共同缴费。单位按本单位参加机关事业单位养老保险工作人员的个人缴费工资基数之和的20%、个人按本人工资收入的8%缴费。而职业年金部分则由个人、单位分别按基本养老保险缴费基础的4%、8%缴费，全部计入职业年金个人账户。工作人员退休后，按月领取职业年金待遇。这标志存在了近20年的养老金“双轨制”的终结，超过3 000万的机关事业单位人员将和企业职工一样缴纳养老金。①

四是“三公”经费改革取得重要进展，财政透明度逐步提升。“三公”经费，主要是指用财政拨款开支的因公出国(境)经费、公务

① 《养老金并轨，公务员到手工资降多少?》，http://www.sohu.com/a/61702577_129873。

用车购置及运行费和公务接待费，可以狭义地将“三公”经费理解为公务员的在职消费，也可以视为公务员广义“收入”的一部分。一直以来，由于“三公”经费不公开、不透明，导致乱象丛生，成为滋生腐败的温床。2010 年 6 月起，为确保公众知情权，国务院规定 98 个中央各部门在向全国人大常委会报告中央财政决算时，应将“三公”经费支出情况纳入报告内容，并向社会公开。2012 年“八项规定”实施以来，督促“三公”经费的公开化、透明化。从实际效果看，中央本级的“三公”经费连续五年实现压缩。与此同时，预算管理得到提升，舆论监督有所加强。国务院总理李克强在国务院常务会议上指出，要下力气推动建立公开、透明、规范、完整的预算体制，形成深化预算制度改革总体方案。专家认为，国家应制订预算公开的文本格式和标准，进一步细化支出账目，加强对预算的监督问责。①

五是公务员的财产(收入)公示制度有所突破。官员财产公示制度首次于 1987 年提出，尽管全国范围内的公示制度尚未建立，但随着 2012 年及 2013 年，“表哥”“房叔”们不停被舆论曝光，引发舆论和学界持续关注公务员收入公开的条件与时机是否已经成熟，一些地区开始试点公务员的财产申报制度。2014 年 3 月 1 日，《广州市人民代表大会审查批准监督预算办法》正式施行。该办法规定，部门决算草案按经济分类编报支出，并细化至款级科目。“公务员的基本工资、单位津贴、各种补助一目了然。”而此前政府

① 凌军辉：《从预算乱象看预算公开的制度障碍》，《法治与社会》2013 年第 8 期。

部门的决算账单，多采用“功能分类”的编报方式，即按照不同的功能用途打包笼统归类。[①] 决算账单编报方式的改变在公职人员工资透明化上被广泛认为是一种进步，很大程度上保障了公务员的合法权益和合理诉求，而民众的知情权和监督权也得以落实，因此得到了社会主流的一致好评。

六是公务员分类管理制度开始启动。为了落实党的十八届三中全会明确深化公务员分类改革精神，加快建立专业技术类、行政执法类公务员管理制度，2016 年 7 月，中共中央办公厅、国务院办公厅印发了《专业技术类公务员管理规定（试行）》和《行政执法类公务员管理规定（试行）》，在坚持党管干部、坚持依法分类、体现职位特点、注重平衡衔接的四大原则下，开启了公务员分类管理的顶层设计，旨在平衡三类公务员（专业技术类、行政执法类与综合管理类）的职业发展空间。

（二）公务员收入变迁引发的问题与思考

以上各种现象相互关联交织在一起，引发对公务员收入分配的深入思考，同时也带来了关于公务员能否、应否以及如何涨薪的争论。透过这些争议和讨论，反映出公务员收入分配问题的复杂性与敏感性，一方面，公务员工资制度设计牵一发而动全身，不仅涉及公务员队伍的稳定性和公共服务能力，同时还与社会福利制度以及行政体制改革密切相关；另一方面，公务员工资制度调整的

① 燕农：《“小孩都看得懂”的公开别局限于工资》，《福建日报》2014 年 2 月 26 日。

方向与理念，也从根本上反映出制度设计中的公平取向，成为衡量社会公正理念的标准之一。

公众甚至还可能对公务员的收入产生“偏见”，由此产生的罅隙与误解，可能都源于公务员收入本身还不够透明，在合理有序的公务员收入分配秩序尚未建立起来之前，这些收入信息的不透明，往往又与统计手段落后、督查制度不完善、缺乏必要的薪酬调整机制相关。一些关于公务员灰色收入的报道，一定程度上加剧了人们对不透明收入的“偏见”。近年来，一些地方积极探索国家公务员制度改革，尝试打破公务员的铁饭碗，建立合理有序的公务员加薪机制。比如缩短加薪周期，加薪向基层倾斜；实行聘任制，引入雇员制，推行去官化，主张职业分类，堵住灰色收入的漏洞，以清除传统公务员管理体制方面的弊端以及公众的误解等。这些都是我国公务员管理体制改革的新探索，也是我国行政管理体制改革领域的一大新亮点。

可见，对公务员是否该“涨工资”的争论是在我国经济长期增长但收入差距持续扩大的背景下产生的，由此引发的进一步思考是：公务员工资的制定依据是什么？公务员工资多少才算合理？公务员工资高和低的标准是什么？这些问题折射出日渐分化的社会利益群体在经济下行过程中关注自身合法权益的复杂而又敏感的社会心理。从公务员收入分配制度切入研究中国的收入分配问题，实际上是在城乡之间、城乡内部不同收入组、行业和不同所有制企业的传统分类视角之外，又增添了一个新的研究视角，或者说是体制内和体制外的视角。这一视角之所以重要，是因为它不仅反映出中国特色社会主义制度下社会管理者参与社会产品分享的过程，体现了我国社会经济转型过程中政府与市场的关系问题；而且还能产生对公权力的激励与约束机制，涉及公务员队伍的公正廉洁、政府的公信力与行政效率等问题。更进一步，公务员的收入来源还同财政分权与财政预决算体制有关，包括政府的预算外收入、“三公”经费的支出与使用、土地财政以及房地产行业发展等现阶段社会经济发展中面临的诸多重大问题。可见，公务员收入分配问题绝非简单的公共部门内部的利益分配问题，而是同整个国家的经济发展模式、收入分配秩序、财税体制和行政体制改革等休戚相关。①

为此，公务员收入分配制度改革或将成为全面深化改革的一个重要的突破口，具有深刻的社会影响与改革的示范效应。因而构建合理有序的公务员工资收入分配制度，既是实现十八届三中全会提出的构建合理有序的收入分配格局的重心，也是规范收入分配秩序，实现“权利公平、机会公平、规则公平”分配原则的重要举措。现阶段，公务员工资收入分配失范的核心问题是，既在理论层面缺乏科学的指导依据与客观标准，又在实践层面存在大量不规范的收入来源导致收入分配秩序混乱、管理失范。所以要全面深化公务员收入分配改革，必须规范公务员收入分配的理论建构，消除现实困惑，引导改革突围。

① 周知秋：《公务员收入分配改革亟须破除的四个困惑——权衡等访谈》，《东方早报》2014 年 3 月 11 日。

二、我国公务员工资水平的决策困境

我国公务员工资全面实行货币薪酬制以来，经历了1956年、1985年、1993年及2006年四次重大改革，分别于1997年7月、1999年7月、2001年1月、2001年10月、2003年7月及2015年1月经历了六次重大调整，称为“四次改革、六次调整”。当前，公务员工资决定机制参考“社会平均薪酬水平”与“企业相当人员”薪酬，这在宏观层面为制定我国公务员工资水平确定了方向。然而在实践操作中，一方面，各地做法不一，津补贴发放比较混乱，地方财政对公务员收入的补贴政策差异较大，且“相当人员”的概念又十分宽泛，也缺乏实时更新的企业调研数据等；另一方面，公务员工资决策机制既缺乏理论支持，又没有一套成熟的社会认可的调整方案，导致公务员工资决策陷入“越调越乱”的困境，也将收入分配秩序逐渐引向失范。

（一）公务员基本工资与津补贴之间相互“倒挂”

我国现行的公务员工资制度的主要依据，是2006年开始实施的《中华人民共和国公务员法》和《公务员工资制度改革方案》。实际上，公务员的收入可以划分为职务工资、级别工资、地区附加津贴、艰苦边远地区津贴、岗位津贴、年终奖六大部分。其中，职务工资与公务员的行政级别挂钩；级别工资主要体现公务员在相应职务等级上的任职年限，不同的职务等级对应着不同的级别工资调整范围；职务工资和级别工资共同组成公务员工资，实行全国统一标准，由中央财政支付。职务工资和级别工资组成基本工资。除此之外，公务员的收入还包括除工资以外的其余四个部分。比如，地区附加津贴，主要用来反映公务员所在不同地区在经济发展水平、物价消费水平等方面存在的差异；艰苦边远地区津贴，主要是根据自然地理环境、社会发展等方面的差异，对在艰苦边远地区工作生活的公务员给予的适当补偿；岗位津贴，是针对特殊岗位提供的一种津贴；年终奖，则是对年度考核达到称职及以上水平的公务员发放的相当于本人当年 12 月份基本工资的奖金。这几部分中，除了地区附加津贴之外，其他几个部分的工资水平均已由中央政府统一制定了标准。①

由此可见，公务员工资和公务员收入是两个需要加以区分的概念，不能混为一谈。在公务员工资制度文件中，通常对应于公务员的基本工资、津补贴和奖金三个部分，狭义的公务员工资一般就是指公务员的基本工资；而公务员收入的内涵则相当广泛，除了公务员工资外，公务员的福利待遇，甚至是一些不规范的“三公”经费和灰色收入，都是公务员收入可能的来源。

由于在之前的改革方案中，中央政府没有对地方津补贴的标准做出统一规定，结果导致一些地方滥发公务员津补贴，既没有标准，也不透明，不仅在社会上，而且在津补贴水平差异很大的不同

---

① 刘昕、董克用：《公务员工资水平调查比较制度：我国政府的困境与对策》，《公共管理学报》2016 年第 1 期。

地区公务员内部都引起了诸多不满。[①] 而且在公务员收入的构成中，基本工资只占公务员收入的很小一部分(20%—30%)，其他大部分是津补贴。公务员工资和津补贴之间的“倒挂”，成为公务员收入分配失范的主要表现之一。有鉴于此，在2006年启动的新一轮公务员工资制度改革中，中央政府要求清理和规范津补贴，调整公务员的收入结构，成为公务员收入分配改革的重中之重。

(二) 公务员工资缺乏常态化的增长机制

自2006年以来，我国公务员工资制度进行了较大幅度的调整，这次改革，拉开了不同职级公务员之间的收入差距。尽管《公务员法》和《公务员工资制度改革方案》要求公务员工资与当地经济发展水平、物价和财政收入挂钩，但实际上，公务员工资多年不做调整恰恰是常态。一方面，经济发展和物价上涨带来公务员的生活压力倍增，改革的艰巨性、复杂性也对公务员的工作提出了更多的要求；而另一方面，各地又在严格清理和规范地方津补贴，要求公务员养老金与企业并轨的呼声也日趋高涨，如此一增一减，直接导致公务员收入的“含金量”和“购买力”显著下降，进而影响到公务员队伍的稳定。

不过，从现行公务员工资增资机制设计看，也并非完全没有增

① 刘昕、董克用：《公务员工资水平调查比较制度：我国政府的困境与对策》,《公共管理学报》2016年第1期。

资途径，只是现行公务员工资的增长主要是同职务大小联系在一起的，即所谓的“五年一晋级，两年一晋档”，而缺乏同管理技能、业务技能、工龄等非职务因素相联系的增长机制。在职务工资和级别工资方面，公务员工资的增长机制过于单一。简单计算便知，“五年一晋级”的年均职务工资涨幅不到2%，“两年一晋档”的年均级别工资涨幅为2%—3.5%，两者加起来扣除物价上涨因素后实际年均增长1%—2.5%，远低于近年来城镇人均可支配收入7%左右的实际增长率，甚至可以认为几乎没有增长。为此，如果要实现公务员工资的正常增长，就必须在更短的年限内更快地得到职务晋升与提拔，这极易造成公务员群体“官本位”的价值取向，一方面，大量的行政机构副职虚挂，政府机构臃肿、人浮于事；另一方面，促使公务员们对权力、特权的追逐，导致比权比富、争权趋利的风气在一些地方政府部门中蔓延，严重损害了公务员群体健康的社会形象。①

在公务员工资水平的合理决定和调整机制没有真正建立起来之前，政府并不愿意冒险直接调整公务员的工资水平，而只是力图通过采取一些社会公众可以接受的局部性补救措施来缓解矛盾，比如，优先重点满足呼声最高的基层公务员对工资水平的诉求。自2015年起，在县级以下公务员中全面实施职务与职级并行制度，即对于县处级以下的公务员来说，若在下一行政级别上工作满一定的年限，并且已经达到一定的工资级别，便可以不受上一行政

---

① 周知秋：《公务员收入分配改革亟须破除的四个困惑——权衡等访谈》，《东方早报》2014年3月11日。

级别上原有的职数限制，直接享受上一行政级别上的非领导职务的工资待遇，这使得大部分基层公务员，在满足一定的资历要求之后，可以在未得到实际职务晋升的情况下，享受原本没有资格享受的上一级行政职务对应的工资待遇。①

这个政策无疑在一定程度上扩大了基层公务员的工资增长空间，但却只是在短期内部分缓解了公务员工资增长过慢的问题，并非长久之计。如果不建立并实施一套常规性的公务员工资水平调整制度，则不仅基层公务员工资水平偏低的现象，在若干年之后还会再次出现，而且仍然没有解决基层公务员工资增长滞后于物价上涨的问题，也没有从根本上调整公务员的收入结构，工资和津补贴的"倒挂"导致的激励错位现象依然存在。②

针对公务员队伍的科层组织属性，世界各国普遍采用以职级工资体系为代表的内部劳动力定价机制来取代外部劳动力市场的竞争。无论是以工作内容（职品）为分类导向的美国模式，还是以人力资本（人品）为分类导向的日本模式，都采取了工资调查比较制度，并在此基础上，形成了比较完善的公务员工资决定的平衡比较原则，即每年或每两年及时进行"调查—比较—公示—调节"的良性循环。为此，如何充分借鉴公务员工资决定的国际经验，将工资平衡比较原则落实到位，完善公务员工资正常的增长机制，是我国公务员收入分配改革的核心要点之一。

---

①② 刘昕、董克用：《公务员工资水平调查比较制度：我国政府的困境与对策》，《公共管理学报》2016年第1期。

（三）公务员津补贴收入难以规范到位

“地区津贴制度”的建立可以追溯到1993年的公务员薪资制度改革，各地可根据本地经济发展水平和财力状况制定自身的“津补贴”。2006年的改革延续并明确了这一做法，在清理规范津贴补贴的基础上，强化实施地区附加津贴制度，完善艰苦边远地区津贴制度、岗位津贴制度，旨在进一步规范工资之外的收入来源，使各类“暗补”转变为“明补”。

然而《公务员工资制度改革方案》的规定仍过于原则，仅对公务员津补贴标准出台了一个范围，即平均值不能低于年2.1万元，也不能高于年4万元，而细化政策迟迟未能出台。在此背景下，地方发放公务员津补贴的名目逐渐失序，地区、部门、单位的工资外收入基本处于失控状态。据不完全统计，各地擅自发放的津补贴名目就达300多项。① 由此，同一级别的公务员尽管严格遵循国家和地方政府发布的统一标准发放工资和津补贴，但因所处的地区和部门不同，各种名目繁杂的津补贴、奖金、福利及其他隐性收入的差距，使得他们的实际收入水平大相径庭。②

另外，由于公务员工资调研和信息制度不健全，还缺少充分证据来说明公务员群体内部收入差距悬殊，但可以肯定的是，公务员

---

① 数据来自复旦大学孙琳博士的调查研究。

② 熊通成：《地方财力、分配决策与公务员收入地区差异》，中国人民大学博士学位论文，2010年。

群体内部收入早已分化，西部欠发达地区和一些"清水衙门"的公务员收入确实不高，不及社会平均工资。然而在东部沿海地区和"肥水衙门"中，公务员收入则成为隐性收入的"蓄水池"。这些工资外收入有的来自部门摊派给企业的各种税费，有的来自各部委垄断"经营"的下属实体，也有的来自土地财政和预算外收入，公务员群体有成为利用体制优势盘剥公众的食利阶层之嫌，同时也加剧了我国经济增长过程中财税收支结构的不合理，以及滋生对土地财政长期依赖等带来的诸多恶果。①

在2015年的公务员收入调整中，政府加紧了对地区附加津贴的标准制定和管理办法的研究，力图通过科学确定各地的地区附加津贴水平，使不同地区的同级别公务员之间的工资差距保持在合理的和可接受的范围之内，从而平息在公务员队伍内部产生的针对不同地区公务员之间的工资差别的不满。② 但是，如果不从源头上调节公务员工资与津补贴失衡产生的机制，将公务员工资决定的平衡比较原则"束之高阁"，或是抛开公务员的基本工资，单独研究作为公务员工资的一个组成部分的地区附加津贴，不仅在技术上行不通，③而且也无法就地区附加津贴水平高低的合理性对公众做出令人信服的解释。④

---

① 周知秋：《公务员收入分配改革亟须破除的四个困惑——权衡等访谈》，《东方早报》2014年3月11日。

②④ 刘昕、董克用：《公务员工资水平调查比较制度：我国政府的困境与对策》，《公共管理学报》2016年第1期。

③ 熊通成：《以"可比机制"建构我国公务员地区附加津贴制度探讨》，《人事天地》2011年第8期。

三、公务员收入分配改革梗阻原因剖析

发达国家公务员工资的立法保障和制度建设相对比较完备，所以从美国、加拿大、日本、新加坡、中国香港特别行政区、中国台湾等国家和地区公务员工资体系建设的国际比较研究来看，通常建议借鉴或模仿发达国家的公务员工资管理方法与经验。这似乎让人感觉，我国公务员工资体系的分配秩序混乱不是制度设计本身的问题，而是政策措施不得当，一旦学习并借鉴了发达国家的公务员工资决定机制，问题就会迎刃而解。然而，同美国等发达国家一样，我国在公务员工资改革方案中也引入了比较平衡原则，也发布了按职务、级别和档次划分的工资标准，一些地方还根据当地经济社会发展条件，以津补贴形式补助公务员收入以抵消物价上升的影响，同时设计了各种奖金来激励公务员努力工作。[①] 但公务员收入分配格局却变得愈加的复杂和敏感，公务员工资决定的比较平衡原则几乎无法落地，津补贴的改革标准也千差万别。这表明，好的政策还需要好的制度加以配合提供保障，为此，十分有必要从制度设计的源头，剖析公务员收入分配紊乱的原因。

---

① 周知秋：《公务员收入分配改革亟须破除的四个困惑——权衡等访谈》，《东方早报》2014年3月11日。

(一) 公务员收入决定机制缺乏理论支撑

首先,就公务员工资而言,公务员市场与一般的劳动力市场有所不同,并不能通过劳动力的价格即工资,来动态调整公务员的供求关系。因此,公务员市场属于一类特殊的劳动力市场——内部劳动力市场。通常而言,内部劳动力市场的工资与劳动者的职务与级别挂钩,具有一定的合理性,随着公务员职务与级别的升迁,其管理的幅度、难度以及责任范围也相应扩大,工资水平也应当有所提升。但问题是,公务员工资水平的基准是什么?需要将公务员所在的内部劳动力市场,同外部劳动力市场进行对照和比较,这就是比较平衡原则产生的初衷。然而,在具体实施过程中,由于对公务员社会地位和工作内容的理解不同,比较的对象、结论也大相径庭。一种观点认为,为了确保政府机关的行政效能和防止腐败的产生,公务员工资应普遍略高于社会平均工资,以体现社会公共服务的需求及社会公共管理的劳动价值,公务员工资应当同大学教授、企业技术人员和私营业主的工资基本相当。① 而另一种观点则认为,正因为公务员工作相对稳定,是“金饭碗”“宝大祥”类的工作,因此,公务员工资应当略低于社会平均工资,减少的部分是对降低失业风险的让渡。② 这两种观点争执不休。

从我国公务员工资水平的历史轨迹看,公务员工资随着社会

---

① 孙宏伟:《中法公务员工资制度比较及其启示》,《山西财经大学学报》2009 年第 11 期。

② 张力、袁伦渠:《我国公务员工资收入决定机制成因:一个基于劳动力市场分割理论的定性解释》,《北京交通大学学报》(社会科学版)2007 年第 1 期。

经济发展水平不断提升，高于或低于企业工资的情况都曾出现过。由于国家统计局从未公布过公务员的工资数据，公务员的工资水平一般可由机关单位平均工资替代，尽管两者覆盖的人群范围不同，但从人均意义而言，两者相当接近。① 具体而言，1994 年以来，机关单位平均工资高于企业平均工资，且差距越来越大，到 2005 年，机关单位平均工资高出企业平均工资约 3 000 元；2006 年公务员工资改革之后，公务员工资增速受到影响，两者之间的差距在起先 2—3 年里仍继续扩大，但后来逐步缩小，到 2012 年，两者已经十分接近，到 2013 年企业平均工资反超机关单位平均工资。2014 年国家出台相关调资政策后，公务员工资增速明显下降，10 月份，机关事业单位养老保险制度改革开启，除了缴纳养老费而获得的一定补偿外，机关事业单位工资人均提升了 300 元。目前，仅就人均工资水平而言，机关事业单位可能略高于企业。然而问题是，实证结果所描述的机关事业单位工资变化的轨迹，及其同企业工资的比较的结果，合理的成分究竟几何？当问题从实证域转入规范域时，由于缺少必要的理论储备，导致公务员工资调整无所适从。

其次，从规范津补贴来看，所谓的规范，就是在原各地自行发放的津补贴的基础上，由暗转明，再作适当的调整。也就是说，以前怎么发放的，现在基本保持原样，只做小的修补，而且用规范确定下来。这就产生了两个问题，第一，如此规范，等于没有规范，不能将原先不合理的部分去除；第二，津补贴的发放仍然同地方财政

① 何宪：《公务员工资水平实证分析》，《中国井冈山干部学院学报》2016 年第 1 期。

挂钩，公务员收入的地区分化现象仍无法得到有效扭转。尽管针对津补贴过高和过低的地区，采用了看似合理的应对措施，比如“限高”和“提低”，但科学的依据何在？依旧没有充分的理论作为公务员津补贴发放的原则和支撑。

（二）公务员特权阶层思想残余根深蒂固

在美国，公务员的工资管理和决策严格依法定程序进行，法制健全、透明度高。例如，美国在1962年颁布了《联邦工资法》，统一了联邦政府公务员的工资标准；1970年和1978年又先后颁布《联邦工资比较法》和《文官改革法》；各州和地方政府公务员也由当地政府颁布有关工资的法律规定和管理，人事管理办公室（OPM）每年1月份都会根据调查资料与比较平衡原则，公布经回归和调整后得到的普通公务员工资标准（俗称“GS量表”①），促使公务员工资增长秩序井然。在如此丰富与严格的制度框架内，公务员工资按其所从事工作的责任大小、难易程度和所需资格条件来决定，相对公正客观，有助于培养公务员正确的职业理想与职业道德，塑造一支崇尚竞争、高效、平等的公务员队伍，官员之间的等级观念淡薄。②

相比之下，尽管历次公务员工资改革已取得长足进步，但是我国的公务员在相当程度上还受到体制因素的影响和制约，过低的工资计划和职务导向的工资增长机制，不仅严重挫伤了公务员队

① 2013年的美国GS量表，详见 http：//www.opm.gov/policy-data-oversight/pay-leave/salaries-wages/2013/general-schedule/gs.pdf。

② 王萍：《中美公务员工资制度研究与启示》，《财政研究》2012年第6期。

伍积极探索创新转型的勇气、精神与锐度，一些年轻人在公务员队伍中看不到未来的职业发展通道，导致职业理想迷失；而且还容易造成权力的资本化，或变相产生和过度使用“三公”经费，甚至滋生寻租和腐败等社会问题，加速特权思想与特权阶层的形成，从而对整体收入分配格局产生不利影响。[①]

（三）公务员职位分类推进迟缓梗阻改革

发达国家在运用工资的比较平衡原则之前，已经对公务员的职位类型进行了详尽区分。例如，美国联邦公务员工资表主要分为两大类七个系列：第一类是法定工资系统，适用于白领雇员，包括一般工资表、外交人员工资表和退伍军人健康管理人员工资表；第二类是其他工资系统，包括行政首长表、高级公务员的工资表、蓝领工人的联邦工资表，以及行政法规决定的工资表。以占美国公务员总数85%的一般工资表（GS量表）为例，按照学科与专业又细分为23类不同的工资，并在此基础上，划分15个等级和10个档次。在英国，政务官、事务官、各级别的行政人员分别执行不同的工资制度和工资标准，同一类型内部的职务晋升和工资提升较为容易，但要突破各自工资类型却十分困难，不同类型之间的公务员的纵向晋升基本是被隔断的，这是英国文官制度的传统与特色。

然而在中国，2015年之前公务员工资的升降只与职务大小和工作年限有关，而不考虑专业技术、职业担当和资历条件等其他能

① 李占乐：《中国政府“三公”经费公开的现状、问题与对策》，《云南社会科学》2012年第2期。

力因素，比较平衡原则在实践运用时基本上是失效的，当然也就不具有国际可比性。[①] 党的十八届三中全会报告进一步明确了深化公务员分类改革目标，要求“推行公务员职务与职级并行、职级与待遇挂钩制度，加快建立专业技术类、行政执法类公务员和聘任人员管理制度”。因此，公务员收入分配制度改革一定要和公务员的人事制度改革联动，唯有这样，才能更有效地运用比较平衡原则，对公务员工资做出全面、规范和准确的指导。

（四）公务员收入分配改革遭遇部门利益

在公务员调资问题的公众讨论中，往往意见较为分散，难以形成共识。这是因为关于“公务员是否应该涨工资”的问题，往往与公务员的社会福利（福利分房、双轨制养老和公费医疗）、“三公”经费、公务员分类改革、官员财产公示等一系列公共部门的制度安排联系在一起，使得这个问题变得越发敏感与复杂，往往牵一发而动全身。而且公务员工资决定还涉及多重管理体制，改革至少涉及国家财政部、人社部和统计局三个部门。从本部门的利益出发，财政部和人社部在是否应当给公务员涨工资这个问题上，看法观点时常不一致，加之统计局在统计和公布工资量表时缺乏激励，未能像美国等其他国家一样，及时地给出公务员工资量表的年度调整建议。究其根源，还是狭隘的部门利益在作怪，部门利益在反复的推诿和搪塞中，消磨改革意志、梗阻改革进程。

---

① 周知秋：《公务员收入分配改革亟须破除的四个困惑——权衡等访谈》，《东方早报》2014年3月11日。

正因如此，尽管发达国家的公务员工资体系建设丰富完整，或许也代表着我国公务员工资体系建设未来的发展方向，但简单照搬国外经验在国内一定是行不通的，由于国内外政治体制和社会环境基础存在显著差别，只有从规范国内公务员制度设计本身出发，增强克服内在的体制性问题的能力，新的公共管理政策与措施才有可能起到应有的激励和约束作用。①

四、推进公务员收入分配改革的目标与意义

公务员收入分配格局是整个社会收入分配格局的重要组成部分。加快推进公务员收入分配改革，规范公务员工资和津补贴的发放，日益成为全面深化改革的共识，特别是在经济新常态下，我国面临经济结构调整、增长速度放缓、利益格局分化的新挑战，推进公务员收入分配制度改革，更加符合在深层次调整和理顺社会利益关系的内在诉求。② 在此背景下，建立科学完善的公务员薪酬制度，保持合理的地区间公务员收入差距，理顺收入分配关系，对于形成合理有序的收入分配格局，引导和推动社会收入分配关系的深层调整，乃至提升国家治理能力和治理体系现代化水平、全面落实十八届三中全

① 周知秋：《公务员收入分配改革亟须破除的四个困惑——权衡等访谈》，《东方早报》2014年3月11日。

② 《推进我国公务员薪酬体系建设过渡性措施》，《民主》2016年第8期。

会提出的336项改革举措、回应当下有关公务员收入分配制度改革热点问题、推进政府职能转型以及反腐倡廉等具有重要现实意义。

（一）公务员收入分配制度改革目标明确

为了进一步规范公务员收入分配秩序，解决目前公务员工资和津补贴发放过程中存在的问题，新的调整措施应致力于确保公务员收入稳定合理增长，形成以工资为主、津补贴为辅的收入结构；在逐步规范公务员"三公"经费使用规范的同时，提高公务员收入的透明度、阳光度，由此形成合理有序的收入分配秩序。

短期内公务员收入分配制度改革旨在解决，一是公务员收入结构扭曲问题，力图转变目前公务员收入中工资和津补贴"倒挂"和激励错位问题；二是结合目前所处的发展阶段，为进一步贯彻落实党和国家的治国理念与改革措施，形成约束和激励并重的公务员薪酬体系。为此，短期方案应着力在精简编制、规范津贴、严格要求、营造氛围、提高收入、加强管理六个方面有所推进。

从中长期看，完善公务员的工资决定机制和正常增长机制，还不足以形成合理有序的公务员收入分配新秩序，推进公务员收入分配制度改革，还应在两个深层方面发力：一是解决公务员队伍的激励有效性问题，使约束机制与激励机制相匹配；二是通过建立科学的薪酬体系，加强公务员队伍建设，提高行政效能，夯实与奠定国家治理体系和治理现代化的基础。为此，在规范津补贴和完善薪酬制度的同时，还需要跳出公务员薪酬体系框架来看公务员薪酬体系设计，科学规划公务员薪酬体系的治理机制，将公务员收入分配制度改革同“三公”经费改革、养老金制度“并轨”、公务员职位分类改革、公务员收入财产公示制度等一系列与之相关联的改革联系起来，形成联动机制，全面深化推进。

（二）公务员收入分配制度改革意义深远

首先，总结公务员收入分配实践，有助于提升公务员收入分配理论的发展。在对公务员职位分类进行清晰界定之后，可以发现，大部分基层公务员承担的是一种以提供社会管理和社会服务为主要内容的劳动，可以根据这些劳动的复杂程度，把“相当人员”的概念具象化，在大中型企业的管理人员、医生、教师等不同职业的劳动内容进行比对，从而选择出与之复杂程度相当的职位进行比较，从而形成公务员工资决定与调整的依据和参照，由此摆脱同社会平均工资的简单比较。国际上对公务员工资决定机制的制定也是根据劳动内容及其复杂程度加以确定的，有些国家的公务员工资是社会平均工资的 2 倍甚至更高，有些则略低于社会平均工资，但他们都给出了进行比对的参照职业和调整的依据，因而无论高于还是低于社会平均工资，都能够为社会所普遍接受。此外，鉴于公务员系统具有内部劳动力市场的典型特征，在设计津补贴和奖励时，还应遵循内部劳动力市场的发展规律，充分利用时间因素，把对公务员的激励同对其的约束对应起来。对于这些内容的认识和思考，都是在不断丰富公务员收入分配的理论构建。

第二，规范公务员收入分配制度，对于调节宏观收入分配格局和清理规范隐性收入具有引领作用。相比于企业员工收入，公务员收入具有以下三个特点，一是公务员吃的是“财政饭”，公务员的收入，无论是工资、津补贴还是奖金，都无一例外地来自国家或者地方财政支出，公务员享有的福利待遇和“三公”经费实际上也都是财政支出的一部分；二是公务员收入的透明度不太高，尤其是在津补贴和福利方面，甚至存在着一些灰色地带；三是公务员收入水平与结构影响面广，对于参公机构和事业单位，乃至一些非营利机构来说，具有一定的示范效应。因此，规范公务员收入分配制度，对于优化政府财政收支结构，调节宏观收入分配格局，清理规范隐性收入，减少腐败和寻租空间等，都具有一定的引领作用。

第三，深化公务员薪酬体系改革，关系到国家整体收入分配改革方案的推进。作为收入分配改革的引导者，合理有序的公务员工资收入分配制度是构建规范、合理、有序的收入分配格局的重中之重。近年来随着经济的快速增长，劳动者报酬份额不断下降，而收入分配差距持续扩大，在此过程中公务员收入状况中的工资低效、收入失范、权力介入公共资源分配等在一定意义上加剧了整体收入分配领域的不公与无序问题。因此，必须将公务员薪酬体系设计纳入收入分配体制改革之中，有效推进公务员工资制度改革是有效推进收入分配制度改革的前提和重要组成部分。

第四，完善公务员收入分配制度，旨在形成激励与约束并重的薪酬管理体系和一支具有战斗力的公务员队伍。“八项规定”颁布实施以来，“三公”经费改革加快推进，但另一方面，公务员工资标准调整明显迟滞，只约束禁止、不激励的公务员薪酬制度受到质疑，也严重影响到公务员队伍的稳定性。当前，我国已渐进步入全面深化改革的“深水期”，十八届三中、四中、五中全会确立的各项改革目标需要一支具有战斗力的公务员队伍来贯彻、落实和推进。面对复杂多变的国际形势和国内环境，全面深化改革的任务和道路可能比较艰巨，公务员收入分配制度改革和薪酬体系建设直接关系到公务员队伍的整体素质提升。

第五，推进公务员收入分配制度改革，还有助于完善国家治理水平和治理体系现代化。公务员队伍是国家治理现代化的重要载体和支撑，基层公务员更是上情下达的关键环节。因此，理顺公务员收入分配与国家整体收入分配之间的关系，充分发挥公务员工资的激励效应，有助于铸造一支清正廉洁高效的公务员队伍，推进政府职能转型和审批制度改革，不断提升国家治理能力和治理体系的现代化水平。

总之，面对社会转型新形势，积极推进公务员收入分配制度改革和薪酬体系建设，不仅关系到公务员自身的收入水平、激励公务员队伍自身建设问题，而且对于形成合理有序的收入分配格局、提升政府行政效能和治理水平现代化都具有重大的现实意义。

五、本书的研究框架与主要结论

（一）本书的研究总体框架

本书共十章。除导论作为第一章外，其余具体安排如下：

第二章　公务员收入分配的文献综述。通过对国内外已有研究的梳理与评述，指出公务员收入分配问题的理论内涵，以及我国公务员收入分配问题的紧迫性。

第三章　我国公务员工资制度变迁及其现状分析。回顾中华人民共和国成立以来四次重大的公务员工资制度调整，分析了相应时期内我国公务员队伍职业流动的特点，以及公务员工资制度变迁的背景和趋势。

第四章　当前我国公务员收入分配的问题、后果与原因。从实际情况出发，指出我国公务员收入分配存在的主要问题与突出矛盾，核心在于公务员收入结构的不合理，同时，分析造成这些问题的原因及可能产生的后果。

第五章　构建合理有序的公务员收入分配制度的现实意义。公务员收入分配不仅是总体收入分配格局中重要的组成部分，而且还对其他收入分配问题具有示范和引领的作用，规范公务员收入分配秩序不仅有助于体现社会的公平公正，还对提升国家治理水平具有深远意义。

第六章　合理有序公务员收入分配制度的理论依据。分别从马克思主义劳动价值论、古典政治经济学、劳动力市场理论和行为经济学的视角，挖掘、阐述并试图构建公务员收入分配的理论框架，指出公务员收入分配依然需要坚持按劳分配的基本原则，并结合内部劳动力市场的运行规律进行薪酬体系的通盘设计。

第七章　公务员灰色收入的内涵与统计初步考察。从公务员灰色收入的视角，分析了规范公务员收入来源的重要意义，同时介绍了三种可用于测算公务员灰色收入的估计方法，即 MIMIC 方法、收入调查方法和比例效用方法，并在此基础上，给出了控制与消除我国公务员灰色收入的若干建议。

第八章 公务员津补贴和福利制度改革与收入分配。重点关注公务员收入结构中占主体部分，也是亟待规范的津补贴和福利待遇，辩证看待公务员津补贴乱象，比较了代表性地区，以及公务员和事业单位、企业同等职位人员在津补贴、住房公积金、医疗保险金、养老保险金和其他福利待遇方面的差异，提出进一步规范公务员津补贴的制度安排，以及公务员各项福利待遇与事业单位和企业并轨的改革设想。

第九章 “三公”经费管理与公务员收入分配改革联动。梳理我国“三公”经费管理中存在的主要问题及产生的影响，指出新《预算法》和“八项规定”等一系列反腐败制度的实施，有效遏制了“三公”经费管理失当的现象，规范“三公”经费取得初步成效，在借鉴“三公”经费管理国际经验的基础上，提出“三公”经费与公务员收入分配改革联动方案，并初步测算了方案实施的预期效果。

第十章 公务员薪酬体系建设与分配制度改革。基于以上各章节的分析，从我国公务员收入分配存在的实际问题出发，按照透明化、规范化、法治化、高效化的基本原则，以渐进式改革方式，制定相应的公务员收入分配制度改革过渡方案与中长期战略选择，并在公务员收入分配制度改革过程中，妥善应对可能存在的体制性问题。

（二）推进我国公务员收入分配改革的主要结论

第一，公务员队伍既要“重约束”，也要“强激励”。2013 年党的群众路线教育实践活动和八项规定颁布以来，“三公”经费改革加快推进，但只约束禁止、不激励的公务员工作薪酬制度容易引发公务员的怠倦情绪。特别是在大力推行反腐倡廉的过程中，不仅要“老虎苍蝇一起打”，还要给公务员队伍提供“强激励”，形成正确的价值引导，增强公务员队伍的责任感、使命感。只有约束与激励并重的公务员薪酬体系，才能培育一支具有战斗力的公务员队伍，为各项改革措施的推进与基层创新提供动力。

第二，我国公务员的基本工资虽然不高，但实际收入不低，公务员收入结构不合理。在制度设计上，存在用不规范的收入来弥补规范收入的不合理现象，而且比较普遍，由此导致《公务员法》等一系列规范公务员工资的法律法规难以对公务员收入形成有效约束，激励机制“倒挂”，激励不匹配等问题，诱发腐败、“官本位”、政府职能转变困难多种社会问题。与此同时，基层公务员的工作积极性则普遍不高，长期以来形成了“干好干坏一个样，干与不干人人有份”的懒政思想，不利于提升公务员队伍的整体素质。要改变这一现状，给公务员提高工资收入，则必须先要在制度设计层面严格规范公务员的收入结构和收入来源，构建和完善良性的正向激励机制。

第三，历次公务员工资改革在当时条件下都较好地实现了改革的目标，下一步改革的重点应当聚焦公务员工资的决定和增长机制。我国公务员收入分配全面实行货币薪酬制以来，公务员收入分配制度经历了1956年、1985年、1993年及2006年四次重大改革，分别于1997年7月、1999年7月、2001年1月、2001年10月、2003年7月及2015年1月经历了六次重大调整，称为“四次改革、六次调整”。1956年工资改革实现了从供给制到货币制的跨越；1985年工资改革剥离了企业工作人员的工资部分；1993年工资改革让机关工作人员与事业单位工作人员脱钩，[①]公务员工资成为一个相对独立的内部劳动力市场；2006年工改在大幅提高公务员薪酬的同时，在全国范围内统一了公务员的工资标准，同时要求规范各地津补贴的发放。下一步，应遵从内部劳动力市场的发展规律与特点，调节公务员收入结构，一是要完善公务员工资的决定和增长机制，将比较平衡原则落到实处；二是要进一步规范津补贴收入，逐步纠偏公务员的收入结构。

第四，公务员收入分配的理论基础是按劳分配，马克思的简单劳动和复杂劳动理论为公务员薪酬体系设计提供了理论指导。马克思的劳动价值论、古典经济学中的工资理论、劳动力市场的价格理论，以及行为经济学对薪酬激励的研究等，都为公务员的工资决定与收入分配提供了充足的理论养分。公务员是一类特殊的劳动力市场，它不能像普通劳动力市场那样，通过工资即劳动力的价格对市场供求进行弹性调节，市场力量基本不发挥作用。公务员的升降是按照部门内部规定执行的，由此形成与职务职级挂钩的工

---

① 姚东旻、樊洛明、林思思：《公共部门人员收入是否相对偏低》，《统计研究》2016年第6期。

资升迁制度，并以内部劳动力市场的竞争取代外部劳动力市场的竞争。为此，就需要用一系列外部劳动力市场上的标志性职业作为对照，使得内部劳动力市场的工资增长能够模拟外部劳动力市场的变化，而打通外部和内部劳动力市场之间的联系，即标志性职业的选择依据，就是马克思的复杂劳动理论，用劳动负荷或复杂程度进行比较和换算。

第五，就公务员工资的决定与增长机制而言，关键是要落实比较平衡原则。“强激励”的核心是要形成公务员工资增长的长效机制，这取决于完善的工资调查比较制度，即按照《公务员法》和《公务员工资制度改革方案》的要求，以标志性职业的市场工资作为标杆，结合当地经济发展水平、物价和财政收入的变化，每年或每两年对公务员工资进行浮动与调整。从美日等发达国家公务员收入分配的国际经验看，这个动态调整过程可以概括为“调查—比较—公示—调节”四个阶段，具体可选取行政管理、人力资源、财务管理和科学研究类职业等内外部劳动力市场上都可能出现的从业内容相近的职位，并以法定形式将其固化下来，由专门部门负责定期推进。然而，从目前的情况看，公务员工资平衡比较制度实际上难以落实，公务员工资多年不调整几乎成为常态。因此，完善公务员工资正常的增长机制，是我国公务员收入分配改革的核心要点之一。

第六，就进一步规范公务员的津补贴而言，关键是要遏制不合理的津补贴发放，克服“双轨制”体制造成的社会不公。津补贴作为公务员收入结构的重要组成部分，主要目的是保障公务员的基本工作和生活水平，是对我国公务员基本工资全国“一刀切”的补充,因不同省市的经济发展水平和物价水平各异,各级政府财政收入不同,加上基本工资对不同职级的公务员的差异不明显,固然有其合理性的一面。但由于地方政府承担津补贴,其标准和支出项目各地不统一,自行发放的特点之一,就是财力富足的地方津补贴高,财力贫瘠的地方津补贴低,少数地区甚至还出现了有些部门巧立名目,滥发津补贴的现象,造成不同地区和部门津补贴差距过大。如果将津补贴,以及住房公积金、养老保险和医疗保险等福利也作为公务员的收入一起纳入薪酬体系设计的比较范围,可以发现,对于同等强度和复杂程度的劳动而言,公务员的收入水平明显优于企事业单位。未来公务员津补贴和福利改革的重点,就是规范津补贴,缩小地区津补贴差距,实现津补贴调整的正常化、制度化、程序化和标准化,此外,公务员和企业职工的福利未来也将逐步走向统一。

第七,就规范管理“三公”经费而言,关键是要合理控制“三公”经费支出规模,逐步实现阳光化、透明化。“三公”经费已然构成公务员隐性收入的重要组成部分,2010 年以前,不透明导致不规范和大量浪费,引发收入分配不公、特权腐败,以及公众对公务员群体的普遍不满。党的十八大以来,相继出台了“八项规定”“六项禁令”等若干压缩“三公”经费的重要举措,2014 年颁布的新《预算法》,从政策上弥补了原有《预算法》不适应时代进步对财税体制提出的客观发展要求,通过制度反腐推进“三公”经费改革的透明化、规范化,取得了初步成效。研究提出“三公”经费与公务员收入分配改革联动方案,既做“减法”,压缩“三公”经费减少铺张浪费和腐败的机会，同时也要做“加法”，保障公务员合理合法的公务支出，并根据公务员的工作特点，设计相应的延迟激励措施，一方面保持公务员收入水平的正常增长，同时也有助于形成激励与约束并重的公务员薪酬体系。

第八，公务员收入分配改革牵一发而动全身，因此不能一蹴而就，而要循序渐次推进，与其他改革联动。其中，过渡性措施旨在规范公务员地区附加津贴制度，以及完善职务和职级并行的薪酬制度。从中长期看，公务员薪酬体系改革需要与多个领域内的改革联动推进，主要涉及与收入分配理论创新联动，与经济增长、物价和财政收入浮动的联动，与人事制度改革的联动，与深化政府职能改革联动，与反腐倡廉的一揽子制度安排联动，与收入管理制度创新联动，与公务员工资立法联动，与制度反腐联动，与公务员退休金制度和社保制度改革联动，并从严从实抓好公务员队伍建设等。

第二章　公务员收入分配的文献综述

公务员收入分配理论是收入分配理论的重要组成部分，本章按照公务员收入的内涵、影响因素，公务员收入分配的理论、应用、公务员收入差距及其变动的比较研究，以及我国公务员收入分配问题等视角对公务员收入分配的理论与实证文献进行归纳、梳理与评述。

一、公务员收入的内涵及其影响因素

保罗·A.萨缪尔森和威廉·D.诺德豪斯（1996）在其所著的《经济学》一书中，对收入的概念做了如下界定："收入是指既定时期内，一个人或一个家庭所得到的收入或赚得的现金总量。收入包括工资和其他劳动收入;财产收益和来自政府的转移性支付款项。”①一直以来,由于研究视角的不同,学界对公务员收入的内涵和范围都没有一个明确清晰的界定。

(一) 公务员收入的内涵

《中华人民共和国公务员法》第二十章明确规定公务员实行国家统一的职务与级别相结合的工资制度。公务员工资包括基本工资、津贴、补贴和奖金。根据公务员法对公务员工资制度的规定,张柏林认为,公务员收入不仅包括工资还包括福利待遇,其中公务员的福利是指为改善和提高公务员物质文化生活水平而采取的一些措施或提供的待遇。② 马艳红(2006)认为公务员收入分为实际收入和名义收入两种,前者是公务员获得的由财政统一拨付的工资,而后者的来源比较复杂,不仅包括财政统一拨付的工资还包括非财政拨付的“制度外”收入。③ 刘晓妍认为,公务员收入是指公务员在工作期间以各种形式所得到的非货币性收入和货币性收入,也有其他一些隐性收入。④ 林胜认为,公务员收入是《中华人民共和国公务员法》所规定的工资收入和其他劳动性收入,以及由工资和劳动性收入所带来的福利和保险,但不包括所有权收入和财产收入。从收入形态上看,公务员收入可以分为货币性收入和非货

---

① 保罗·A.萨缪尔森、威廉·D.诺德豪斯:《经济学》(第十四版上),胡代光等译,首都经济贸易大学出版社 1996 年版,第 401 页。

② 张柏林主编:《中华人民共和国公务员法释义》,党建读物出版社、中国人事出版社 2005 年版,第 164—175 页。

③ 马艳红:《我国公务员薪酬制度研究》,首都经济贸易大学,2006 年。

④ 刘晓妍:《我国公务员收入分配差距问题研究》,华中师范大学,2013 年。

币性收入;从收入时间来看,包括即期收入、远期收入和衍生收入。[①] 王礼鑫认为,公务员收入包括合理部分与非合理部分,两者都来源于相应的政府收入,即预算内收入、预算外收入和制度外收入三部分,其中公务员的合理收入来源于前两者,不合理收入来源于后者。[②]

任太增认为,在对公务员这一职业收入与其他职业收入进行比较时,应将其收入定义为劳动收入,劳动收入具体表现为货币收入、实物收入以及劳动者享受的无形收入。[③] 丁悦认为公务员收入来源于国民收入的再分配,公务员收入的变化取决于公务员工资政策的调整,而公务员工资政策的调整主要受到国内生产总值、财政收入状况、物价变动情况等因素的影响。[④] 翁文先、李兵认为,世界各国对公务员薪酬的定价有两个共性,一是基于职业,二是基于公务员提供的劳动——数量与质量。并探讨了影响公务员薪酬的三个因素:政治定价、经济定价、绩效定价。[⑤] 何凤秋认为,公共部门工资制度的发展方向应该是建立以劳动市场为导向的工资制度。[⑥]

(二) 公务员收入的决定机制

公务员收入决定机制是一个长期受关注的问题,包括哪些因素

---

① 林胜:《我国公务员收入分配问题研究》,福建师范大学,2012 年。
② 王礼鑫:《公务员收入分配透析》,《南风窗》2006 年第 12 期。
③ 任太增:《我国公务员收入水平偏低吗》,《经济学家》2002 年第 6 期。
④ 丁悦:《公务员加薪的经济学分析》,《中南财经政法大学学报》2004 年第 6 期。
⑤ 翁文先、李兵:《浅析我国公务员薪酬定价困境》,《甘肃社会科学》2003 年第 5 期。
⑥ 何凤秋:《事业单位工资收入分配改革方向分析》,《理论参考》2014 年第 3 期。

影响了公务员收入，学术界通常将其纳入对公共部门的考察范围之内。首先是对公务员收入影响因素的分析。Honadle，Beth Walter认为公共部门雇员的收入差别是性别、经济和制度因素共同作用的结果。[①] Jared J. Llorens针对美国50个州的公私部门收入差距及其决定因素作了深入研究，并就公私部门的工资率进行对比，从州政府财政能力、政治意识形态、州失业率和公共部门工会化程度等考察了公务员工资的决定因素，研究发现：女性公务员获得更多工资补偿；州财政水平并不是影响工资差异的因素；工会具有提高公务员工资的正向影响；经济繁荣的州公务员工资支付情况更好。[②]

在美国的做法中，我们发现美国商务部薪酬改革时实行“宽带薪酬”，一定程度上减少了传统上完全按照等级确定薪酬的不利影响，突出了公务员的能力和绩效，有助于提高公务员的积极性。[③] Bender、Elliott认为，基于市场对比的公、民工资指数连接机制是保持两者间动态平衡的决定机制之一。[④] Donald E. Klingner，John Nalbandian认为传统政府部门薪酬制度已经不适应当前政府人力资源管理所处的复杂环境，并从政治过程和管理技术提出

① Honadle，Beth Walter. Wage Determination in the Public Sector：A Critical Review of the Literature. *Journal of Collective Negotiations in the Public Sector*. 1981，10(4)：309.

② Jared J. Llorens，Uncovering the Determinants of Competitive State Government Wages. *Review of Public Personnel Administration*. 2008(28)：308－326.

③ Sare L Rynes，George T. Milkovich. Wage Surveys：Dispelling Some Myths about The “Market Wage”. *Personnel Psychology*，1986，39(1)：71－90.

④ Bender K A，Elliot R F. Relative earnings in the U.K > public sector：The impact of pay reform on pay structure//B El-liott，C Lucifora，D Meurs. Public Sector Pay Determination in the European Union，Macmillan. 1999：285－328.

了政府部门薪酬战略管理的政策与策略。[①] Russell M. Linden 认为政府在绩效改革上,要扭向以服务为导向,用满意度来衡量的绩效机制上,奖罚分明,激发人的积极性为行政效率提高创造新动力。[②] Owen E. Hughes 认为公共部门也应当向私营部门学习,借助绩效指标的衡量办事效率,以达到公共部门薪酬管理的目的。[③] James Antvi 还认为公务员工资应与地区相联系,以避免地区收入差异导致的高级能公务员的流失。[④]

盖伊·彼得斯提出以市场为导向的公共部门薪酬制定策略,分别为领先策略、市场跟随策略和市场之后策略。其中最为人们认可的是市场跟随策略,也即公共部门工资与市场平均工资相一致。[⑤] Odden, Wallace 认为公共部门的薪酬设计应该以能够吸收并且留用具有"苛求资格条件"的人才为准则,进而以具备市场工资水平可比性和由市场机制形成的参照性职业的工资水平为依据。[⑥] Milanowski 以作为公务员的教师工资水平确定为例,其认为在与市场水平进行比照时应以受教育程度、年龄和经验作为可

---

① Klingner Donald E, Lynn Dahlia Bradshaw. Beyond civil service: The changing face of public personnel management. *Public Personnel Management*. 1997, 26(2): 157-174.

② Russell M. Linden. *Seamless Government: A Practical Guide to Re-Engeneering in the Public Sector*. Harward press, 2002: 78-80.

③ Owen E. Hughes. A guid book: pubic management. Prinston Press, 2001.

④ James Antwi a, David C. Phillips. Wages and health worker retention: Evidence from publicsector wage reforms in Ghana. *Journal of Development Economic*. 2013, 102: 101-105.

⑤ 参见盖伊·彼得斯:《政府未来的治理模式》,中国人民大学出版社 2001 年版。

⑥ Odden A, Wallace Jr M J. *New directions in Teacher Pay*. St. Paul, MN: Freeload Press, 2006.

比标准，同时应与参照性职业进行比较。[①] Hunter认为在确定工资等级和差别的时候要将职务高低、责任大小、教育程度和技术水平，工作性质、工作环境、工作时间、地区差别和工作年限等因素考虑进来。英国高级公务员薪酬也不与官员的职位高低挂钩，而与职位的工作量决定，具体根据其财务责任、职员人数、专业技能及能力等要素来进行评定。[②] Andrew I. E. Ewoh，Stephen Sonnenfeldt-Goddard研究了联邦政府机构的绩效工资改革与组织歧视投诉量之间的关系，并通过数据分析得出结论，指出未来的研究方向。[③] Roswitha M. King认为类似中欧和东欧这样的转型经济体，越来越清醒地意识到一个高效的公务员制度有利于市场经济的发展，公务员薪酬制度应该与市场经济同步发展。[④]

二、公务员收入分配的理论及其应用

国内外学者在研究收入分配问题时提出了许多经典理论，这

---

① Anthony Milanowski. Using Occupational Characteristics Information from O * NET to Identify Occupations for Compensations Comparisons with K－12 Teaching[R]. CPRE-UW Working Paper Series，2008.

② Hunter，Lawrence colvin. *Economic of wages and labor*. London：Macmillan. 2008.

③ Andrew I. E. Ewoh，Stephen Sonnenfeldt-Goddard. Pay-for-performance reform and organizational discrimination：an exploratory analysis of the United States federal agencies. *International Review on Public and Nonprofit Marketing*. 2012，9(1)：65－94.

④ Roswitha M. King. Conversations with Civil Servants：East European Public Administration Reform in Search of Socioeconomic Development. *European Socio-Economic Integration Innovation，Technology，and Knowledge Management*. 2013，28：173－191.

些理论也成为研究我国公务员收入分配的重要依据。从目前的研究文献来看,学者基本上是从经济学(市场分割理论、委托代理理论等)、管理学(人力资本理论)和政治学(新公共管理理论)等三个角度,研究公务员的收入问题,形成了丰富的研究成果。

(一)经济学的理论视角

一些学者以马克思的劳动价值理论为根据,从政治经济学的视角,对公务员的收入分配问题进行研究。辜堪生认为,公务员所从事的公共性服务也是一种生产劳动,也能创造价值,其劳动产品包括精神产品、无形的服务活动,还有物质产品。[①] 郝小宝认为公共服务劳动不仅创造价值,而且价值大小可以测定。由于公共服务的复杂程度和创造的总体价值远大于一些有形劳动,因此应该得到社会平均报酬和一般认同。加之公共服务存在多重委托代理关系,需要克服道德风险和逆向选择。因此公务员工资改革中有必要打破平均主义,给予适当的期权报酬和奖励。但他们对于社会主义条件下公务员工资标准制定的论述非常少。[②] 但王峰明认为马克思主义的劳动价值论只适用于物质生产领域的商品生产劳动,绝不能向非物质生产领域"拓展"。[③] 杨智、牛汝伟认为,在构建中国特色的社会主义公务员工资理论时,我们

① 辜堪生:《试论公共服务劳动也能创造价值》,《社会科学研究》2002 年第 6 期。

② 郝小宝:《公共服务:一种创造价值的生产性劳动》,《西北农林科技大学学报》(社会科学版)2014 年第 2 期。

③ 王峰明:《商品"价值"问题的"元"考察——以威廉·配第为个案并与亚里士多德作比较》,《学术界》2008 年第 4 期。

可以借鉴马克思在《法兰西内战》中的指导思想。他认为公务员工资应与当地居民收入水平相近，公务人员的工资级别也不应有明显的差距。①

还有一些学者从现代西方经济学的角度来分析公务员的收入分配问题，提出了市场分割理论、委托—代理理论等。首先，市场分割理论是研究公务员收入分配理论的重要工具。M.J.Piore认为劳动力市场可以分为一级市场和二级市场。一级劳动力市场的特征表现为市场工资高、劳动条件好、职业前景好、就业稳定且工作岗位有保障；二级劳动力市场表现为工作工资较低、工作条件差、就业变动大、纪律苛刻、提升机会小。而且劳动力一旦进入二级市场，就很难向一级市场流动。张力、袁伦渠从劳动力市场分割理论的视角对公务员工资收入决定机制成因做了定性的解释。他们认为政府部门主导劳动力市场的劳动力资源配置和工资决定中存在市场分割因素，其运行不是依据利润最大化原则而是由制度规则代替了市场竞争，由此造成公务员收入机制孤立于市场分配体系之外。②

其次，从委托代理理论看，对公务员收入分配问题进行研究。刘寿明认为公共部门委托代理关系形成的前提是公民享有剩余所有权，并保留了对公共权力行使者的选择与监督。公共领域委托代理模型的具体形式是社会公众和国家之间形成一级委托代理关

① 杨智、牛汝伟：《刍议我国公务员工资改革》，《当代经济》2011年第1期。

② 张力、袁伦渠：《我国公务员工资收入决定机制成因：一个基于劳动力市场分割理论的定性解释》，《北京交通大学学报》（社会科学版）2007年第1期。

系，社会公众和官员之间存在多层委托代理管理关系。政府和民众之间的公共权力委托代理关系更加复杂，由于公共权力委托代理链条不断增大，代理风险也逐级放大。①

(二) 管理学的理论视角

公务员收入分配的管理学视角聚焦人力资本管理新理念，研究议题主要集中在对公务员人力资本的分析和对公务员激励机制的研究上。Lucas②、Romer③ 认为，人力资本在经济增长中具有重要影响，经济增长应该给予人力资本相应的回报，并对人力资本参与收益分配的具体的形式进行了研究，如年薪制股权制和员工持股计划等。李丙红认为，政府部门人力资本是体现在公务员身上，政府部门人力资本投资必然要求得到回报，因而建议公务员基本工资应该体现政府部门人力资本的差异性，建立人力资本性质的津贴，变一次性奖金为可变工资。④刘武军也从人力资本的角度分析了公务员的薪酬，他认为公务员传统做法忽视了对人力资本的补偿。而将公务员“隐性的非物质形态”的利益尽可能转换为“非隐性的物质形态”的利益就成为实现公务员人力资本的资本性补偿收益的关键。其建议

---

① 刘寿明、陆维臣：《公共领域中的委托代理理论及其拓展》，《求索》2009 年第 4 期。

② Lucas, R. E. J. On the mechanics of economics development. *Journal of Monetary Economics*. 1988(22): 3－42.

③ Paul. M. Romer. Echandogenous Technological Change. *Journal of Political Economy*. 1990, 198: 71－102.

④ 李丙红：《基于政府部门人力资本投资理论的公务员收入探析》，《江西社会科学》2008 年第 7 期。

可尝试设立“公务员人力资本产权金”制度促进公务员人力资本的形成与使用。[①]

（三）政治学的理论视角

政治学范畴下的新公共管理理论催生了对公务员收入分配问题的重新探讨。新公共管理理论主张在政府运作方式中引入竞争机制，打破以前公共部门提供公共服务的垄断性质，然而这种市场化意味着使成本—收益理论和价格规则进入公务员管理系统中去。李军等人指出，新公共管理理论在操作层面上引入了市场机制，并将公共部门雇员分为核心人才、通用人才、独特人才和辅助性人才，并对不同的人力资本类型提出了不同的薪酬战略。[②] Muller认为由于公共部门不存在竞争，因此可以向公职人员支付更高薪水，允许薪酬差距，因为这种差距是可控的，而且薪酬差距越大越能起到激励公职人员工作的作用。Miller通过研究德国公职人员收入问题，认为由于公共部门的扁平化，工资结构没有对公职人员起到激励作用，继而导致公共部门人才流失现象。[③] Risher，Howard认为GS薪酬制度已经不再适用于联邦政府，基于宽带概念的薪酬管理模型虽然备受争议，但它却代表了公共部门

---

① 刘武军：《公务员人力资本产权残缺的类型、表现形式与纠正》，《商业时代》2012年第16期。

② 李军、魏哲景：《新公共管理视角下公务员激励机制创新》，《西北工业大学学报》（社会科学版）2007年第2期。

③ Lynne Miller Franco, Sara Bennett, Ruth Kanfer. Health sector reform and public sector health worker motivation: a conceptual framework. *Social Science and Medicine*. 2005, 54(8): 1255 - 1266.

的一个合理变革。[①]

（四）不同视角下公务员收入的衡量标准

一是从劳动力市场分割理论看，公务员收入分配问题不能简单套用传统的解释，劳动力与商品市场相比具有特殊性。劳动力市场分割理论作为裁度学派的重要代表，其基本的假定是：第一，劳动力市场被分割为几个不同的市场，各个市场有着不同的特点，有着各自分配劳动和决定工资的特点和方式。第二，各个劳动力市场之间是相对封闭的，造成这种封闭的原因是集团势力的联合和制度因素的约束。由于受到各种非市场因素的制约，劳动者在不同就业领域之无法流动或有限地流动。因此，劳动者的工资水平不仅仅取决于其所拥有的人力资本，还取决于就业发生在劳动力市场的哪一部分。张力、袁伦渠按照劳动力市场分割理论的分析框架，把劳动力市场分为两大类，一类是政府部门主导劳动力市场，其特点是政府实行统一控制，实行平均的工资率，并且不考虑或低估人力资本的收益率，其实质是一种非市场化的工资决定机制；另一类是市场导向劳动力市场，其劳动力资源配置和工资决定与新古典经济学描述的劳动力市场一致，企业按照劳动的边际贡献与边际成本进行比较后，决定增减劳动雇佣，并按照劳动的边际

---

① Risher, Howard. How much should federal employees be paid? The problems with using a market philosophy in a broadband system. *Public Personnel Managment*. 2005, 34(2): 121 - 140.

贡献或市场工资支付报酬。[①] 赖德胜[②]、晋利珍[③]等都用劳动力市场分割理论解释我国收入分配问题。

二是从委托—代理理论看，由于信息不对称，委托人对代理人的行为不能直接观察；以及信息收集和代理人行为的监督存在代理成本，因此，在对工人进行人力资本激励约束机制设计时不但要强调物质激励，还要注重精神需求。王晓霞从委托代理角度，分析了我国公务员工资存在的问题，提出应该在整体提高公务员工资的同时拉大收入差距以实现激励相容。[④] 王金华[⑤]、张智涵[⑥]也通过激励制度分析了我国公务员收入分配问题。

三是从人力资本理论看，一个人的收入水平取决于其生产能力与实际的劳动生产率，所有影响生产效率的因素都可以作为收入差别的基础。人力资本理论是从人力资本的角度分析收入分配差别。人力资本投资增加导致生产效率提高，而人力资本投资的需求与供给条件直接影响了人力资本投资水平。李丙红从政府部门人力资本投资指出政府部门人力资本体现在公务员身上，通过人力资本投资所开发形成的各种能力的总和，可具体划分为体能或身体素质，表现为体力、耐力以及寿命期等；智能或科技文

---

① 张力、袁伦渠：《我国公务员工资收入决定机制成因：一个基于劳动力市场分割理论的定性解释》，《北京交通大学学报》(社会科学版)2007年第1期。

② 赖德胜：《当前收入差距扩大原因分析》，《经济研究参考》1996年第17期。

③ 晋利珍：《劳动力市场双重二元分割与工资决定机制研究》，首都经济贸易大学，2008年。

④ 王晓霞：《试论我国公务员激励机制的完善》，新疆大学，2006年。

⑤ 王金华：《试论我国公务员激励机制的完善》，《云南行政学院学报》2005年第3期。

⑥ 张智涵：《我国公务员薪酬激励制度研究》，河北大学，2014年。

化素质，表现为公务员拥有的知识水平、操作技能以及认知与创新能力等；“德行”或道德素质，表现为道德水准、意志品格与生活态度等三个方面。政府为了提高部门的工作效率对相关工作人员进行培训，对其进行人力资本的投资，在投资后，必然要求得到回报，并且其回报率要超过资金贴现率，才能使政府部门人力资本投资有利可图。但就目前我国公务员现行收入标准执行的实际情况来看，未能充分体现政府部门人力资本的内在要求。[①] 项仲韬[②]、陈瑞祥[③]用人力资本理论分析了我国公职人员的收入差距问题。

我们认为，对公务员收入的衡量一直是研究中的一个难点，在我国“工资”是一个比较泛化的概念。从法律层面的规定看，根据《劳动法》规定工资指用人单位依据国家有关规定或劳动合同的约定，以货币方式支付给本单位劳动者的劳动报酬，一般包括计时工资、计件工资、奖金、津贴和补贴、延长工作时间的工资报酬以及特殊情况下的工资等。1993 年《公务员法》中规定公务员工资实行职级工资制，工资包括职务工资、级别工资、基础工资、工龄工资、津贴和国家规定享有的保险和福利待遇。2006 年《公务员法》对公务员工资进行了调整包括基本工资、津贴、补贴和奖励四个部分，其中基本工资指职务工资和级别工资；津贴包括岗位津贴、地区附加津贴和艰苦边远地区津贴；补贴包括住房补贴和医疗补助。从统

---

① 李丙红：《基于政府部门人力资本投资理论的公务员收入探析》，《江西社会科学》2008 年第 7 期。
② 项仲韬：《国家公职人员的人力资本定价》，浙江大学，2009 年。
③ 陈瑞祥：《公共部门人力资本定价机制研究》，浙江大学，2011 年。

计层面看，统计局规定工资总额指各单位在一定时期内直接支付给本单位全部职工的劳动报酬总额，由计时工资、计件工资、奖金、津贴和补贴、加班工资、特殊情况下的工资。从劳动经济学的层面看，工资通常用工资率表示即单位时间的报偿，其与劳动力市场的供给与需求条件决定。因此，《劳动法》《公务员法》和统计局的规定相近，但是其都没有统计工资以外的其他收入，比如社会保险福利费用、稿费、翻译费等其他收入，因此工资收入只是收入的一部分。考虑到数据的可获得性，工资收入通常采取由统计局统计的与《公务员法》相一致的衡量标准。

三、公务员收入差距及其变动的比较研究

（一）公共部门内部的收入差距

Schanzenbach、Max 利用 AFQT 评分和专业作为解释变量来分析公共部门的薪酬差距，其得出在接受过大学教育的政府雇员中，由于教育水平造成的收入差距小于私营部门，他们认为这是由僵化的工资制度造成的。[①] Ugo Panizza，Christine Zhen-Wei Qiang 以 13 个拉丁美洲国家公共部门人员收入数据为依据进行研究，他们发现在公共部门中女性获得额外奖金高于男性，但这种溢

① Schanzenbach，Max. Explaining the Public-Sector Pay Gap：The Role of Skill and College Major. *Journal of Human Capital*，2015(9)：1－44.

价效应仍然不足于弥补由于性别造成的收入差异。[①] Bradley, Steve;Green,Colin;Mangan, John 认为公共部门中由于性别造成的工资收入差异要小于私营部门,但在除了教育和医疗护理的其他公共部门,由性别造成的收入差距也相当严重。[②]

Robinson,Tomes 将工会水平变量引入他们的模型后发现公共部门工资差别降低了。[③] Bitzan, John D; Bahrami, Bahman 研究了公共部门中不同职业的工会溢价情况,在他们调查的 41 个职业中,有 27 个职业的工资水平呈现出显著的工会溢价,其中教师的工会溢价高达 61%,同时他们认为不同的工会溢价来源于工会对雇员的不同奖励方式。[④] 此外,研究者也非常关注工会正式对于谈判工资水平的影响。Junichiro Ishidaa、Noriaki Matsushima 通过构建一个混合寡头竞争模型来讨论是否应该限制公务员进行集体工资谈判,并且他们认为公务员的集体工资谈判并不能提高他们的工资水平。

此外,Baffoe - Bonnie 利用 Heckman 样本选择模型,同时考虑劳动者参与和公司雇佣与否的双重选择偏误,考察了美国白人与

---

① Ugo Panizza, Christine Zhen-Wei Qiang Public-private wage differential and gender gap in Latin America: Spoiled bureaucrats and exploited women?. *The Journal of Socio-Economics*. 2005, 34(6): 810 - 833.

② Bradley, Steve; Green, Colin; Mangan, John. Gender Wage Gaps within a Public Sector: Evidence from Personnel Data. *MANCHESTER SCHOOL* 2015, 83(4): 379 - 397.

③ Robinson, C., Tomes, N. Union wage differentials in the public and private sectors: A simulateous equations specification. *Journal of Labor Economics*. 1984(2): 106 - 127.

④ Bitzan, John D; Bahrami, Bahman. The Effects Of Unions On Wages By Occupation In The Public Sector. *The International Business & Economics Research Journal*, 2010, 9(7): 107 - 119.

黑人的工资差距。[①] Brueckner、Neumark 从美国各州的便利设施规模与公共部门工资收入差距的关系角度，考察了影响公务员收入的因素，他们认为便利设施规模越大的州，公共部门收入差距越大，因为较强的公共部门工会力量有较强的政治力量从而获得较大规模的政府抽租。[②] Lamo，Ana，Pérez，Javier J.，Schuknecht，Ludger 认为公共部门雇员的工资，雇员的数量以顺周期的方式和实际商业周期同步运动。[③] Matschke，Xenia 考察了选举周期与公共部门雇员工资的关系，其通过回归分析认为即将到来的大选会导致工资水平上升 2.5—3 个百分点。[④]

（二）公共部门与私营部门之间的收入差距

公共部门雇员的收入会在社会上引起高度关注，并且会对政府的货币政策与财政政策产生较大的影响。Vera A. Adamchik，Arjun S. Bedi 对转型国家波兰的公私部门工资差别进行了研究，他们认为私营部门具有工资优势，这导致了公共部门吸引人才乏

---

① John Baffoe-Bonnie. Black-White Wage Differentials in a Multiple Sample Selection Bias Model. *Atlantic Economic Journal*. 2009，37(1)：1－161.

② Brueckner，JK（Brueckner，Jan K.）；Neumark，D（Neumark，David）. Beaches，Sunshine，and Public Sector Pay：Theory and Evidence on Amenities and Rent Extraction by Government Workers. *AMERICAN ECONOMIC JOURNAL-ECONOMIC POLICY*. 2014，6(2)：198－230.

③ Lamo，Ana，Pérez，Javier J.，Schuknecht，Ludger. The cyclicality of consumption，wages and employment of the public sector in the euro area. *Applied Economics*，2013，45(12)：1551－1569.

④ Matschke，Xenia. Are There Election Cycles in Wage Agreements? An Analysis of German Public Employees. *Public Choice*，2003，114(1－2)：103－135.

力，并且导致了公职人员怠政和公共部门效率低下。[①] Monazza Aslam，Geeta Kingdon 对巴基斯坦公私部门的工资差距进行研究，研究结果表明公共部门的工作者享有较高的工资溢价，而且公共部门中女性的工资差别大于男性。[②] Ana Lamo，Javier J. Pérez，Ludger Schuknecht 认为在一个完整的商业周期内，公私部门的收入水平呈现出较强的正相关性，而在一个超过商业周期的更长时期内，两者同步变化相关性更强，这可以用长期的价格趋势和生产率进步来解释。[③]

国外关于公私部门收入差距的实证研究非常丰富。Bender 通过梳理北美以外的文献，归纳出研究公私部门工资差异的三种常用计量方法。它们分别是使用虚拟变量的单一估计方程；将公私部门分开估计的两方程法；以及考虑公私部门选择的 Heckman 样本选择模型。[④] Krueger 对美国面板数据进行了实证研究，结果发现美国联邦雇员的平均工资水平高出私人部门员工约 10%—25%。[⑤] Mueller 利用分位数回归的方法对加拿大数据

---

① Vera A. Adamchika, Arjun S. Bedi. Wage differentials between the public and the private sectors: Evidence from an economy in transition. *Labour Economics*, 2000, 7(2): 203 - 224.

② Monazza Aslam, Geeta Kingdon. Public-private sector segmentation in the Pakistani labour market. *Journal of Asian Economics*. 2009, 20(1): 34 - 49.

③ Ana Lamo, Javier J. Pérez. Ludger Schuknecht. Are government wages interlinked with private sector wages?. *Journal of Policy Modeling*. 2013, 35(5): 697 - 712.

④ Bender, K. A. The Central Government-Private Sector Wage Differential. *Journal of Economis Surveys*. 1998 XII (2): 177 - 220.

⑤ Krueger, A.B. "Are Public Sector Workers Paid More Than Their Alternative Wage? Evidence from Longitudinal Data and Job Questions". *NBER Working Paper*, 1988.

进行了分析，得出与 Krueger 类似的结论。① 但这一研究结果在方向上并未得到普遍认同。也有学者通过加入不同的控制变量对公共部门与非公部门之间的收入差距进行了更细致的研究。Heitmueller 使用发达国家数据，分析不同性别在公务员工资水平差异发现，女性的公私部门收入差距较男性更大。② Melly 的研究发现公共部门女性的条件工资高于私人部门，男性的条件工资低于私人部门。同时在公私部门间男性工资差异随收入变化而变化。③ Alejandra Mizala，Pilar Romaguera，Sebastián Gallegos 认为，在 11 个拉丁美洲国家中，公共部门人员的平均收入高于私人部门。并且在较高收入分位数上，公共部门员工收入水平一般低于私人部门，然而在这一分位数水平上，随着大多数国家公私部门平均收入差距的扩大，这种差距已经转变为工资罚金。④

（三）公务员收入变动与经济发展

Jackman，Rutkomoski 认为在由中央集权转向市场经济的发展中国家中，由于劳动力市场价格扭曲，公共部门工资水平几乎与

① Mueller，Richard E. Public-private Sector Wage Differentials in Canada：Evidence from Quantile Regression. *Economics Letters*. 1998，20(7)：605 - 627.

② Heitmueller，A. Public-Private Sector Wage Differentials in a Devoled Scotland. *Jounal of Applied Economics*. 2006，4(9)：295 - 323.

③ Melly，Blaise. "Public-private Sector Wage Differentials in Germany：Evidence from Quantile Regression". *Empirical Economics*. 2005，30(2)：505 - 520.

④ Alejandra Mizala，Pilar Romaguera，Sebastián Gallegos. Public-private wage gap in Latin America（1992 - 2007）：A matching approach. *Labour Economics*. 2011(18)：115 - 131.

劳动生产率或技能差异没有任何关系。[1] D'Adamo、Gaetano 考察了东欧国家的工资溢出效应，他们认为短期内东欧国家公共部门的收入水平影响甚至决定了贸易部门收入水平，从而导致了社会生产成本的增长高于劳动生产率的增长，从而损害了这些国家贸易部门的国际竞争力。[2]

Grimshaw、Damian 认为与私人部门相比，公共部门的集中支付安排减缓了日益扩大的收入分配不平等，缩小了性别收入差距。[3] Adamchik、Bedi 对处于经济转轨过程中的发展中国家进行研究，他们发现这些国家工资结构发生了巨大变化，使得不同利益集团经济地位的转换日益加剧，收入差距的扩大引发了公众对公务员阶层的不满和政治觉醒，从而影响经济改革进程和社会稳定。L Lee，Cheol-Sung；Kim，Young-Bum；Shim，Jae-Mahn 认为在后工业化的国家，当公私部门生产效率差别较小时，公共部门雇佣水平对社会收入分配不平等有较强的消极影响，随着公私部门生产率差别的加大，这种消极影响逐渐消失。Naticchioni，Paolo；Ricci，Andrea 认为意大利公共部门的改革导致了公共部门雇员收入差距的扩大，同时其用分位数分解的方法证实了公共部门内

---

① Jackman，R.，Rutkomoski M. *Labor markets: Wages and employment*. In：Barr，N. Ed，Labor Markets and Social Policy in Central and Eastern Europe. Oxford Univ. Press，New York，1994.

② D'Adamo，Gaetano. Wage spillovers across sectors in Eastern Europe. *Empirical Economics*. 2014，47(2)：523 - 552.

③ Grimshaw，Damian. Public sector employment，wage inequality and the gender pay ratio in the UK. *International Review of Applied Economics*. 2000，14(4)：427 - 448.

部收入分配不平等是由公共部门中高收入人群残差的正效应导致的。[①] Cheol-Sung, Lee. American Sociological Review 基于 64 个发达国家与发展中国家的面板数据证实了公共部门规模与民主程度可以解释一个国家内的收入不平等问题。在民主程度较低的国家，公共部门的扩张会恶化收入分配不平等，相反在民主化程度较高的国家，公共部门的扩张可以改善其国内的收入分配状况。[②]

Rijckeghem, Weber 在对公务员工资与腐败关系的跨国实证研究中发现两者存在显著的关系。公务员收入水平的上升一定程度上能降低腐败，但如果不配合提高政府透明度和问责性措施，那么只能通过大幅度提高公务员收入水平才能根除腐败。

（四）公务员收入变动与社会转型

Strom 提出许多国家近期公共部门改革的一个重要特征是将工资的决定权向更低层次的部门转移。[③] Falch, Strom 认为产生这种转变的原因在于高度集中的工资支付制度可能会造成地区劳动力市场供求不均衡，甚至会导致不同部门雇员间素质的系统差别。Akerlof, Yellen 认为即便在公共部门实行分权化的改革，由

---

① Naticchioni, Paolo; Ricci, Andrea. Public Sector Reforms and the Evolution of Wage Inequality: Evidence from Italy. *Economia Politica*. 2012(2): 1.

② Cheol-Sung, Lee. Income Inequality, Democracy, and Public Sector Size. *American Sociological Review*. 2005, 70(1): 158 - 181.

③ Torberg Faleh, Brjarne Strom. Local flexibility in wage setting: evidence from the Norwegian local public sector. *Emvirieal Economies*. 2006, 31(1): 113 - 142.

于公共部门收入水平的提高会对私人部门产生工资增长的压力，因此在分权化改革的公共部门仍然存在平均主义倾向。[①]

对于公共部门收入决定机制分权化改革的结果，现有的国外文献是非常有限的。Elliot，Bender 认为工资决定机制转变加剧了收入分化，不同工资决定机制会影响工资收入与地方劳动力市场环境之间的关系。[②] Grimshaw，Damian 认为英国公共部门施行的分权化改革会加剧收入分配不平等，并且会使女性近期得到改善的收入状况恶化。[③] Falch，Torberg；Strøm，Bjarne 认为自 1990 年挪威引入了更为灵活的工资决定机制之后，公共部门内部的薪资差距增加，同时公共部门的雇员收入对当地政府的财政收入、垄断势力以及政府政治领导力的反应更为显著，但影响程度仍然较小。[④] 已有的研究结果并没有证明这种收入机制的转变已经使地方决策者对地区劳动力市场环境按理论预期做出调整，因为影响地方政府实际收入和公共部门收入分配的因素需要随时间的推移慢慢调整。因此公共部门收入决定机制分权化改革所带来的效益要小于公众的预期。

随着管理工具的创新和人本文化的进步，公共部门收入的决

① Akerlof GA，Yellen JL，The fair wage-effort hypothesis and unemployment. Q. J，Econ. 1990，105(1)：255 - 283.

② Elliot RF，Bender KA. Decentralization and pay reform in the central government：A study of three countries. *British Journal of Industrial Relations*. 1997，35(3)：447 - 475.

③ Grimshaw，Damian. Public sector employment，wage inequality and the gender pay ratio in the UK. 2000，14(4)：427 - 448.

④ Falch，Torberg；Strøm，Bjarne. Local flexibility in wage setting：Evidence from the Norwegian local public sector. *Empirical Economics*. 2006，31(1)：113 - 142.

定机制开始向多元化模式，并引入了绩效工资制度和宽带薪酬制度。Dahlström，Carl；Lapuente，Victor 认为政客是公共部门激励机制转变的受益者，而高级公务员则是制度的制定与监督者，因此绩效工资制度在那些政客与高级公务员有着严格区分的国家被更加广泛和有效地施行。[①] Johansen，Kare；Strøm，Bjarne 的研究认为分散化的工资决定机制会导致公共资源的分配扭曲，其试图通过替代融资体系来消除这种资源分配过程中的扭曲。[②]

Roland F. Speklé，Frank H. M. Verbeeten 认为公共部门实行效率工资制度的效果受到组织目标、绩效评价模型以及部门管理者等因素的影响，并将这些影响绩效工资制度的因素定义为收缩性，通过量化收缩性指标得出两者之间的关系。[③] Weibel，Antoinete；Rost，Katja 运用实验经济学方法发现，绩效工资的实施有时会给个人努力带来消极的影响，因为它常常产生激励的隐形成本。[④] Kirsten Bregn 认为绩效工资制度可能会损害雇员工作的原始动机，并且改变引导雇员进行行为选择的标准。大量的实验经济学证据表明可感知的不公平性会给绩效工资制度带来巨大

---

① Dahlström，Carl；Lapuente，Victor. Explaining cross-country differences in performance-related pay in the public sector. *Journal of Public Administration Research and Theory*. 2010，20(3)：577.

② Johansen，Kare；Strøm，Bjarne. Efficiency wages，wage comparison，and public sector budgeting. *Economics of Governance*. 2003，4(3)：215－228.

③ Roland F. Spekléa，Frank H. M. Verbeetenb. The use of performance measurement systems in the public sector：Effects on performance. *Management Accounting Research*. 2014，25(2)：131－146.

④ Weibel，Antoinette；Rost，Katja；Osterloh，Margit. Pay for Performance in the Public Sector-Benefits and (Hidden) Costs. *Journal of Public Administration Research and Theory*. 2010，20(2)：387.

的负面影响。因此在公共部门实行绩效工资制度往往会给雇员的工作积极性带来不利影响。[①]

四、我国公务员收入分配问题的研究

(一) 我国公务员收入分配的现状与问题

在我国的工资体系中,公务员工资有重要的参考作用,在 1993 年工资改革之前,公务员、企业和事业在职员工的工资差异不大,公务员工资是后二者的重要参考。但是,在工资改革后,事业在职员工的工资仍然将公务员工资作为重要对照对象,而企业在职员工与公务员工资的增长速度开始拉开差距。过去 20 多年普遍反映公务员的工资增长速度小幅高于企业、事业在职员工,但近年来出现了更多关于公务员工资低的报道,尤其是基层公务员工资低问题。从整体水平看,我国公务员收入水平在全国的排名居中,但是,其内部工资差异非常大,公务员收入分配已经成为一项重要改革。2015 年国务院办公厅发布 3 号文件,对机关事业单位工作人员的基本工资标准进行了调整,此次调整将部分津补贴纳入了基本工资,调整后,职位工资标准从 340 元到 4 000 元上升到 510 元到 5 250 元,其他各级工资标准都有了相应的提高。并建立了定期

---

① Bregn, Kirsten. Detrimental Effects of Performance-Related Pay in the Public Sector? On the Need for a Broader Theoretical Perspective. *Public Organization Review*. 2013, 13(1): 21 - 35.

调整机关工作人员基本工资标准的制度，基本工资标准每一年或两年调整一次。该政策的出台一定程度上缓解了公务员收入近年来增幅低于企业在职员工的情况，但是在公务员收入分配上仍然有一些问题亟待解决。

一是公务员内部收入差距大。王礼鑫指出我国收入差距大主要体现在五个方面，包括地区差异、行业差距、机关差距、部门差距和职务差距。[①] 不同地区、不同级别的收入差距巨大，主要表现在两个方面：第一，公务员的平均收入水平中央高于地方，中央公务员的行政级别高于地方公务员，其工资水平整体上升；第二，地区之间公务员收入水平差距较大，东部地区的公务员收入水平普遍高于中西部地区。国家统计局数据显示，2013 年机关的全国平均工资为 52 902 元，其中，北京 86 835 元，山西 43 588 元，上海 92 828，河南 40 003 元，新疆 50 194 元。[②] 刘晓妍分析了我国公务员收入分配的差异，认为经济发展水平、灰色收入和行政成本是收入差距的原因。[③] 熊通成、曾湘泉通过多元回归分析认为受地方财政的影响，不同地区的公务员收入分配差异较大。[④]

二是公平与效率兼顾困难。改革开放以来，收入分配的各项政策主要围绕着“公平”与“效率”问题而展开，公务员内部收入差距大的根源在于效率与公平。然而，当前的公务员收入分配制度

---

① 王礼鑫：《公务员收入分配透析》，《党政干部文摘》2006 年第 7 期。

② http://www.drcnet.com.cn/eDRCnet.common.web/docview.aspx?version=data&docId=3835199&leafId=22331&chnId=5287.

③ 刘晓妍：《我国公务员收入分配差距问题研究》，华中师范大学，2013 年。

④ 熊通成、曾湘泉：《地方财力、分配决策与公务员工资收入地区差距的实证分析》，《统计与决策》2014 年第 19 期。

仍然不能很好解决公平与效率的问题，导致出现懒政、庸政、怠政等现象。其根源是如何通过制度改革处理好公平与效率问题，进而提高公务员整体的服务效率和水平。周洪从薪酬管理的角度分析了现行公务员收入分配存在的问题。① 陈洪玲从公平角度分析了我国的公务员收入分配，认为中国公务员收入分配要兼顾效率。② 范允奇、徐玉生、曹文轩等指出公务员高薪并不能解决腐败问题，关键应该在制度上进行深入改革。③ 蒋嵘涛、李伟伟从程序正义、机会平等和合理的差别等三个角度分析了我国公务员薪酬制度存在的公平性问题。④

三是现行政策不能有效发挥作用。公务员收入分配问题的解决关键在于基本工资之外，工资外收入也是各地公务员收入差距扩大的重要原因。但是，各个地区对于工资外收入有不同的补贴标准，而目前的公务员收入分配制度并不能有效地规范和控制工资外收入的部分。我国的公务员收入分配制度中，没有体现出各地区差异的津补贴制度，这就导致政策不能有效地调整收入分配。石少辉认为我国的公务员工资制度在执行过程中存在偏差，导致对公务员激励不够，进而影响效率。⑤ 刘昕从工资制度的透明化角

---

① 周洪：《我国公务员宽带薪酬实施与发展趋势探讨》，上海师范大学，2009 年。

② 陈洪玲：《中国特色的公务员薪酬公平导向研究》，吉林大学，2009 年。

③ 范允奇、徐玉生、曹文轩等：《公务员薪酬、腐败与经济增长——基于 SVAR 模型的实证研究》，《人文杂志》2014 年第 10 期。

④ 蒋嵘涛、李伟伟：《我国公务员薪酬制度的公平性困境及对策分析》，《湖南大学学报》(社会科学版)2014 年第 1 期。

⑤ 石少辉：《政策执行过程中的修正——浅谈我国第四次公务员工资制度改革》，《改革与开放》2010 年第 7 期。

度，分析了公务员工资制度存在的问题。[①] 高文书指出我国公务员薪酬表现出水平低、满意度差、结构不合理、与工作绩效相脱节等问题，亟待从制度上进行突破。[②] 钱先航等从合同工、正式工、事业编、行政编等微观角度对比了我国公共部门收入分配的差异。[③]

（二）我国公务员收入差距和收入结构的影响因素

一是国内生产总值与财政收入不平衡。国家的整体经济发展水平直接影响全社会的收入水平，国内生产总值提高的同时国家财政收入也将提高，直接影响公务员收入分配变动。另外，物价水平也是公务员工资调整的重要依据之一。随着整体工资水平的提高，公务员收入差距开始扩大，收入结构也出现了更多的不合理。林胜根据统计数据分析表明，公务员的工资总额与 GDP 及财政收入都呈正相关。财政收入对公务员工资的增减具有重要影响。[④] 何凤秋的研究指出，公务员的工资调整需要与物价水平挂钩，并建立物价补偿机制。[⑤]

二是公务员的工资改革与收入政策调整比较粗放。我国的公务员工资宏观上受政府调控的影响，历次工资改革根据财政负担能力确定，通过总额控制来实现整体调整，这种粗放的调整模式势

---

① 刘昕：《完善我国公务员工资制度的几点建议》，《中国人力资源开发》2007 年第 10 期。

② 高文书：《公务员薪酬制度改革势在必行》，《人民论坛》2014 年第 22 期。

③ 钱先航、曹廷求、曹春方：《既患贫又患不安：编制与公共部门的收入分配研究》，《经济研究》2015 年第 7 期。

④ 林胜：《我国公务员收入分配问题研究》，福建师范大学，2012 年。

⑤ 何凤秋：《公务员工资水平平衡比较理论与应用》，《中国人才》2008 年第 3 期。

必带来内部结构的不合理。詹红岩认为，我国出现的公务员工资收入不合理因素与国家对公务员工资的调控有关，解决公务员工资收入分配问题亟待制度改革和政策调整。① 吕晓丹也认为，公务员工资政策对公务员工资有决定性影响，制度是公务员工资收入不合理的根源，关键在于制度改革。② 诸如，公务员工资构成中虽然包含了适应不同地区生活条件的地区津贴，但是由于财政状况的原因，连基本工资都无法保证；虽然有公务员社会保险，但是由于基本工资只是工资总额的一部分，导致整体缴费比例较低，等等。闫红梅指出，我国公务员工资存在“二元工资”问题，工资不能有效发挥激励作用。③

（三）我国公务员收入分配改革的原则、方向与目标

杨兵杰研究指出，我国近代以来公务员收入分配原则，是在吸收了西方“公平、平等、民主”思想的基础上融入同工同酬原则。④ 王孝廉，刘碧强指出，公务员工资改革应该坚持依法管理原则、按劳分配原则、职务绩效相结合原则、平衡比较原则、正常增资原则、双向沟通与协调原则等。⑤ 按照《中华人民共和国公务员法》的规定，我国公务员工资制度贯彻按劳分配的原则。宋圭武认为，我国

---

① 詹红岩：《试析我国公务员工资制度改革》，《理论导刊》2009 年第 3 期。
② 吕晓丹：《新时期我国公务员工资制度存在的问题》，《前沿》2007 年第 1 期。
③ 闫红梅：《我国公务员薪酬制度建设研究》，大连理工大学，2006 年。
④ 杨兵杰：《中国近代公务员工资制度思想研究》，上海财经大学，2002 年。
⑤ 王孝廉、刘碧强：《中国公务员工资制度改革原则探讨》，《经济研究导刊》2012 年第 6 期。

公务员工资改革应该体现按劳分配原则、社会平均水平原则、阳光原则。[①]

我国公务员收入分配改革的方向主要包括以下几个方面：

一是与市场接轨。公务员收入分配改革从根本上也是要市场化，让市场在资源配置中发挥决定性作用。李广斌认为，我国的公务员工资与财政收入联系紧密，但是一定程度上与市场脱节，改革方向应当是更多地与市场接轨，使公务员工资能够反映实体经济的变化，通过公务员工资调整实现对公务员的工作激励。[②] 唐丽敏分析认为，公务员工资调整需要与市场接轨。[③] 龚平也提出，建议通过推进与市场接轨实现公务员收入分配改革。[④]

二是要收入结构改革。结构变化是公务员收入调整的直接表现，科学的标准是实现工资激励的核心。王丹研究了我国公务员工资结构不合理的情况，认为工资结构改革是公务员收入分配改革的重要方向，可以通过建立公务员工资水平调查比较机制合理确定公务员工资结构。[⑤] 熊通成以美国作比较后指出，我国应该吸取其他国家的先进经验，完善公务员工资调整机制，科学制定公务员工资标准。[⑥] 李永利提出要规范工资标准，不仅有利于公务员收

---

① 宋圭武：《公务员工资改革应坚持的原则》，《发展》2014 年第 4 期。
② 李广斌：《我国公务员工资制度存在的问题及改革建议》，《攀登》2006 年第 5 期。
③ 唐丽敏：《论我国公务员有效薪酬系统的构建》，吉林大学，2005 年。
④ 龚平：《深化公务员工资制度改革的政策建议》，《中国财政》2001 年第 11 期。
⑤ 王丹：《建立中国公务员工资水平调查比较机制的理论基础》，《中国人才》2008 年第 15 期。
⑥ 熊通成：《美国公务员工资水平调整机制及其对我国的启示》，《人事天地》2011 年第 7 期。

入分配的合理化，也有利于国家法制的统一与实施。①

三是要快立法。沈建磊通过分析发达国家的公务员薪酬制度，认为我国公务员作为一个特殊群体，要进行分类管理，充分发挥激励作用，就必须加强对公务员工资的立法。建立科学的标准进行依法管理。② 赵娜也指出，从规范公务员工资管理的角度也需要完善相关公务员工资法律。③ 鲁彦平、何欣峰认为，简单加薪并不能解决我国公务员工资收入的不平等，而是要建立法制化的工资标准。④

从文献来看，国内学者对我国公务员收入分配改革的目标，并没有完全统一的看法，整体上认为我国公务员收入分配的目标应该主要包括科学化、民主化、规范化、制度化、法治化、透明化等。杨时旺、高福来认为，我国公务员工资制度改革完善的客观依据，工资制度改革的目标是使公务员工资工作达到科学化、民主化、规范化、制度化、法治化。⑤ 张力指出，公务员工资收入分配应该科学合理、公平公正、规范有序。⑥ 曾莉认为，公务员工资收入分配改革要以科学化、透明化和规范化为终极目标。⑦ 张英民认为，我国公务员工资的改革要以标准的法制性、增资机制的理性、待遇的公平

---

① 李永利：《规范公务员工资标准，确保国家法制统一正确实施》，《海南人大》2005 年第 12 期。

② 沈建磊：《公务员工资制度改革的几点建议》，《中国人力资源开发》2004 年第 1 期。

③ 赵娜：《对公务员薪酬改革的几点建议》，《法制与社会》2010 年第 20 期。

④ 鲁彦平、何欣峰：《从加薪看我国公务员工资制度》，《安阳大学学报》(综合版)2003 年第 4 期。

⑤ 杨时旺、高福来：《我国公务员工资制度的改革》，《经济与管理研究》2001 年第 6 期。

⑥ 张力：《我国公务员工资收入决定机制转换》，北京交通大学，2007 年。

⑦ 曾莉：《我国政府部门公务员薪酬制度研究》，电子科技大学，2007 年。

性和结构的国际性为目标。①

五、文献评述

国内外对公务员收入分配的研究大多是从收入分配的基本原理出发，再结合各国的具体情况有针对性地提出改革。国外对公务员的收入分配问题研究得更早更具体，从最早的以威廉·配第、亚当·斯密等为代表的古典经济学收入分配理论，到凯恩斯主张的政府干预型的公务员收入分配，再到奥肯的以平等和效率相结合的收入分配理论，等等，从不同的流派对收入分配理论进行了系统归纳。公务员收入分配属于公共部门的收入分配问题，既受市场的影响同时也受政府的控制，因此研究公务员收入分配通常将私营部门的收入分配作为对比，进行系统分析。从文献研究看，西方国家的公务员收入分配也经历了从集权到分权的过程，但是与私营部门的工资收入相比，公务员的收入分配仍然较大程度上受到政府的干预。公共部门与私营部门的工资差距是研究公务员收入分配的重要线索之一，以此不但能够吸引更多关注，而且也为公务员收入建立的一定的参照系。另外，从其与收入不平等、经济增长等关系的角度分析公务员的收入分配是否合理也是重要途径之

① 张英民：《寻求正当性：公务员薪酬制度改革的一种思路》，《党政干部论坛》2009 年第 9 期。

一。通过对国外相关文献的研究，我们发现公务员收入不单纯与收入有关，还给我们许多启发，大致可以总结为以下五个方面：(1) 公务员收入水平体现了政府治理水平的高低。(2) 公务员收入分配的合理性体现了政府的行政效率。(3) 公务员收入分配实际上是一种激励约束机制。(4) 公务员收入分配一定程度上是政府透明度的显示。(5) 公务员收入分配体现了社会公平，收入分配越合理纳税人的满意度越高。

国内学者在研究收入分配问题时提出了许多经典理论，这些理论也成为研究我国公务员收入分配的重要依据。国内的研究由于起步比较晚，1993 年我国才开始建立正常的工资晋升制度，因此相应的研究也比较滞后，基本上属于跟随或参照国外研究。从理论层面上主要从经济学、管理学和人力资源管理学等方面都对公务员收入分配进行了理论分析，比如包括市场分割理论、委托代理理论、新公共管理理论、人力资本理论，等等。这些研究的主要结论，包括公务员收入应该与国民经济总产出同向变化，公务员收入应该避免与私营部门的收入差距过大，公务员收入分配机制应该更加有效，应该健全公务员收入分配的相关法律法规等。这些研究与国外的相比更多地倾向于政策性研究，以便于服务国民经济发展。但国内的研究更多专注于政策建议，缺乏系统的理论梳理和实证研究，使得在实践过程中通常出现缺乏理论指导的困境。公务员收入分配改革关系到治理体系的完善，其最重要的层面就是官员治理，从上述分析可以看出对我国最重要的启示在于，改革的核心问题是收入分配。

第三章　我国公务员工资制度变迁及其现状分析

公务员工资，是指公务员依法履行公职，完成本职的公共管理工作任务后，国家机关依据按劳分配的原则，由公共财政以货币形式支付给公务员的劳动报酬，是公务员依靠自己劳动所创造的价值的货币表现形式。公务员工资制度是关于公务员工资结构、形式、标准、预算、支付方法、改革原则、监管等的一系列法规、政策的总称。《公务员法》第七十三条规定：公务员实行国家统一的职务与级别相结合的工资制度。公务员工资制度贯彻按劳分配原则，体现工作职责、工作能力、工作实绩、资历等因素，保持不同职务、级别之间的合理工资差距。本章回顾和梳理我国公务员工资制度变迁，并对改革过程中出现的“公务员离职潮”“公务员热”和“公务员热降温”等现象进行分析评论。

一、我国公务员工资制度变迁

工资制度是指为了计量劳动消耗、计算劳动报酬和进行工资管理而建立的一系列原则和办法的总称，也是指在工资分配上要求人们共同遵守的，按一定程序办事的规程。① 由于公务员的工资是其个人消费品分配的最重要形式，涉及公务员的切身利益，是公务员制度中最敏感的问题之一。“工资制度是否公平、合理、对国家公务员的工作积极性和行政效率有较大的影响”。②

中华人民共和国刚刚成立之时，国家机关和事业单位的工作人员实行供给制和工资制并存的两种制度。1955 年，国务院发布《关于国家机关工作人员全部实行工资制和改行货币工资制的命令》，结束了供给制与工资制并存的局面。③ 自 1956 年以来，以公务员的职务和级别为基础，我国公务员工资制度不断完善，大致经历了以下几个发展阶段：

（一）供给制（中华人民共和国成立初—1952 年）

供给制是中华人民共和国成立初期的工资管理方式，是指按照公务员工作和生活的基本需要，免费供给工作人员生活必需品的分配方

---

① 袁宝华：《中国公务员制度》，中国人事出版社 1993 年版，第 179 页。
② 张旭霞：《公务员制度》，对外经济贸易大学出版社 2006 年版，第 119 页。
③ 参见《国务院关于国家机关工作人员全部实行工资制和改行货币工资制的命令》，1955 年。

式。是中华人民共和国成立初期特殊的历史背景下形成的工资管理方式。随着社会生产力的发展,供给制也逐步被工资制度所代替。

(二)工资分制度(1952—1955年)

随着经济状况的逐渐好转,财政状况得到改善、物价逐步恢复稳定,为供给制改为工资制提供了条件。从微观层次上看,人们的需求也越来越多样化,供给制已经不能满足这一现实要求。1952年左右,我国开展了一次全国性的工资改革。这次改革是在中央指导下,由各大行政区自主安排分别实施的。

1952年,我国实行了一次全国性的工资改革,这次改革以《工资条例草案》的形成为标志,规定以统一的"工资分"为工资的计量单位。所谓工资分,就是以一定种类和数量的实物为计算基础,用货币支付的工资单位。这种将货币工资折合为实物的做法是为了应对物价水平的波动以及地区间物价差异。为了满足人民群众正常的生活需求,每一工资分包含五种实物:粮食、白布、植物油、食盐和煤,具体如表3-1所示。

表3-1 单位工资分包含实物的种类和数量

粮 食	白 布	植物油	食 盐	煤
0.8斤	0.2尺	0.05斤	0.02斤	2斤

资料来源:参见魏伦渠:《新中国劳动经济史》,劳动人事出版社1987年版。

(三)等级工资制度(1955—1985年)

改革的背景和动因:第一,经济快速发展为工资改革奠定了一定的物质基础。1953 年国家实施第一个五年计划，开始了大规模的经济建设，劳动生产率有了大幅提高，国家财政状况有了大幅好转，在这种背景之下，改善人民生活提到了重要的议事日程；第二，当时的供给制和工资分制并存的分配方式不能适应经济发展的需求。例如，工资分制度改革是以大行政区为单位组织推行，全国共有 315 个工资分区，工资分区域划分过细，由于各地区物价波动幅度不一，导致工资分中实物的价值出现差异，造成工资水平在不同地区、不同部门、不同企业之间的差距过大，这一不合理的工资差异抑制了劳动者的积极性。

在此背景之下，国务院于 1956 年 6 月 16 日通过《关于工资改革的决定》，对国家机关和企事业单位的工资制度进一步进行改革。① 为了缩小最高工资与最低工资的差距，根据公务员的职务、德才、资历，将国家机关工作人员分别纳入不同的级别，实行“一职数级，上下交叉”，将机关中的各种职务由高到低分为 30 级别。1957 年 1 月—1960 年 10 月，先后 3 次降低领导干部的工资，重点降低 17 级以上领导干部的工资，级别越高、降幅越大，各个级别经过调整后的工资差距开始缩小。1960 年的工资标准一直延续到 1985 年，干部工资基本没有大变。同时，根据各地不同的生活成本，将全国划分为 11 个不同工资区。

这次改革主要是初步建立了以按劳分配为基础的职务等级工资制，在此基础上提高了整体工资水平，改善了工资关系，实现了

---

① 参见《国务院关于工资改革的决定》，1956 年。

工资管理体系的集权化，为此后的公务员制度改革奠定了坚实的基础。由于政治与行政体制改革的滞后性，我国公务员职务等级工资制度也显现出一些弊端，如公务员工资管理权限高度集中、职级不符、公务员的工资水平偏低、平均主义现象严重等。

（四）结构工资制度（1985—1993年）

1984年党的十二届三中全会通过了《中共中央关于经济体制改革的决定》。随着各项改革展开，对中华人民共和国成立初期（1956年）所设立的职务等级工资制度进行改革的条件和时机也基本成熟。1985年6月，中共中央和国务院公布了《国家机关和事业单位工作人员工资制度改革方案》。一般把此次改革后设立的工资制度称为“结构工资制”，根据该项制度的安排，将机关和事业单位人员的工资分为以下四个部分。①

基础工资，这是国家对公务人员的基本生活保障的部分。所有的人员均执行相同的基础工资标准。

职务工资，是结构工资的主体，主要按照公务人员的职务高低、责任大小、工作繁简和业务水平确定。

工龄津贴，完全按照公务人员的工作年限来定。

奖励工资，用于在工作中做出显著贡献的公务人员。

这次工资制度改革，不仅是分配制度发展的要求，更是在整个经济体制改革的大背景之下发生的，是经济体制改革的一项重要

---

① 参见中发〔1985〕9号《中共中央、国务院关于国家机关和事业单位工作人员工资制度改革问题的通知》，1985年。

组成部分。它的重要意义在于：此次改革实施的结构工资制能够更好地体现公务人员不同的劳动绩效、更有效地发挥工资的激励作用，解决了多年累积下来的劳酬不符、职级不符的问题，体现了按劳分配的原则，有利于促进国民经济的健康发展。尽管如此，结构工资制度在实行过程中也暴露出了一些问题，如奖励工资的标准模糊、工龄工资偏低、高定级别、高套职务工资、未建立正常增资制度等。①

(五) 职务工资制度(1993—2006 年)

随着我国的改革开放进入了新的阶段，党的十四大明确提出，经济体制改革的目标是建立社会主义市场经济体制。党的十四大报告提出，要"逐步建立健全符合机关、企业和事业单位不同特点的科学分类管理体制和有效的激励制度。这方面的改革要同机构改革、工资制度改革相结合"。在此背景之下，1993 年 10 月 1 日，经党中央、国务院批准，在总结和吸收前两次工资制度改革经验的基础上，对机关和事业单位的工资制度进行改革，建立职务工资制。②

按照 1993 年《机关工作人员工资制度改革方案》，公务员工资改革的基本内容包括：

第一，实行职级工资制。工资结构主要包括基本工资、年终一

---

① 石剑、吴质：《中国官员的工资》，改革出版社 1993 年版，第 212 页。

② 参见国发〔1993〕79 号《国务院关于机关和事业单位工作人员工资制度改革问题的通知》，1993 年。该文发布了《机关工作人员工资制度改革方案》和《事业单位工作人员工资制度改革方案》。根据方案，事业单位实行与机关不同的工资制度。

次性奖金、地区性津贴补贴、特殊岗位性津贴补贴和各种福利性津贴和补贴等。其中，基本工资包括职务工资、级别工资、基础工资和工龄工资。职务工资和级别工资是工资构成的主体。

第二，改革奖金制度。在严格考核的基础上，对年度考核称职以上人员，年终发放一次性奖金。

第三，实行地区津贴制度。地区津贴根据不同地区的自然环境、经济发展水平及物价水平等因素确定，包括艰苦边远地区津贴和地区附加津贴。

具体而言，1993—2006 年，我国公务员的工资水平进行过六次调整。从以下七次工资调整的内容可以看出，四次是基本工资调整，二次是职务工资调整，一次是级别工资调整。

第一次调整：1997 年 7 月 1 日，公务员的工资标准进行了第一次调整。经国务院批准，将机关行政人员基础工资标准由原每人每月 90 元提高到 110 元。机关新录用人员的试用工资也相应提高：大学本科生由每月 70 元提高到 225 元；硕士生由每月 97 元提高到 260 元；博士生由每月 105 元提高到 290 元。1997 年加薪体现了对知识分子的重视。

第二次调整：1999 年，公务员工资再次调整。这次加薪将基础工资标准由每人每月 110 元提高到 180 元，级别工资标准由十级至一级每月 55—470 元，提高到 85—720 元。

第三次调整：2001 年 1 月 1 日，公务员基础工资标准由每人每月 180 元提高到 230 元，级别工资标准由十五级至一级每人每月 85—720 元，提高到 115—1 166 元。

第四次调整：2001 年 10 月，平均加薪幅度为 15%。这次加薪将主要体现在职务工资上，由原来的 50—480 元，提高到 100—850 元。

第五次调整：2003 年 7 月，这次调整将职务工资由原来的 100—850 元提高到 130—1 150 元。

第六次调整：2003 年 12 月，鉴于 2003 年财政收入形势良好，因非典(SARS)突发而暂缓的公务员加薪计划正式实施，平均每人增发 50 元。[①]

总体而言，始于 1993 年的工资制度一共实施了 13 年，运行情况良好，取得了积极成效。同时，在实施工程中也暴露出一些矛盾和问题。主要体现在：各地各单位自行设立的津贴名目繁多，导致不同地区之间和不同部门之间的工资差距不断增大。

(六) 职务与职级相结合的工资制度(2006 年至今)

如前部分所述，随着社会主义市场经济的快速发展，我国各地区之间的发展不平衡加剧，这一点自然而然地体现在收入分配上。居民收入快速增长的同时，收入差距也不断拉大。在政府部门的收入分配中，具有地方色彩的津补贴成为矛盾的焦点。有调查显示，津补贴在某些地区公务员工资收入中所占的比例高达 80%。同样是国家公职人员，大家职责相当，但工资所得却相差甚远，这严重违反了薪酬管理的内部公平性原则。这种现象也诱使大家争

① 李飞：《中国公务员的薪酬问题研究》，对外经济贸易大学出版社 2007 年版，第 9 页。

相攀比、通过各种途径收敛钱财以发放补贴，这也为腐败的滋生提供了温床，极大地削弱了政府公信力。

在此背景之下，2006 年，我国进行了第四次工资制度改革。其中，《中华人民共和国公务员法》（以下简称《公务员法》）于 2006 年 1 月 1 日正式开始实施，这对改革我国公务员工资制度、规范公务员工资分配秩序起到了指导作用。《公务员法》对公务员工资制度做出了新的规定，主要有以下几条内容：

第七十三条，公务员实行国家统一的职务与级别相结合的工资制度。公务员工资制度贯彻按劳分配的原则，体现工作职责、工作能力、工作实绩、资历等因素，保持不同职务、级别之间的合理工资差距。国家建立公务员工资的正常增长机制。

第七十四条，公务员工资包括基本工资、津贴、补贴和奖金。公务员按照国家规定享受地区附加津贴、艰苦边远地区津贴、岗位津贴等津贴。公务员按照国家规定享受住房、医疗等补贴、补助。公务员在定期考核中被确定为优秀、称职的，按照国家规定享受年终奖金。公务员工资应当按时足额发放。

第七十五条，公务员的工资水平应当与国民经济发展相协调、与社会进步相适应。国家实行工资调查制度，定期进行公务员和企业相当人员工资水平的调查比较，并将工资调查比较结果作为调整公务员工资水平的依据。[①]

总之，这次公务员工资制度改革不仅有利于提高公务人员的

① 参见《中华人民共和国公务员法》。

工作热情、激发他们工作的积极性、进一步发挥了工资的激励作用，而且通过规范清理津补贴，在一定程度上规范了公务员收入分配秩序。尽管如此，由于公务员收入分配问题比较复杂，一次改革不可能解决所有问题。有一些问题依旧存在，例如，不同地区间公务员收入差距依然巨大等。

二、2006 年我国公务员工资制度特点分析

（一）职级工资制的基本特点

与之前实行的结构工资制相比，职级工资制具有以下显著特点：

第一，改变了工资构成。在公务员的职级工资制中，增设了级别工资，而过去的奖励工资即奖金则独立于工资标准之外。正是由于级别工资的增设，公务员的职务不提升也能通过晋升级别提高待遇。按照职级工资制中的工资构成，除基础工资是平均发放之外，职务工资、级别工资和工龄工资都将因人而异，适当拉开差距。这样能够较好地贯彻按劳分配、克服平均主义。

第二，拓宽了增资渠道。实行职务工资制，晋升职务不再是增加工资的唯一途径。公务员提升职务，可以相应地增加工资；不提升职务，也可以通过晋升工资档次、晋升级别和调整工资标准来增加工资，使大多数公务员能够安心做好本职工作，从而有利于克服人人等职务的现象，真正从“官本位”的困境中解脱出来。

第三,工资补贴纳入了工资。公务员除了获得标准工资和按规定享受的津贴之外,不再拥有各种物价补贴和福利性补贴。这样,不仅可以大大降低分配中的平均主义成分,而且有利于理顺错综复杂的工资体系。

第四,实现了报酬和贡献紧密挂钩。这有利于发挥工资和奖金的激励作用,有利于鼓励先进、鞭策落后,真正提高机关行政工作的效率。

(二) 公务员工资构成及标准

《公务员法》第七十四条规定,公务员工资包括基本工资、津贴、补贴和奖金四个部分,每个部分又有若干个具体的项目(如表 3 - 2所示)。以下将进行具体说明:

表 3 - 2 公务员工资构成内容

基本工资	职务工资
	级别工资
津　　贴	地区附加津贴
	艰苦边远地区津贴
	岗位津贴
补贴补助	住房补贴
	医疗补贴
奖　　金	年度考核结果在称职以上的人员可以享受,年度考核结果在基本称职以下的人员不可以享受

资料来源:《中华人民共和国公务员法》。

1. 基本工资

(1) 职务工资。职务工资主要体现公务员工作职责的大小。一个职务对应一个工资标准，体现了不同岗位职责的差别(见表3-3)。按照《中华人民共和国公务员法》的规定，我国公务员职务分为领导职务和非领导职务。

表3-3 公务员职务工资标准(元/月)

职务	工资标准	
	领导职务	非领导职务
国家级正职	4 000	
国家级副职	3 200	
省部级正职	2 510	
省部级副职	1 900	
厅局级正职	1 410	1 290
厅局级副职	1 080	990
县处级正职	830	760
县处级副职	640	590
乡科级正职	510	480
乡科级副职	430	410
科员		380
办事员		340

资料来源：《中华人民共和国公务员法》。

(2) 级别工资。级别工资主要体现公务人员的资历、职务和工作业绩，每一职务层次对应若干个级别。按照2006年《公务员工资制度改革方案》，我国公务员的级别由原来的15级调整为27级。每一职务层次对应若干级别，每一级别设若干工资档次，工资档次共计14档。公务员晋升职务后，执行新任职务的职务工资标准，并按照规定晋升级别和增加级别工资。公务员年度考核职称及以上的，一般每五年可在所任职务对应的级别内晋升一个级别，一般每两年可在所任级别对应的工资标准内晋升一个工资档次。公务员的级别达到所任职务所对应最高级别后，不再晋升级别，在最高级别工资标准内晋升级别工资档次。①

2. 津贴

公务员津贴包括地区津贴和岗位津贴。其中，地区津贴包括地区附加津贴和艰苦边远地区津贴。②

(1) 地区附加津贴。地区附加津贴，主要反映地区间经济发展水平、物价消费水平等方面的差异，根据各地区经济发展水平和生活费支出等因素确定标准，以便平衡地区间工资关系。

(2) 艰苦边远地区津贴。艰苦边远地区津贴，主要反映不同地区自然地理环境、社会发展等方面的差异，是对公务员在艰苦边远环境下工作所消耗的额外劳动等进行的适当补偿。改革开放以来，我国出台了一系列关于艰苦边远地区津贴的专项规定，如《劳动人事部关于边远地区范围的通知》《机关、事业单位艰苦边远地区津贴实施办法》《关于实施艰苦边远地区津贴的方案》《完善艰苦

① 参考国人部发〔2006〕58号关于印发《公务员工资制度改革实施办法》。
② 参见国发〔2006〕22号《公务员工资制度改革方案》的相关规定。

边远地区津贴制度实施方案》等。艰苦边远地区津贴的评估指标包括自然地理环境、人文社会发展。按照2006年颁发的《完善艰苦边远地区津贴制度实施方案》，艰苦边远地区津贴标准如下：一类区每月65—130元（人均70元）；二类区每月120—240元（人均130元）；三类区每月215—380元（人均230元）；四类区每月370—680元（人均400元）；五类区每月640—1 050元（人均680元）；六类区每月950—1 400元（人均1 000元）。

（3）岗位津贴。岗位津贴，主要反映部分公务员工作岗位的特殊性。机关公务员的特殊岗位津贴主要包括：工作繁重类岗位津贴、危险类岗位津贴、有毒有害类岗位津贴、特殊激励类岗位津贴等。①

3. 补贴

公务员补贴制度，是国家为了适应经济和社会的发展，结合公务员的职务和级别而设置的福利补偿制度。公务员补助有助于提高公务员的经济承受力，减缓公务员的生活支出压力，满足日益多元化的物质生活需要。按照《中华人民共和国公务员法》的规定，我国公务员按照国家规定享受住房、医疗等补贴、补助等。

4. 奖金

奖金，是对工作认真负责、工作成绩显著的公务员的物质奖励，也是工资的一种补充。按照《中华人民共和国公务员法》的规

① 参见国发〔2006〕22号《公务员工资制度改革方案》的相关规定。

定，公务员在定期考核中被确定为优秀、称职的，按照国家规定享受年终奖。根据现行有关规定和做法，年终奖一次性发放，数额按公务员本人月工资的一定比例计发。

三、我国公务员工资制度变迁与公务员的流动

所谓公务员离职，是指公务员自主依据本人意愿提出、通过任免机关的审核和批准、依法解除其与机关的职务关系。① 而"公务员离职潮"，指的是一种大规模、持续时间久的公务员离职状态，② 与"公务员离职潮"相对的是"公务员热"现象。在我国公务员体系发展的过程中，经历了几番"公务员离职潮""公务员热"以及"公务员热降温"等现象。

（一）第一次"公务员离职潮"：改革开放之初

第一次"公务员离职潮"出现在改革开放之初，即 20 世纪 70 年代末至 80 年代初。1978 年党的十一届三中全会之后，我国开始进入改革开放的新时期，党和国家把工作重心转移到经济建设上来。许多在体制内工作的"有志青年"看到了市场上发挥个人才干的机会，于是纷纷离开体制、寻找更适合自身发展的广阔天地。这

① 贾玲玲、吴庄：《公务员退出机制研究》，《大连民族学院学报》2010 年第 6 期。
② 袁双双：《浅析公务员离职现象》，《人力资源管理》2016 年第 5 期。

其中的代表人物有王石和刘永行。[①]

（二）第二次“公务员离职潮”：20世纪90年代初

第二次“公务员离职潮”出现在20世纪90年代初。1992年，邓小平“南方讲话”再次强调“抓住机遇，加快发展，发展是硬道理”。之后，思想进一步解放，社会经济活力进一步释放，加之当时一些鼓励政策的实施，[②]根据人社部的数据，1992年有12万名公务员辞职，1 000多万公务员停薪留职。[③] 当时市场经济正起步，改革力度加大，越来越多的机会摆在了年轻人面前。这次的“公务员离职潮”，并不是因为公务员的待遇变差了，而是外界的机会多了，诱惑大了，相对来说，做公务员的动力就降低了。可以说，没有创业潮，就不会有公务员辞职潮。

（三）第三次“公务员离职潮”：2002—2003年

第三次“公务员离职潮”出现在2002—2003年。这一时期的大背景是国家对机关进行精简以及国企改革。1999年，中央全国地方机构改革会议决定，市、县、乡政府部门要精简的人数不下280万，这项举措直接影响公务员“下海”的进程。而2000年出台的

---

① 根据2015年4月3日《中国青年报》的报道，1982年，王石丢掉机关干部的身份，到深圳创办公司。同年，刘永行和自己的3个朋友各自辞去公职到农村创业，从孵鸡、养鹌鹑开始，完成了1 000万元的原始积累，并成立了希望集团。

② 根据当时的政策，下海失败，还可以重新回到原来的单位工作。

③ 韦莉娟：《对新一轮公务员“离职欲”缘何难以转化为“离职潮”的探索》，《商》2016年第23期。

《个人独资企业法》及相关法律法规，也为公务员“下海”创业提供了制度上的保障。[①]

（四）“公务员热”：2004—2012 年

公务员是一个非常特殊的职业群体，从世界范围看，工作稳定是各国公务员的共同特点。即使在西方国家，事务类公务员也是常任的，其工作的稳定受到宪法和法律的保障。这是为了保持政府行政的连续和日常行政的稳定，需要有一支稳定的事务官队伍。此外，保障事务类公务员工作稳定，可以使其更好地行使职责，积累经验，提高行政效率。

很长一段时间以来，到政府部门工作，是最受从业者欢迎的。如表 3－4 所示，自 2005 年以来，国家公务员考试持续升温。从参考人数来看，每年人数持续上升，直到 2013 年达到历年来的最高值 111.7 万；从录取比例来看，从 2005 年开始，录取比例从 15∶1 上升到 35∶1，2006 年这一比例猛增到 48.6∶1，到 2009 年，国家公务员考试录取比例已经增至 58∶1。

表 3－4　国家公务员考试报名人数统计（2003—2014 年）

年份	报考职位	招录人数	审核通过	参考人数	录取比例
2014	11 729	19 538	152 万	99 万	51∶1
2013	12 901	20 839	138.3 万	111.7 万	53∶1

① 《我国出现过几次公务员离职潮》，http：//shebao.yjbys.com/shiyedanwei/222685.html，2015－04－03。

续 表

年份	报考职位	招录人数	审核通过	参考人数	录取比例
2012	10 486	17 941	130 万	96 万	53∶1
2011	9 763	15 290	141.5 万	90.2 万	59∶1
2010	9 275	15 526	144.3 万	92.7 万	59∶1
2009	7 556	13 566	105.2 万	77.5 万	58∶1
2008	6 691	13 787	80 万	64 万	46∶1
2007	6 361	12 724	74 万	53.5 万	42∶1
2006	6 053	10 282	54 万	50 万	48.6∶1
2005	5 456	8 271	31 万	29 万	35∶1
2004	4 036	7 572	18.2 万	12 万	15∶1
2003	5 400	5 475	12.5 万	8.7 万	16∶1

资料来源：www.liuxue86.com/gongwuyuan/。

(五)“公务员热降温”：2013 年至今

2015 年国家公务员考试，120 多个中央机关及其直属机构和参照公务员法管理的单位参加，计划招录 2.2 万余人，相比前一年增加 3 000 余人，招录人数创历史新高。然而通过资格审查的报名人数为 140.9 万人，比前一年少 11.5 万人。无论是报名人数，还是招考的平均竞争比，都创下 5 年来新低。另外，有数据表明，政府/公共事业/非营利机构行业的从业人员跨行业跳槽人数比去年同期上涨 34%，近年来的公务员考试热也有所降低。与 1992 年和 2003 年的公务员辞职潮相比，现在的离职现象能否成“潮”仍待观察。①

针对此现象，2015 年 4 月 24 日，人力资源和社会保障部发言人在例行发布会上表示，并未出现所谓的“离职潮”，②但个别单位部分公务员辞去公职的现象却并未得到否认。以下本文将对此次“公务员热降温”的现象进行总结。

第一，从地域上来说，大城市、沿海地区公务员辞职的人较多；小城市、内陆欠发达地区公务员辞职的人相对较少。大城市及沿海地区经济比较发达，工作机会也比较多，公务员比较容易找到满意的工作。相比之下，小城市及内陆欠发达地区公务员离职潮就没有那么明显。在这些地区，由于区域经济产业发展结构的原因，普遍无法提供更多高质量的就业岗位，而整个地区的工资水平相对较低，在此背景下，公务员被认为是一个相对较好的选择。

第二，从年龄及工作年限来看，年轻公务员容易离职、入职 2—8 年的人比较容易离职。这一点与其他职业类似，年轻人更不愿意满足现状，同时也拥有“试错”的资本。这一群体至少都拥有本科以上学位，相当多还拥有研究生学历，这种职业流动有利于我国人力资本配置的优化。

第三，公务员离职原因部分可归结为狭窄的晋升通道和模糊的晋升制度。根据人社部的统计，我国现有公务员 800 万左右，其中处级以上干部大约是 80 万，就是 1/10，其余都是科级、科员等普

① 《公务员辞职潮太夸大其词》，http: //society. chinaso. com/detail/20150409/1000200032663814285584713829668641.html。

② 《人社部：当前未现公务员离职潮》，《中国青年报》2015 年 4 月 25 日。

通基层公务员。多数人稳定地居于“金字塔”底端，且工资偏低的现象比较突出。一方面，基层工作的辛苦程度和低工资不相匹配的情况比较严重；另一方面，狭窄的晋升通道和模糊的晋升机制也让部分公务员对未来职业前景产生担忧。

第四，“双创”为部分公务员离职创业提供了良好的政策背景。鼓励“大众创业、万众创新”，已成为当前我国摆脱经济下行压力、尽快适应经济新常态的重要政策措施之一。在这种创业浪潮之下，部分公务员离职创业正是人才的优化配置。这属于正常人员流动范畴，随着社会价值多元化，公务员辞职是一种正常现象，甚至是一个好现象，它表明“官本位”思想在弱化。

四、我国公务员工资制度变迁的背景分析

（一）物质基础：从“短缺经济”到“丰裕社会”

对于分配领域来说，经济发展水平是其改革的基础。作为分配领域改革的一部分，公务员工资制度改革的重要背景之一就是我国不断增强的经济实力和社会发展水平。

改革开放以来，我国经济一直保持较高速度增长，为人民生活水平提高和收入增长提供了坚实的物质保障。根据国家统计局的数据，1979—2004 年，我国国民生产总值的年均增长率约为 9.4%。而在此期间，公务员工资的年均增长率约为 6.8%。因此，为了改变公务员工资过低的局面，在财力允许的前提下，国家对公务员工

资制度进行了多次改革和优化。

(二) 制度转轨:从“计划经济”到“市场经济”

就业体制、工资制度和政府的宏观调控政策的出台都离不开经济社会改革的大背景。作为收入分配制度改革一部分的公务员工资制度改革,同样经历了从“计划经济”到“市场经济”的转变。将公务员工资制度作为一项重要的激励制度、调动公务员勤政廉政的积极性、充分发挥他们的才能一直贯穿在改革的始终。

五、我国公务员工资制度变迁的总体趋势

公务员工资改革不是单纯的涨薪,而是应该奖惩分明、有涨有降,实现公务员队伍内的良性循环。公务员工资制度的改革应当有助于提高公务员的行政效率和服务质量,并且与建设服务型政府目标一致。

(一) 转变政府职能

党的十九届三中全会通过的《中共中央关于深化党和国家机构改革的决定》(以下简称《决定》)明确指出:“深化党和国家机构改革是推进国家治理体系和智力能力现代化的一场深刻变革。”[①]

① 参见《中共中央关于深化党和国家机构改革的决定》,人民出版社 2018 年版。

国家治理体系和治理能力现代化建设同国家机构设置、职能配置、履职能力密切相关，都需要通过深化党和国家机构改革来实现。《决定》还在合理配置宏观管理部门职能、深入推进简政放权、完善市场监管和执法体制、改革自然资源和生态环境管理体制、完善公共服务管理体制、强化事中事后监管、提高行政效率等 7 个方面提出了改革的具体路径和方向。[①]

（二）提升行政效率

裁减冗余、精简机构并非历次机构改革的初衷，而是提高行政效率的手段。为了改变我国目前存在的行政效率低下的状况，需要继续深化政府机构改革，这些改革包括：不断提高行政决策的科学化水平、继续简化行政工作流程、继续整合行政架构、注重行政考核激励机制的完善、加强对“懒政”“不作为”“乱作为”行政行为的惩戒等，不断提升行政运行机制的效率。除此之外，还要完善行政监督机制。这包括：厘清政府相关职能部门职权不清问题、完善考核机制、加快建立激励相容的竞争机制等，以便不断提升行政治理水平和治理效率。

（三）加强廉政建设

在讨论公务员队伍作风和廉洁问题之时，有部分观点将公务人员的收入水平和其工作作风和廉洁程度联系起来。有一种说法

① 丁薛祥：《深化党和国家机构改革是推进国家治理体系和治理能力现代化的必然要求》，《人民日报》2018 年 3 月 12 日。

是“高薪养廉”，[①]也有很多人认为“高薪”和“养廉”之间没有必然的逻辑联系。提高公务员的工资水平，使其不仅拥有体面的生活水平，同时也能满足其长远发展的需要，这有助于使精英人才留在体制内。但是，为了保证留在体制内的公务员保持廉洁自律，还需要一系列的制度设计。比如，建立一套严密的监督、惩戒、奖励机制，不断提高公务人员腐败的成本，从而进一步提高政府部门的廉洁程度和运行效率。

六、小　结

通过对历次公务员工资制度改革的梳理和回顾，我们认为，历次工资改革在当时的条件下都较好地实现了其目标，尽管也存在一些可改进之处。1956 年的工资改革实现了从供给制到货币制的跨越，主要突出了级别工资；1985 年的工资改革剥离了企业工作人员的工资部分，主要突出职务工资；1993 年的工资改革让机关工作人员与事业单位工作人员脱钩，并兼顾职务和级别因素；2006 年工资改革则是在统一公务员的工资的同时，较大幅度提高公务员工资水平，此外进一步提升级别工资的比重并完善了相关的增资机制。

---

① “高薪养廉”的逻辑起点是满足公职人员的需求，使其能够专注于自己的事务，不受诱惑。

"公务员离职潮"和"公务员热"大体上属于正常的职业流动，其反映了我国经济、社会的制度变迁。这些制度背景包括：改革开放、进一步确立市场经济体制、政府精简机构、反腐风暴以及"大众创业、万众创新"等。

公务员工资制度改革是国家机构改革和行政能力现代化的重要组成部分，其目的是建立奖罚分明、科学高效的公务员收入分配制度，并推动实现公务员队伍内部的良性循环，即让优秀的人才自由流动，为他们施展才能提供制度保障。同时，公务员工资制度的改革应当与转变政府职能结合起来，要做好制度安排和顶层设计，将政府变成真正服务型政府。

第四章　当前我国公务员收入分配的问题、后果与原因

“十三五”时期是我国经济新常态下全面建成小康社会、全面深化改革、转变经济发展方式的关键时期，改革既要充分发挥市场的决定性作用，也要更好地发挥政府的作用。公务员队伍是政府职能转型的重要载体和支撑，其稳定和发展是正确处理好政府与市场关系的关键所在，需通过科学、及时、合理的公务员收入分配改革来激励公务员积极工作，建成一支清廉高效的公务员队伍。党的十八届三中全会指出要形成合理有序的收入分配格局。其中，公务员收入分配改革对事业单位及企业职工的收入分配具有借鉴意义和参考价值，是我国收入分配体制改革的重中之重，公务员工资制度改革已经成为全社会所关注的焦点。近些年来，我国的公务员收入分配存在着诸多问题和各种乱象，甚至引发了一些严重伤害社会主义公

平价值观的后果，本章拟就这些问题及其背后的原因进行科学、细致的分析，并总结公务员收入分配秩序混乱所产生的社会后果。

一、我国公务员收入分配的问题与矛盾

公务员尤其是一些低级别或不掌握实权的基层公务员，工作任务重，级别低、实权少，隐性福利并不多，这是客观存在的。不少基层公务员抱怨收入低、福利差，涨薪呼声越来越高。但少数的贪污腐败、权力寻租等现象依然存在，为公务员群体贴上了“法外利益占有者”这一不利标签，造成了恶劣的社会影响，致使公务员“涨工资”问题变得复杂、脆弱而敏感。我国收入分配格局中公务员收入分配的问题与突出矛盾主要集中在以下几个方面：

（一）公务员收入结构不尽合理

现行公务员的收入结构不尽合理，内部分配缺乏公平性。2006 年的《公务员工资制度改革方案》（以下简称《方案》）早已明确规定了公务员基本工资是由职务工资和级别工资两大部分所构成。其中，公务员的职务工资主要是体现公务员工作职责的大小情况，共设置 12 个类别，从国家级正职到办事员，并区分开领导职务和相当职务层次的非领导职务，不同的类别及职务对应不同的工资标准。级别工资则主要是体现公务员的工作绩效及其资历情况，每一职务层次依然再划分为若干个具体的级别，共 27 级，每一级别的工资又分设若干个不同档次。

根据公务员的所任职务、德才表现、工作绩效、资历来确定应该归属的级别以及级别工资的档次，并严格执行相应的级别工资标准。2014年10月1日起实施的国办发〔2015〕3号文件《关于调整机关事业单位工作人员基本工资标准和增加机关事业单位离退休人员离退休费三个实施方案的通知》(以下简称《通知》)是对公务员基本工资的一次新调整，将公务员各级别的基本工资档次标准提高。但经过本次调整后，公务员的基本工资依然偏低，公务员最高级别的国家级正职领导职务，工资标准为5 250元/月，最低的办事员非领导职务工资标准仅为510元/月；级别工资中，最高的一级6档为8 480元，最低的二十七级1档为810元，具体的工资标准情况可见下表。

表4－1　公务员职务工资标准(元/月)

职　　务	工资标准	
	领导职务	非领导职务
国家级正职	5 250	
国家级副职	4 290	
省部级正职	3 440	
省部级副职	2 720	
厅局级正职	2 130	1 990
厅局级副职	1 700	1 590
县处级正职	1 360	1 270
县处级副职	1 080	1 010
乡科级正职	860	820
乡科级副职	720	690
科　员		600
办事员		510

表 4－2　公务员级别工资标准(元/月)

级别	档次													
	1	2	3	4	5	6	7	8	9	10	11	12	13	14
一	6 135	6 604	7 073	7 542	8 011	8 480								
二	5 625	6 029	6 433	6 837	7 241	7 645	8 049							
三	5 160	5 524	5 888	6 252	6 616	6 980	7 344	7 708						
四	4 721	5 055	5 389	5 723	6 057	6 391	6 725	7 059	7 393					
五	4 318	4 632	4 946	5 260	5 574	5 888	6 202	6 516	6 830	7 144				
六	3 949	4 243	4 537	4 831	5 125	5 419	5 713	6 007	6 301	6 595	6 889			
七	3 622	3 896	4 170	4 444	4 718	4 992	5 266	5 540	5 814	6 088	6 362			
八	3 336	3 590	3 844	4 098	4 352	4 606	4 860	5 114	5 368	5 622	5 876			
九	3 079	3 313	3 547	3 781	4 015	4 249	4 483	4 717	4 951	5 185	5 419			
十	2 841	3 056	3 271	3 486	3 701	3 916	4 131	4 346	4 561	4 776	4 991			
十一	2 620	2 818	3 016	3 214	3 412	3 610	3 808	4 006	4 204	4 402	4 600	4 798		
十二	2 415	2 598	2 781	2 964	3 147	3 330	3 513	3 696	3 879	4 062	4 245	4 428	4 611	
十三	2 225	2 395	2 565	2 735	2 905	3 075	3 245	3 415	3 585	3 755	3 925	4 095	4 265	4 435

续　表

级别	档次													
	1	2	3	4	5	6	7	8	9	10	11	12	13	14
十四	2 049	2 207	2 365	2 523	2 681	2 839	2 997	3 155	3 313	3 471	3 629	3 787	3 945	4 103
十五	1 887	2 034	2 181	2 328	2 475	2 622	2 769	2 916	3 063	3 210	3 357	3 504	3 651	3 798
十六	1 738	1 874	2 010	2 146	2 282	2 418	2 554	2 690	2 826	2 962	3 098	3 234	3 370	3 506
十七	1 602	1 727	1 852	1 977	2 102	2 227	2 352	2 477	2 602	2 727	2 852	2 977	3 102	
十八	1 478	1 593	1 708	1 823	1 938	2 053	2 168	2 283	2 398	2 513	2 628	2 743	2 858	
十九	1 365	1 470	1 575	1 680	1 785	1 890	1 995	2 100	2 205	2 310	2 415	2 520		
二十	1 263	1 358	1 453	1 548	1 643	1 738	1 833	1 928	2 023	2 118	2 213			
二十一	1 171	1 256	1 341	1 426	1 511	1 596	1 681	1 766	1 851	1 936				
二十二	1 089	1 164	1 239	1 314	1 389	1 464	1 539	1 614	1 689					
二十三	1 017	1 082	1 147	1 212	1 277	1 342	1 407	1 472						
二十四	954	1 010	1 066	1 122	1 178	1 234	1 290	1 346						
二十五	899	947	995	1 043	1 091	1 139	1 187							
二十六	851	893	935	977	1 019	1 061								
二十七	810	846	882	918	954	990								

但值得注意的是，现行的公务员基本工资水平是严重偏低的，即使是基本工资最高的国家级正职领导人，其职务工资加上最高级别工资，再减掉规范津贴补贴应减少的额度后也仅约 1.3 万元，而按照执行《通知》后，从公务员的工资大约占收入 40%的比例换算成年薪来看，大约是 40 万元，以当前的汇率来计算尚不足 7 万美元，这仅仅相当于一名普通的美国联邦公务员在 2004 年的全年收入水平，并且远远低于新加坡、日本、英国、中国香港特别行政区、中国台湾等国家或地区领导人的年度薪酬。较低的工资很难吸引和留住人才，容易引发公务员在工作上懈怠、不思进取，必然影响工作效率。

正是由于公务员基本工资标准低，一些地方政府和部门就纷纷设置大量各种名目的津贴和补贴，从而变相提高公务员收入，公务员收入中甚至有 70%—80%来自津补贴，工资与津补贴“倒挂”。也就是说，在公务员的全部收入构成中大部分都是津补贴，而非工资。《通知》在提高公务员基本工资的同时将部分规范津贴补贴纳入基本工资，并严格按各职务层次应减少的津贴补贴额度执行（见表 4－3），但经过这一调整后，不规范的津贴及补贴也仍然大量存在着，公务员的津贴补贴占比依然较高，预计部分地区的津补贴占公务员收入的比重仍高于 50%。但津贴补贴不稳定、不规范，且不同岗位、地区的补贴差异巨大，成为如今诸多公务员收入分配问题的隐患，不仅导致公务员劳动力价格信号扭曲和资源错配，而且从根本上导致“三公”经费改革难度加大、政府职能转变困难，并容易造成公务员内部的矛盾。

表 4-3　公务员规范津贴补贴减少额度(元/月)

职　务	减少额度	职　务	减少额度
省部级正职	650	县处级副职	380
省部级副职	590	乡科级正职	330
厅局级正职	530	乡科级副职	290
厅局级副职	480	科　员	250
县处级正职	430	办 事 员	220

因此,我们认为,目前公务员的基本工资虽然不高,但实际收入不低,收入结构并不合理,通过不规范的收入来弥补规范收入的激励机制所呈现出的“倒挂”现象,已经形成比较严重的负向激励效应。

(二)公务员津补贴及福利乱象

“随着开放改革,不同利益集团的形成,大量的预算外收入和无偿拨付资金物资存在,各分利集团、部门都会利用掌握的权力资源为内部人员争得各种工资外的福利待遇。因此尽管同属国家所有的单位和机构,待遇报酬的差别比改革开放以前大得多。从地域来说,由于多年以来实行的分级财政包干和分税政策,对中央出台的加薪政策则是有人欢喜有人愁,沿海发达地区财政收入丰厚,巴不得中央多出台这类政策,文件一到马上兑现。中西部落后地区则又喜又愁,喜的是可以加薪了,愁的是现有财政能力应对困难,文件来了不执行,干部教师有意见,执行则要增加税收,又要找农民、企业、个体工商户，他们有意见。”[①]公务员的津补贴情况非常复杂和混乱。公务员的灰色收入引人注目，而且福利待遇很好，隐性津补贴繁多。1993 年国家曾对公务员薪资调整提出建立“地区津贴制度”，各地可根据本地的经济发展水平及财力来制定地区“津补贴”。为进一步规范工资之外的收入来源，使各类隐性补贴明朗化，2006 年的改革进一步强化实施了地区附加津贴制度，完善了艰苦边远地区津贴制度、岗位津贴制度。然而，《方案》的规定依然过于原则化，仅对公务员津补贴标准出台了一个平均值不低于年 2.1 万元且不高于 4 万元的范围，细化政策却迟迟没有出台。在这种情况下，地方发放公务员津补贴的名目就逐渐混乱起来，地区、部门、单位擅自发放的津贴和补贴甚至多达 300 项。[②] 有的靠下属单位通过一些经营活动进行创收，有的地方甚至达到“乱收费”的程度；有的通过举办一些系统内、部门内的培训活动来创收，甚至蔓延到面向社会的培训活动；有的通过对一些项目进行立项，分拨科研经费，并以课题组的名义获得收入；甚至有的凭借自身掌握的权力披着市场经济的外衣以企业自愿捐赠、购买、征订等方式向企业变相摊派、拉赞助。2014 年的《通知》要求冻结规范津贴补贴（绩效工资）的增长，各地区、各部门都不得自行提高津贴补贴的水平和调整津贴补贴的标准，但原有的津补贴依然继续发放，原有的乱象依然存在。

面对一些公务员的“公务员工资偏低”以及“10 年未涨工资”等

---

① 文刀：《我国公务员工资制度应当改革》，《社会科学论坛》2001 年第 9 期。
② 王红茹、朱杉：《公务员工资，该涨吗?》，《中国经济周刊》2011 年 8 月 29 日。

言论，也有观点站在对立角度攻击其论据，甚至认为“公务员工资低”是一个伪命题，指出我国公务员收入的问题主要是福利乱象，尤其是变相实物分房、机关小金库、“灰色收入”、“三公”经费等。体制内存在各种例如公款吃喝、公费旅游及用车、住房补贴或优惠、医疗养老保障、子女入学、解决户口、请托办事等诸多隐性福利，使得原本公务员不高的工资具备了“极高的含金量”。随着党的十八大以来“大项规定”等中央禁令的实施，公务员的大量灰色收入和不合理福利被清理，福利乱象有所减少。

（三）公务员内部收入差距悬殊

同2006年的《方案》相比，2014年的《通知》中，各级公务员的收入差距在一定程度上增加了，有助于提高公务员工资的激励效应。但是，公务员内部收入差距悬殊主要还是来自各部门、各地区之间的津贴、补贴及福利的差距。目前，公务员工资调研制度并不健全，公务员群体内部收入已经分化，同一级别的公务员会因所处的地区和部门在发放津补贴、奖金、福利及其他隐性收入上的差异，而实际收入水平相差甚远。各地区的公务员津贴补贴在很大程度上取决于地方的财政状况，容易继续导致东部发达地区津贴补贴高、中西部及欠发达地区津贴补贴低，难以显著降低公务员收入的地区差异，公务员内部的收入差距依然较大，同一地区同级别公务员不是同工同酬的现象或仍将存在。西部的欠发达地区以及东部一些并无实权的“清水衙门”的公务员的收入确实并不高，甚至不及当地的平均工资。但是，对于东部沿海地区和管钱管物管人的重要政府部门中，公务员就有很多工资外的收入，比如来自部门摊派给企业的税费、各部委垄断“经营”的下属实体、土地出让金等。这些公务员就容易成为利用体制优势攫取公众利益的既得利益者。“现在唯有地区附加津贴是需要国家加以宏观调控的，因为正是地区附加津贴没有进行统一，才造成各地公务员工资性收入差距的拉大。各地津补贴水平之所以有如此大的差异，主要是来自三方面因素：各地物价水平存在差异、各地市场工资水平存在差异、各地方政府财政实力不同。各地方政府财政实力不同造成的公务员收入差距则具有不合理性。”①

表 4－4 2008 年我国部分地区公共管理类人员工资比较（人/年）

省　区	北京	上海	江苏	浙江	陕西	四川	广西
工资/元	61 888	62 171	49 565	57 346	25 570	30 243	32 239
省　区	湖南	内蒙古	贵州	云南	河南	河北	宁夏
工资/元	26 418	30 101	26 693	28 330	25 662	25 363	31 852

数据来源：2009 年《中国统计年鉴》。

公务员内部的收入福利分配差距已引起一些群体性抗议。去年江苏连云港市灌云县国税局 80 多名干部因嫌年薪低于市级同类公务员而拉横幅抗议、湖南怀化市新晃县工商局的讨津贴补贴大会都凸显了公务员内部的收入差距及不平等问题。考虑到示范效应，类似的抗议活动的发生频率很可能增加，影响公务员队伍的

① 陈都：《中国公务员收入差距问题研究》，《商品与质量》2011 年第 7 期。

稳定。2014 年的《通知》并未针对缓解公务员内部的收入差距制定措施，更多的群体性抗议可能还会出现，不利于政府职能转型和全面深化改革。

（四）工资收入的激励作用不足

收入作为直接有效的激励手段之一能确保公务员准确、及时地执行政府政策，完成相关任务。衡量一国公务员收入高低的一个重要指标是该国公务员平均收入相当于人均 GDP 的倍数。一般来说，由于工业化和城市化水平较低，劳动参与率不同，发展中国家公务员平均收入相当于该国人均 GDP 的倍数要大于发达国家。工业化国家平均为 1.7 倍，发展中国家平均为 4.4 倍，而我国公务员的平均收入还远没有达到这一水平。目前，我国各行业的职工平均收入中，公务员的平均收入排名仅属于中等水平，远远低于金融、科研、通信、电力等传统高收入行业。《中国统计年鉴》的数据表明，2013 年，国有城镇单位的公共管理、社会保障和社会组织行业的年平均工资是 49 371 元，低于当年国有城镇单位全国总计年平均工资 52 657 元约 6 个百分点，与最高的金融业 87 732 元的年平均工资相比低了 43.7％，可见公务员的平均工资水平目前还是相对较低。虽然《通知》执行后公务员的基本工资占比会有所上升（原来为 1/3），但上升幅度小，工资对公务员的保障和激励作用依然较弱。

公务员收入分配的激励弱化同时还表现在国家规定的工资标准所占其整个收入分配的比重低，这样一来标准工资的激励作用就比较小，公务员工资内外收入“倒挂”现象严重，各职务之间工资差距较小，工资分配内在的激励和杠杆作用没有得到充分发挥。在我国经济体量不断扩大、改革攻坚任务愈加复杂多元的当前，公务员队伍相较以往需要承担更为繁重的工作任务，特别是近年来为充实公务员基层一线人员的执法管理力量，精简了公务员中的非一线人员的编制数量，使得众多部门的公务员处于超负荷工作状态，而与之相对应是公务员的工资标准并不高，在收入未明显增加且工作负荷加大的情况下，一些公务员难免怨声载道，东部发达地区甚至出现机关单位辞职率不断提高、公考报考率逐年下降的态势，公务员队伍在一定程度上存在着人才流失。

另外，公务员工资分配中职级作用过于突出，而对于基层公务员来说，职级的晋升机会很小，工资变动幅度就小，工资的激励作用随之减弱。在现行的职级工资制度中，公务员的工作年限及任职年限在工资机制中未能得到该有的体现，而公务员职务晋升在其工资增长机制中作用却是比较显著的，在很大程度上强化了“官本位”思想，从而诱发各单位超职数配备干部。公务员工资的增长机制主要是同职务大小联系在一起，即“五年一晋级，两年一晋档”，而缺乏同管理技能、业务技能、工龄等非职务因素相联系的增长机制。唯职务论和公务员群体的“官本位”取向，职能部门机构臃肿、人浮于事。凭升任职务晋升工资，一旦晋升到某一级别，工资、住房、医疗、养老等福利均与之挂钩，而与工作岗位的职责、任务、要求无关。这种简单化的干部管理制度，是一种明显的内部平均主义。而且同一级别公务员无论工作性质、劳动强度如何，基本工资都相同的问题，是我国公务员薪酬制度不合理的一个重要表现，也是造成公务员心理不平衡、公务员队伍不稳定的重要因素。[①]

（五）工资收入的约束机制不严

《通知》尚未对公务员“阳光工资”进行明确规定，强有力的监督体系尚待建立，或致使公务员侵蚀“三公”经费，寻租腐败及灰色收入依然大量存在。从委托代理论来看，公务员与政府的关系是委托代理关系，但由于委托代理链条过长、缺乏内在的连接机制，可能出现道德风险、逆向选择等代理问题。公务员本身存在为一己私利而损害政府利益的动机，即使那一己私利只是偷懒而已。因此需要严格、合理地监督公务员，并且设定出更为科学的激励约束机制，以显著提高公务员的工作效率，节约行政成本。只有实施公务员阳光工资才能真正建立起多层次全方位的监督机制，形成行政、公众、媒体共监督的监督体系，减少寻租腐败和浪费。可以借鉴预决算公开、“三公”经费公开等已取得较好效果的做法，要求各地区充分公开公务员的收入水平和收入结构。

另外，我国目前尚未形成对公务员的有效、客观、科学的考核机制及办法，对公务员的考核主要分为部门考核与个人考核，部门考核以领导集体讨论为主，辅之以部门互评与社会测评，考核获得优秀的部门与考核获得合格的部门之间的奖励差距比较小。由于部分工作难以量化、科学的评估机制不完善甚至人际关系等原因，

---

① 王涛：《我国公务员工资制度存在的问题及其改革方向》，《中国商界》2010 年第 11 期。

对公务员个人的考核形成了形式大于内容的现象。这种以职级作为工资收入分配最主要的衡量指标的情况，虽然比较严格地实现了同级（职级）同酬，却严重淡化了不同部门、不同岗位之间工作条件、工资情况、工作性质的差异，对因部门、岗位的不同所引起的工作繁忙程度、工资压力强度和工作绩效等因素全都不考虑，从而形成了比较严重的"大锅饭"式的分配平均主义，从而引发了新的收入公平问题。因对公务员工作的考核不严格、不科学，缺乏公认的考核主体且激励与考核不匹配，使得善于在官场中搞关系、把政绩放在第一位的官员得以被提拔，普通基层公务员的工作积极性不高，长期以来更是形成了"干好干坏一个样，干与不干人人有份"的平均主义倾向和懒政思维，不利于提高行政效率和转变政府职能。

（六）激励错位滋生腐败和懒政

理论上说，公务员收入应全部来自纳税人的税款，而现实中，一些机关和其中的公务员进行权力寻租甚至权钱交易，公务员的灰色收入甚至黑色收入已经广受诟病，引发群众不满，导致一提到为公务员涨工资就有群众反对。公务员的部分福利依然隐藏在"三公"经费之中，或将扩大公务员在职消费的倾向，从而形成对"三公"经费巨大的浪费，并使"三公"经费改革的复杂度和难度增大。公务员群体变相和过度使用"三公"经费，"官本位"思想根深蒂固，寻租和腐败现象已经非常严重。如果未来监督水平和相关教育没有跟上，较低的工资、工资正常增长机制的不完备以及因规范公务员的津贴补贴而导致一些利益相关岗位的公务员收入有一定程度的下降(尤其是灰色收入),容易挫伤公务员自身的积极性,并可能引发因激励不足所导致的大规模懒政。懒政思维一旦传播开来,就非常不利于公务员队伍的建设,不利于提升国家治理能力和治理体系的现代化水平,使全面深化改革面临严峻挑战。目前公务员主要还是通过提升职级来获得更高收入,而高职级名额非常有限,没能提升职级的公务员待遇较差,有懒政倾向。

(七)公务员作风建设面临困难

自"八项规定"颁布以来,"三公"经费改革加快推进,只约束禁止、不激励的公务员收入制度已受到质疑,近年来党的群众路线教育实践活动、解决"四风"问题等,将反腐倡廉运动推向了一个高峰,甚至有评论认为公务员已成为"高危"职业,迫切需要通过推进公务员收入改革来保证作风建设的顺利进行。必须注意的是,虽然高薪不一定能养廉,但必须认识到的是,低薪更难以养廉。"高薪起码为廉洁奠定了物质基础和心理平衡,有利于养廉。社会主义国家更应做到,因为从根本性质来讲,社会主义国家的公务员是人民的公仆。在加强思想政治工作的同时,在工资收入上又能与其所付出的劳动大体符合,减少腐败现象是可以做得到的。"①公务员收入至少应能满足公务员的马斯洛低层次需要,确保其生活条件良好,不能满足人的基本需要的收入都很难保证一个人的廉洁奉公。所以很多国家会根据经济增长情况、物价指数等来定期调

---

① 杨时旺、高福来:《我国公务员工资制度的改革》,《经济与管理研究》2001年第6期。

整公务员工资。低收入不仅不利于调动公务员的积极性，造成行政效率低下，而且还容易滋生各类腐败现象。公务员的收入水平应该与其工作、生活和社会角色相适应，促使和保证公务员遵纪守法、不贪赃枉法，一定水平的公务员收入是确保公务员队伍廉洁、政府公正的必要条件之一。当然，还需要通过制度建设和思想道德教育来铲除腐败滋生的土壤，近年来《中国共产党章程》《中国共产党党员领导干部廉洁从政若干准则》和《中国共产党纪律处分条例》的颁布，引领广大党员掀起了党风廉政建设的新热潮，对公务员的作风建设能起到一定的推进作用。

（八）养老金双轨制引发社会不公

近年来，人民网的“全国两会调查”结果显示，“养老保障”已经连续居于网友关注度的首位。全国总工会今年以来就退休相关事宜进行了全国调研，其中社保比例和养老金双轨制问题也是大家反响最热的话题。我国企业养老金替代率已跌破国际警戒线，退休差距有扩大之势。当前来说，我国实行的是双轨制的养老金制度，机关事业单位的退休人员与企业退休职工在养老金数额上的差距较大，甚至能达到70%以上的差距，多年来一直是社会舆论关注的焦点。养老金双轨制不仅容易产生社会不公的负面情绪，也阻滞了公务员进入和退出机制。当前影响公务员辞职的最大障碍是，辞职后养老保险必须从零起步，这成为公务员群体想要跳槽的主要顾虑，也使得为此没有离职的公职人员更没有工作积极性。当前摆脱退休金双轨制已是大势所趋，公务员要缴纳养老金也是必然趋势。

值得关注的是，2014 年 10 月 1 日起实施的国发〔2015〕2 号文件《国务院关于机关事业单位工作人员养老保险制度改革的决定》(以下简称《决定》)是养老保险并轨制方面的重大突破，特别提出要建立起职业年金制度，职业年金是由机关单位按本单位工资总额的 8%进行缴费，个人则按本人缴费工资的 4%进行缴费，工作人员退休后可按月领取职业年金。这一改革不仅让养老保障制度更加公平公正，而且能畅通公务员的退出机制，确保公务员队伍正常的新陈代谢。

二、我国公务员收入分配秩序紊乱的社会后果

公务员队伍是政府职能转型的重要载体和支撑，需通过科学、及时、合理的公务员收入分配制度激励公务员积极工作，形成一支清廉高效的公务员队伍。目前，不论是与国际上其他国家或地区的公务员工资收入进行比较，还是与国内大中型企业中业务骨干人员的工资水平进行比较，我国公务员的基本工资水平都是偏低的，或者说至少处于中等偏下的水平，津补贴失范，公务员福利待遇特殊化，导致公务员收入结构失衡，收入分配秩序一定程度上紊乱无序，由此产生社会问题一旦不能得到妥善解决，持续酝酿发酵，将进一步产生不良社会后果，需引起有关部门重视并加紧予以

解决。

（一）不利于形成客观公正的分配标准

公务员收入分配秩序的无序化，将混淆人们对公务员应得收入的认识，难以形成客观公正的公务员收入标准。近年来，少数贪官污吏的不良形象、公务员津补贴发放乱象，以及双轨制的福利待遇，引起社会反感与公愤，也容易造成对公务员尤其是基层公务员形象的误解，以为公务员的高收入是常态、特殊待遇是常态、灰色收入是常态，这些错误的认识一旦形成，便难以更改，长期积累，成为负面的社会情绪，造成站在对立面或带有先验判断来讨论公务员收入标准问题，此时，难免带有情绪及偏见，使得公务员收入分配问题更加复杂、敏感与脆弱。

（二）不利于壮大健康有为的公职队伍

现行公务员的工资水平对高素质和高技能的人员其实是缺乏吸引力的，工资制度的落后，影响了政府工作的效率。相较目前我国企业的发展逐步走向规范，企业为员工所提供的良好待遇对政府的工资待遇形成明显的挑战。公务员工资水平明显偏低，容易造成工作人员心理失衡和寻求腐败。从劳动市场来看，在“学而优则仕”这种传统思想的影响下，公共部门吸纳了数量较多的优秀人才，我们从前几年规模庞大的“国考”中可以管窥一斑。但新进公务员工作几年后，却发现以前在智力、能力等多方面都不及自己的人，在去了外企、国企后获得了非常高的收入的时候，强烈的心理落差就产生了，面对较大的晋升困难，这些公务员就难免对职业发展和未来的收入有严重的负面预期。所以，较低的公务员收入不利于公务员队伍的健康发展，也难以让公务员将全心全意为人民服务作为工作目标。要调动公务员的积极性，就需要有效的激励措施，让公务员收入分配制度日趋合理、规范，并通过加强对公务员的思想教育，多培养其爱国、爱民热情，才能真正促使公务员把工作做好，最终将公务员队伍建设为深受群众欢迎和爱戴的“人民公仆”。

（三）不利于构建合理有序的分配格局

《决定》强调，公务员要按照国家规定，切实履行好缴费义务，享受相应的养老保险待遇，形成责任共担、统筹互济的养老保险筹资和分配机制。目前各地主要基于上一年当地社会平均工资的增长来调整社保缴费基数，但社会平均工资的统计范围主要是规模以上企业人员的平均工资，致使平均收入数据偏高，收入“被平均”已引起人们不满。《决定》依然规定，低于当地上年度在岗职工平均工资60%的，按当地在岗职工平均工资的60%计算个人社保缴费工资基数。随着整个社会平均收入数据的逐年攀升，低于平均收入的人数占比很可能缓慢增加，造成低收入人群必须缴纳更多社保、到手收入趋于下降，劫贫济富。在这一情况下，如果按目前公布的年年攀升的平均工资对公务员收入进行年度调整和社保缴费，可能会导致公务员收入和养老金上涨较快，从而引发新的收入分配不平等。

（四）不利于约束“三公”经费的使用

公务员与政府之间是委托代理关系，但委托代理链条过长、缺乏内在的连接机制，致使道德风险、逆向选择等代理问题存在，如滥用“三公”经费等。公务员本身存在为一己私利而损害政府利益的动机，即使只为偷懒而已。故需严格、合理地监督公务员并设定科学的激励机制，倡导公私分明。美国使用“职位要素评价系统(FES)”来考核公务员，英国强调责任归属，每年考核公务员的工作知识、能力、品格、热情、诚信度、创造性等。公务员只有积极进取、勇于创新，才能真正把工作做好。

三、我国公务员收入分配问题的原因分析

（一）公务员薪酬理论建设相对滞后

在现有执政党的党建理论中，收入分配理论长期滞后，我国公务员收入分配的理论研究也是如此，这样就难以在实践中为公务员薪酬体系建设提供必需的理论指导。倡导公务员的奉献精神固然重要，但只有口号和精神鼓励解决不了公务员的激励约束问题，而必须根据相关的经济学、社会学、心理学等方面的理论，合理设计公务员的收入分配规则，既遵循“为人民服务”的宗旨，体现中国国情，又尊重个人的劳动付出，体现劳动内容和权责利的大小，让收入发挥出对公务员的激励作用，提高公务员行政效率，加快政府

职能转型。

(二) 公务员工资增长机制尚不完善

虽然《公务员法》早就已经指明，“国家建立公务员工资的正常增长机制”，如第七十五条“公务员的工资水平应当与国民经济发展相协调、与社会进步相适应”，第七十六条规定“国家根据经济社会发展水平提高公务员的福利待遇”，但与经济发展、物价水平、财政收入相适应的公务员工资增长机制在实际中尚待严格执行。从实际情况来看，2006 年以来全国公务员基本工资标准一直未调整，部分公务员的收入甚至已严重低于社会平均工资，这就在很大程度上增加了公务员收入分配改革的难度。2014 年出台的《通知》明确指出，近期基本工资标准是每两年调整一次，参考同期物价上涨幅度、同期企业在岗职工工资增长率等因素来确定工资增长幅度，但这一公务员基本工资标准正常调整机制在“十三五”时期都未必能够兑现。从目前来看，《通知》强调从 2014 年 10 月就开始执行，但广大公务员和事业单位的职工们真正拿到调整后的工资并缴纳职业年金，距离《通知》出台已有 9 个多月。

(三) 基本工资调整不考虑地区因素

通过若干年来对公务员收入分配改革的文件，我们能够窥探到一些政府管理水平不够高的现象，其中一个主要表现就是大多数文件的内容太粗略，标准不明确。从众所周知的国内所存在的地区差异来看，这些年来对公务员工资的改革，尤其是具体基本工资表格的设定，虽然看起来层级很多，但却未考虑地区差异，全国使用同一个标准。坦白来讲，如果公务员仅能得到基本工资，按文件的工资表格，相同职务、相同级别、从事同样工作的东部发达地区的公务员与西部欠发达地区的公务员，其基本工资是完全相等的，而根据当前各地区的生存成本，东部地区的衣食住行价格均比西部高出许多，这必将导致在仅获得基本工资的情况下，东部地区的公务员无法生存而西部地区的公务员不仅能够生存下来可能还会有所盈余，这就成为明显的收入分配不公。1993 年提出通过建立“地区津贴制度”来适应各地区经济发展不平衡的现状，但这就将地区差异因素反映到了公务员津贴之中，而津贴的兑现和发放情况很混乱，各地区根据财政状况，对公务员的津贴采取有钱就补、无钱不补、钱多多补、钱少少补的做法，远不如工资标准规范、透明。国家没有统一的地区附加津贴补贴实施办法，对各地自行出台的地区性津贴补贴缺乏有效的约束和调控，造成地区津贴补贴制度无章可循。各单位自行确定工资外收入发放标准，互相攀比。公务人员收入多元化和隐性化的状况，极大地损害了政府执政能力和公务人员的自身形象。

（四）工资调查制度与比较原则落空

《公务员法》第七十五条规定，国家实行工资调查制度，定期进行公务员和企业相当人员工资水平的调查比较，并将工资调查比较结果作为调整公务员工资水平的依据。然而，由于工资调查制度的具体操作缺乏明确的实施细则，这一原则长期无法得到真正落实。比如在比较对象的选择方面，需要充分考虑企业是指国企、外企还是民企，而其中国企还应该有垄断型国企和非垄断型国企之分，同时还需考虑采样的依据和构成等因素，因此一些地方政府关于公务员工资调整的调研往往无疾而终。

由于全国范围内的详细工资收入调查尚未及时开展，统计部门往往只有一些平均收入数据，尚缺乏权威的各行业各地区城镇居民收入中位数、众数等数据，依然难以确定公务员工资的合理水平，导致近期还是面临着在实际中推行"工资比较原则"的种种难处。2014 年出台的《通知》指出，要建立工资调查比较制度，定期开展公务员和企业相当人员工资水平的调查比较，合理确定公务员工资水平。而目前仅有的部分行业平均收入数据尚难以有效支持对公务员工资的合理定位，如果不能及时深入地调查全国居民的详细收入状况，将难以为"十三五"时期公务员收入分配的进一步改革提供明确的工资调整方案。西方发达国家的公务员收入一般维持在中产阶级水平，但国内对我国中产阶级大约有多少收入，观点纷纭、说法不一。

（五）公务员收入的财政来源不稳定

由于公务员的收入分配尤其是工资基本都来自财政，要严格执行公务员工资改革，尤其是每年按物价变动正常地增加工资，需要妥善确定好这些工资增量的资金来源，而目前的所有改革文件对于资金来源的说明都较含糊，容易引起各级政府、各政府部门之间的推诿，致使公务员的实际工资增长悬空。也正是由于资金来源没有得到保障，致使各级各地政府通过发放津补贴来弥补公务员的收入，形成了当今公务员津补贴大规模存在的乱象。即使是2014年出台的《通知》，注明的也是“调整机关工作人员基本工资标准所需财政资金，按行政隶属关系和线性经费保障渠道解决，对部分地方所需经费，中央财政通过增加均衡性转移支付给与适当补助。”虽然允诺中央财政会通过对地方政府的转移支付来为一些贫困的地方提供经费支持，但只是“适当补助”，这意味着如果地方政府财政实力非常薄弱，而中央的补助又不足，将直接导致该地的公务员工资无法实现文件中所规定的调整额度。“公务员工资来源于国家财政，但不能由于国家财政不富裕就可以长期冻结公务员工资。”[①]在经济欠发达地区，又经常出现拖欠公务员基本工资的情况。

（六）公务员收入的分配秩序不规范

公务员阳光工资必须在有强力监督和制度保障的环境中才能起到杜绝灰色收入的作用。如果缺乏积极有效的监督，脱离了市场、国家的监管与调控，信息不对称将导致权力部门上报的收入与实际收入存在差异，“小金库”现象无法杜绝，最终导致在上浮阳光工资的同时，以往的“非阳光”的灰色收入照样获得，甚至各部门为保证自己的切身利益纷纷采取暗箱操作，有悖于阳光工资的初衷。[②] 公务员工资的阳光化、透明化，还要治理津补贴乱象。总体

① 杨时旺、高福来：《我国公务员工资制度的改革》，《经济与管理研究》2001年第6期。
② 李佳禾、周茜：《公务员“阳光工资”政策分析》，《法制与社会》2009年第3期。

方向是提高基本工资，降低津补贴，由财政统一发放，保证同一职位上的公务员享受公平的薪酬待遇，“无论去当哪个局长、哪个部长，同一级别的人都能拿到同样的报酬、同样的待遇。”①

公务员加薪需考虑社会反响，经过人大的审批，因为加薪的预算批准权在人大手中。同级的立法机关——人大机关要审查政府的公务员加薪方案，它涉及预算的制定和批准。企业职工的工资水平会随企业经济效益的提高和降低或物价变动而随之相应变化。而国家机关是谋求公共福利的，公共服务很难用经济指标来衡量。所以公务员的工资只是通过立法程序来确定和调整，公务员与企业职工的工资分配也就存在着截然不同的形成和调节机制。过分强调公务员工资制度的管制功能，却忽视了收入分配在市场环境下的多方博弈，立法机关所制定出的公务员工资改革方案就自然治标难治本，难以适应经济发展的需要。

（七）公务员职位分类体系有待细化

职位分类管理和设置是公务员收入分配管理科学化、专业化的前提条件。目前，我国的公务员分类进展缓慢，大致上把公务员队伍分为专业技术类、行政执法类和综合管理类这三种，对专业技术类和行政执法类公务员的界定尚未明确，比较笼统，且对综合管理类的划分采用的是剩余法，即除专业技术类和行政执法类以外的公务员都属于综合管理类，这种分类方式难以体现行政管理工

① 郑功成：《工资要涨 更要规范——郑功成教授谈公务员工资制度改革》，《职业》2004 年 9 月。

作的复杂性。由于职位分类基础工作薄弱、与分类管理相适应的工资制度与配套法规尚未建立健全等原因，公务员分类管理在推行过程中逐渐暴露了激励作用不明显、职责不清、权责不等、随意管理等问题。

我国的公务员分类制度改革肇始于1993年的《国家公务员暂行条例》，它将公务员分为领导职务与非领导职务。然而，随着经济社会的发展，我国整个的社会分工逐步细化，当前现实中不同的公务员从事的是细化分工下不同的工作，庞大的公务员体系已经处于专业分工模式之中。这就需要按专业分类的理念对公务员进行细致的划分，并实施在公务员的公开竞争、择优录用等选聘环节以及职务常任、功绩晋升、收入分配等日常管理之中。只有在细致的职位分类下，将每个公务员的具体分类同工作性质、责任大小、繁简难易、劳动强度、工作环境以及任职人员的资历条件等联系在一起，门类合理、层次清晰、职责规范，方能真正在招聘公务员时有的放矢，在培养公务员的过程中重点按各类公务员的特长来塑造出杰出的人才，公务员们在日常工作中才能发挥出独有的技能。20年多来，这种粗略的分类已给公务员管理带来了问题。首先，对公务员只划分为领导职务和非领导职务，在管理上比较混乱。其次，现实中，一些地方的调研员，虽然没有领导职务，但实际上却参加高级领导办公会议并且分管一部分实际工作，所以就受到了收入上的不公平对待。再次，公务员横向分类不充分，薪酬激励只与职务级别挂钩，导致“官本位”倾向与日俱增。可以借鉴一些国际经验尽快建立以专业为分类导向，“政事分离、两官分途”的公务员队伍体系，依据工作的性质、责任、难度及任职资格条件，以职位、行业等为基础将公务员详细分类成若干专业组群，如行政类、税务类、科研类、专业与技术类、教育培训类、法制类、秘书类、社会保障类、资料处理类、公安类、调查类、海事类等，并详细设定各类的内部级别和工资标准。

公务员分类进展缓慢也拖累了人事制度的改革，目前的人事制度管理一定程度上忽视了对公务员的业务培训，培训效果不尽如人意，而且挫伤了公务员的积极性，不利于公务员队伍建设。公务员员工培训管理是人力资源管理的重要环节，对于提升员工专业素养，提高人力绩效发挥着重要作用。当前我国经济社会发展迅速，对公务员的技能素质要求较高。而目前的公务员系统尚未建立健全系统的公务员队伍培训管理机制，公务员队伍充实自身知识技能主要依靠自学。公务员收入分配制度改革必须与公务员的人事制度改革联动，有效运用比较平衡原则。所幸的是，党的十八届三中全会进一步明确提出深化公务员分类改革目标，要求“推行公务员职务与职级并行、职级与待遇挂钩制度，加快建立专业技术类、行政执法类公务员和聘任人员管理制度”，短期内可能在对人事制度改革方面有所突破。

（八）国家治理能力的水平有待提升

改革开放 40 年来，国家治理能力大幅提升。然而，在一些方面依然残存着事实上的“双轨制”，比如，在企业通过市场招聘工作人员并实行以绩效评价、工作分析及薪酬激励等为特征的现代人力资源管理的同时，政府对公务员的管理体制却没有像企业一样与时俱进，依然有着浓厚的计划经济色彩，采用的是传统的人事行政管理方法。而公务员与企业员工作为社会人力资源的不同构成部分，都有自我价值取向，都需要通过相应的激励手段来激发其工作积极性。[①] 由于政府的非营利性，没有增加盈利和压缩成本的压力，其运行成本主要受自身财政能力和财政预算的约束，但这种约束常常是一种软约束，强制性不足。政府在人力资源管理上属于自雇佣，政府既具有增加工资的经济条件，又缺少增加工资的机制约束，还具有天然的自利动机，在缺少硬约束的情况下，政府就会向公务员支付高于市场平均水平的薪资。[②]

同时，中央与地方政府的分权、分事现在依然存在着不对称、不合理的地方，事权下放的同时、财权却是在上收，建立在此之上的对实际从事具体业务的公务员所进行的收入分配就必然难以科学、合理、合规，对公务员的工作积极性非常不利。从这个意义上讲，目前的公务员收入分配中的失范现象，正是迫于各种不合理的制度安排，而进行的理性选择。要纠正这些失范现象，不仅要讲党性、靠觉悟，还要从根本上改变不合理的制度安排，使财权与事权对等起来，持续提升国家治理能力的现代化水平。

（九）公务员收入分配缺失法律保障

1957 年的《国务院关于国家行政机关工作人员的奖惩暂行规

---

① 刘桂芝、薛方晓：《公务员工资水平公平性不足的争论及改进策略》，《当代经济研究》2010 年第 12 期。

② 丁进：《公务员工资水平调查战略对策研究》，《中国行政管理》2009 年第 5 期。

定》和1993年出台的《国家公务员暂行条例》是公务员方面的基本依据，直到2005年《中华人民共和国公务员法》通过，有关公务员的法律才算真正建立起来。立法缺失使得公务员的定期增资机制不完善，地方津贴补贴混乱，工资调查制度（平衡比较制度）不明确，工资物价补偿机制不完善。

四、小　结

目前我国公务员收入分配存在的主要问题有：公务员收入结构不尽合理，基本工资与津补贴“倒挂”，面对过低且缺乏正常增长机制的基本工资，为了吸引人才和稳定公务员队伍，地方政府根据自身财力，采用津补贴及福利等方式对公务员进行补贴，由于缺乏标准且公开机制，津补贴和福利待遇存在乱象，造成各地区公务员和不同职级公务员内部收入差距悬殊，以及公务员群体与事业单位、企业之间的收入制度碎片，由此引致激励作用不足和约束机制不严，激励错位亦不断滋生着腐败行为和懒政情绪，相当程度上损害了公务员队伍的作风建设，同时也引发社会不公。

公务员收入分配秩序紊乱，既不利于形成客观公正的分配标准，也不利于壮大健康有为的公务员队伍；既不利于构建合理有序的分配格局，也不利于约束“三公”经费的使用。

之所以会产生上述问题，研究认为，一是公务员薪酬理论体系建设相对滞后；二是公务员工资增长机制尚不完善；三是公务员基本工资调整未能将地区社会经济发展因素考虑在内；四是公务员工资调查制度与平衡比较原则难以落实；五是欠发达地区公务员的财政来源不稳定；六是公务员收入的分配秩序，尤其是津补贴和福利待遇部分不规范；七是公务员职位分类体系仍有待细化；八是国家治理能力水平有待提升；九是公务员收入分配规则需要在立法层面加以确立和保护。

总之，高效有为的公务员队伍，是加快行政体制改革，乃至于提升国家治理能力现代化的重要保障。党的十八届三中全会《中共中央关于全面深化改革若干重大问题的决定》明确指出："全面深化改革的总目标是完善和发展中国特色社会主义制度，推进国家治理体系和治理能力现代化。"国家治理体系的现代化，就是要建立以法制化为核心内容的治国理政的制度体系，不允许任何组织或个人有超越法律的权力，逐步打破传统的人治思维方式和运动式、活动式、会议式的治理范式，形成以制度化、体系化、系统化为特征的制度体系。

公务员收入分配改革牵一发而动全身，必须审慎而行，任重而道远。公务员收入分配改革必须渐次推进，在"十三五"期间逐步推出一系列改革措施并严格落实，重点要落实好《通知》及《决定》，并进一步通过政策修订来提升工资占公务员收入的比重，着力提高监督水平，发挥出群众的监督力量，方能有效缓解上述问题、减轻不良后果。

第五章　构建合理有序的公务员收入分配制度的现实意义

现阶段，公务员收入分配作为我国整个社会收入分配的重要组成部分，是国家收入分配制度改革的切入点，备受社会各界的密切关注。避开当下对公务员收入的高低问题、金饭碗问题、隐性福利及灰色收入等问题的简单争论，将公务员收入分配改革纳入构建合理有序收入分配格局的视角，高度重视公务员收入分配在整个收入分配中的引领效应，据此分析现阶段公务员工资收入问题的本质，对构建合理有序收入分配格局来说具有非常重要的战略与现实意义，这也是实现党的十八届三中全会提出的权利公平、机会公平、规则公平的收入分配改革和社会保障体系的重要一环。本章将从公务员收入分配与合理有序的收入分配格局之间的内在联系入手，着重剖析公务员收入分配改革对构建合理有序的收入分配格局的意义所在，并进一步总结公务员收入分配改革对国家治理水平和治理体系现代化的提升的战略意义，以全面认清我国公务员收入分配改革的重要性，为后续的公务员收入分配改革提供理论支撑。

一、公务员收入分配与合理有序的收入分配格局

公务员收入分配与合理有序的收入分配格局之间存在着深层次的内在联系。从合理有序的收入分配格局所具备的特点来讲，合理有序公务员收入分配秩序是其重要特征之一。从我国社会主义的优越性必须体现出整个社会的公平正义来说，公务员的收入分配秩序必须规范起来，否则整个社会上其他人的收入分配就更难以获得公平，不利于社会主义事业的持续推进。

（一）规范公务员收入分配秩序体现社会公平正义

公务员是人民的公仆，承担为人民服务的角色，行使着人民赋予的权力，人民对公仆的收入待遇拥有话语权，所以公务员群体及其薪酬福利向来是整个社会所关注的对象，同时体现着公众对监督公务员的意向及对收入分配公平的期盼。

规范的公务员收入分配秩序体现着整个社会的公平正义，主要表现在以下几个方面：首先，只有规范的公务员收入分配秩序

才能表征政府推行公平分配的理念，人民才会拥护政府所提出的一系列再分配政策。公务员的工作性质决定了其与政府的关系非常密切，对财政经费处于“近水楼台先得月”的有利地位，如果公务员的收入分配不规范，就很难保证再分配制度没有偏颇，再分配所使用的财政支出可能被相关利益集团攫取，整个社会的收入分配公平就被打折，并影响政府的公平正义形象。其次，公务员的薪酬福利本身就来自财政预算，来自整个社会的全体纳税人，应该对全体纳税人负责，公开公务员的薪酬福利，而只有规范的公务员收入分配秩序才可能做到公务员工资福利的公开透明，公务员收入分配制度才能经得起整个社会群众的监督与问责。很多发达国家通过相关法律对各级公务员的收入水平进行了严格的界定，并通过完善预算公开制度和相关配套法律条文，将公务员工资福利纳入法定公开范畴，公之于众。再次，规范的公务员收入分配秩序能够让津补贴占公务员总收入的份额减小且规范、透明，让各地区的公务员收入逐步向同工同酬迈进，从而可以大幅缓解公务员内部的收入差距和收入不平等，实现公务员内部的收入分配公平。

（二）规范公务员收入分配秩序的必要性

合理有序的收入分配格局强调收入分配在宏观、中观、微观三个层面上的合理有序，这三个层面上的合理有序都需要规范的公务员收入分配秩序来维持。在宏观层面，合理有序的收入分配格局需要让政府、企业、居民三者各自获得合适的报酬份额，具体是让劳动者获得合适的劳动报酬，以保证劳动报酬占比在整个宏观国民经济收入中维持一个合理的水平，同时限制政府的财政收入以管住政府之手，并让企业获得可以持续健康发展的收益。在这个层面上，规范的公务员收入分配有利于完善劳动力市场，并形成合理的劳动价格，保证劳动者的收益。在中观层面，合理有序的收入分配格局需要适宜的城乡、地区、行业收入差距，这些差距不能过大，绝对不能大到威胁社会稳定的程度；但又不能太小，因为必须让从业者通过合理的收入差距得到激励，确保经济活动的高效。在这个层面上，只有规范的公务员收入分配才能缓解公务员内部的城乡、地区收入差距，也只有规范的公务员收入分配才能缓解公务员群体与企事业单位人员之间的收入差距，规范的公务员收入分配有利于促成橄榄型的居民收入分布结构，让整个社会焕发出和谐、进取的色彩。在微观层面，合理有序的收入分配格局需要让积极工作、技能娴熟的劳动者通过自身努力获得更多的劳动收入，让敢于承担风险的投资者和企业家获得更大的投资收益和创业利润，让所有居民拥有同等、公平的机会参与到经济活动中来，一切不法收入不再存在，灰色收入的数量很小。在这个层面上，只有规范的公务员收入分配才能大幅减少寻租腐败、消灭权钱交易、取缔与公务员相关的不法收入，铸就一个清正廉明的政府，维护好整个社会的公平公正。

（三）推进公务员收入分配改革的紧迫性

公务员收入分配制度改革是整个收入分配改革的引导者，在我国收入分配不断演变的过程中，公务员收入情况中的工资低效、收入不规范加剧了整个社会在收入分配领域中的不公与无序。因此，构建合理有序收入分配格局必须充分重视公务员收入分配改革。

首先，由于公务员是政府的直接“委托人”，他们的收入就具有相当的社会敏感性，对事业单位甚至其他非营利机构来说有很强的收入示范效应，甚至影响政府的形象和公信力，是政府必须慎重考虑、妥善处理的重点。

其次，合理有序的收入分配格局需要完善的劳动力市场，而公务员收入分配制度对体制内劳动力市场的劳动价格能产生重要影响，进而影响整个劳动力市场，只有通过改革使公务员的收入分配合理、规范、有序，才能让体制内及体制外劳动市场上的劳动力价格真正反映出市场需求，并逐步让整个收入分配格局更加合理有序。

再次，公务员收入分配状况是我国整体收入分配状况和社会现实的一个典型反映，所以必须把公务员收入分配问题纳入国家整体收入分配问题的视野中进行检视，即通过研究公务员收入分配这一整个社会收入分配的“官”与“民”的视角来分析和挖掘出构建我国合理有序收入分配格局的抓手和重点。

因此，公务员收入分配秩序是调节全社会收入分配秩序的重中之重。就目前情势而言，公务员收入分配秩序紊乱正不断酝酿负面的社会情绪，降低公务员的行政效能，冲击着公平正义的核心价值观，引发各类公共危机和共振效应，为此，公务员收入分配改革具有一定的紧迫性。

二、公平、效率与合理有序的公务员收入分配制度

对于我国的经济改革来说，形成完善的市场机制，让市场在配置资源的过程中起到决定性的作用是经济改革的目标之一，当然劳动力市场在整个经济运行中的重要作用也不容忽视，建设统一、完善、公平的劳动力市场也是我国经济改革过程中所重点关注的一大目标。

（一）有助于降低劳动力错配

在一个完善的劳动力市场中，各地区、各行业、各部门的劳动力价格都能良好地及时反映出供求关系，劳动力市场的"优质优价"原则同样适用于公务员，劳动力市场中公务员供求关系及其竞争必然影响到其工资水平波动，①一个各方面优秀的公务员人才通过完善的劳动力市场能够获得远高于普通公务员的收入，并能通过这种薪酬激励作出巨大的工作贡献。我国若想达成这一建设完善劳动力市场的目标，就必须规范好公务员的收入分配，减少甚至避免以往那种无序的公务员收入分配所带给劳动力市场的价格扭曲和不当指引。规范的公务员收入分配秩序有助于减少劳动力市

① 杨时旺、高福来：《我国公务员工资制度的改革》，《经济与管理研究》2001 年第 6 期。

场上的信号失真，能够让企事业单位人员将自身的收入与公务员收入进行对比，衡量和判断自己是否通过所就职的工作获得了合理的薪资，从而进一步影响体制外的劳动力市场价格，最终让整个劳动力市场的劳动力价格扭曲程度降低，其具体作用主要表现在以下几个方面：

首先，在我国目前的体制下，公务员属于体制内人员，其收入分配对于体制内有强烈的示范效应，唯有规范的公务员收入分配秩序才能让体制内的劳动力市场价格有合适的标准，才能让体制内的收入分配合理有序。体制外的劳动力市场虽然与体制内的劳动力市场存在着一定程度的市场分割，但国内的劳动力毕竟还是有着一定程度的流动性，也就是说体制内和体制外的劳动力市场也存在着互联互通。随着经济改革的全面深化，体制内和体制外劳动力市场将进一步统一，公务员收入分配所起到的引领作用会更大，规范的公务员收入分配秩序有利于整个劳动力市场的规范与完善。其次，规范公务员收入，并定期依据物价增长和经济形势变化对公务员工资进行调整，可以成为整个劳动力市场的表率，指引整个社会的劳动力价格随物价等波动，更有利于维持劳动者的生活水平，确保劳动者的薪酬可以劳动力的再生产成本，并提高整个国民收入分配中的劳动者报酬占比，更利于社会的稳定和人们的可持续发展。再次，规范的公务员收入分配秩序会通过一系列配套细则和法律法规来保证，这些文件条款一方面可以确保公务员队伍的基本稳定、减轻财政压力，另一方面可以防止政府机关行政人员编制的盲目扩大、避免政机构膨胀的现象。对于劳动力市场来说，规范的公务员收入分配秩序所配备的这些法规制度能对其他行业起到借鉴作用，并有利于约束其他行业对劳动者报酬的肆意侵害，从而有利于保护好广大劳动者的切身利益。

（二）有助于增强人力资本

规范的公务员收入分配秩序不只是给予了公务员的收入分配一个规范的结果，而且公务员收入分配程序本身也是规范的。从招聘到就职到解聘或退休，每一个环节都得是规范的、合理的，真正让政府和公务员都具有互相选择的自由，疏通好公务员的进入和退出机制，把公务员的人才市场做活、做好，实现公务员人才市场对公务员人才的最优配置。其次，规范的公务员收入分配秩序必然要求公平、健全的社会保障制度，公务员原有的远高出平均水平的公费医疗会被逐步削减至与普通劳动者平等的程度，这些都有利于一个全国统一、完善、公平的劳动力市场的建设，最终实现全社会人力资本的最优配置，让最适合的劳动者到最需要他们的地方去。再次，当机关不再具有提供优厚福利的垄断权，住房制度由福利化向货币化转变，机关招聘就必须在社会上与企业招聘展开激烈的人才争夺。

（三）有助于化解分配不公

政府聘任公务人员的目的是为了为民众提供公共产品和服务，但是公务员收入由财政支付，财政收入又来自纳税人的缴税，故需经过代表人民权利的机关批准认可，并审慎参考劳动市场价格。政府既不能以高出市场的价格来雇请公务人员，也不能超出纳税人的需要，供养一些工作效率低下的闲人。由各级人民代表大会来审议决定各级国家机关、团体、事业单位人员工资，并召开纳税人听证会议评审的制度更加合理合法，既可避免现在所存在的个别地方长期拖欠公务员工资的现象，又可减少一些地方的公务员收入尤其是其中的津贴福利甚至灰色收入过高的情况，从而改变目前掌管公共权力财富的内部人自我决定工资福利的决策格局，减少分配不公。① 公务员工资透明化被广泛认为是一种进步，可以在很大程度上保障公务员合法权益和合理诉求的同时，解决民众的知情权和监督权落实问题。"公务员属于纳税人供养，因此纳税人有权知道其待遇报酬。公开公务员的工资对于消除社会误解有好处，也有利于反贪腐和公务员队伍内部待遇公平化。"②公开公务员的收入不应只是一些政府部门的自觉行动，而应成为一种制度，必须做到。另外，为确保为官清廉，官员的财产状况应该同时定期公开，以防止官员通过权力获得各种各样隐蔽的灰色收入，并让公众在相互比对中判断公务员的收入是高是低。规范的公务员收入分配秩序需要让公务员的养老制度与企业职工养老制度并轨，彻底消除养老金制度的双轨制，实现养老待遇的分配公平，体现养老保障的公平公正。

（四）有助于缩小收入差距

在新常态下，经济从高速增长演变为中高速，通过改革来实现

---

① 文刀：《我国公务员工资制度应当改革》，《社会科学论坛》2001 年第 9 期。
② 全国人大代表秦希燕、戴海蓉"两会"期间的观点。

经济转型也就迫在眉睫。如果说国际金融危机爆发之前的2003—2007年以年均11.7%的增速一定程度上掩盖收入差距持续扩大可能带来的社会冲突，那么，在2008—2013年跌至年均9.0%的经济增长率已实在难以继续掩盖，因为经济刺激政策容易引发通货膨胀。近年来我国已进入经济新常态，经济由高速增长迈入中低速增长，经济增长率约维持在7%，在这一新常态情形下，持续扩大的收入差距对社会心理的冲击效应，也必然会以各种形式暴露出来，改善收入分配是民心所向。

规范公务员收入分配秩序对缩小收入差距的作用主要表现在缩小公务员内部收入差距和对缩小外部收入差距产生示范效应两个层面。规范的公务员收入分配秩序可以大幅缩小公务员内部的收入差距，实现公务员部门内部的分配公平。这种内部收入差距一方面表现在高低悬殊的津补贴上，另一方面则表现在部分公务员所获得的灰色收入和福利上。就公务员收入中明显的地区差异来讲，各部门所广泛存在的隐性收入不仅扰乱了公务员的收入分配秩序，还造成了部门间的公务员对所能获得的灰色收入的相互攀比，诱导了行政权力异化，税务、公安、法院等权力部门容易通过权力寻租来追求部门利益和个人利益。[①] 针对公务员以权谋私、浪费“三公”经费的现象，2013年年初至今，从中央到地方出台了针对公职人员的各项规定和禁令，并取得了良好的成效，一些公务员的灰色收入被降低甚至去除，受到民众欢迎。规范公务员收入分配

① 黄丽娅：《以改革公务员工资制度为契机　规范社会收入分配秩序》，《价格月刊》2008年第3期。

秩序可以通过缩小公务员内部收入差距来对缩小外部收入差距产生示范效应，在现实中有助于构建合理有序的收入分配格局。单从对其他体制内单位的收入差距影响来看，由于体制内单位普遍将公务员的收入情况视为自身收入分配的标杆，随着公务员收入分配秩序的规范，其他体制内单位将纷纷效仿，从而也将在内部收入差距方面做出调整，缩小内部差距，继而缩小整个体制内单位的收入差距。整个体制内单位收入差距的缩小，将缩小全社会的收入差距，并带动各企业根据自身情况缩小其内部及其与其他企业之间的收入差距，整个社会的收入差距就趋于降低。

（五）有助于提升行政效能

与企事业工作人员一样，公务员的一切工作行为一般都符合理性人假设，规范公务员收入分配秩序和激励约束机制能够有效调动公务员队伍的积极性。客观地讲，公务员收入应至少能确保其生活条件良好，满足马斯洛低层次需要。而且公务员所从事的工作属于需要具备一定的行政管理知识和技能的复杂劳动，按照马克思的劳动价值论，复杂劳动的价值是简单劳动价值的数倍，公务员所从事的这种复杂劳动理应获得数倍于简单劳动报酬的收入，与在社会上其他部门从事相似的复杂劳动的劳动者的报酬差不多，因此会高于社会平均工资。效率工资说认为，可以通过给予员工高于均衡价格的薪酬来调动其劳动积极性，政府想在劳动市场上招聘到能胜任的公务员，就必须赋予公务员一定的效率工资，保持公务员岗位的吸引力。许多发达国家也正是基于效率工资，制定了公务员的“工资比较原则”，美国还每年通过开展工资调查来确定新的GS工资标准表，让其公务员薪酬与同一地区私营企业雇员的工资大体相当，以免让政府在劳动力市场上失去招募到优秀员工的机会。

规范的公务员收入分配秩序可以充分体现有效的激励约束机制，确保公务员正确、及时地执行政府政策。首先，在规范的公务员收入分配秩序中，工资会随经济、物价等情况及时调整，以保证公务员的生活水平。很多国家和地区会根据经济增长、物价指数等来调整公务员工资，如德国、日本等通过立法来定期增加公务员工资，瑞士、瑞典等规定各级公务员的年工资增长额，法国、意大利、中国台湾地区等通过实际工资指数化来减少公务员可支配收入的物价风险，经常调整公务员工资。1992年后，我国各地根据情况每两年至少调整一次最低工资。实际上，公务员工资的规范与最低工资的制定及增长机制有些相似，也应经常调整，但在实际执行中，调整的时间间隔过长、调整频次过低，已使我国的公务员工资调整长期处于滞后状态。而美国等发达国家却基本上每年都会参照上一年的若干主要职业人员的工资来详细计算公务员工资的调整体系，及时更新公务员的职务工资和级别工资表，并综合考虑地区差异再进行细微调整。其次，规范的公务员收入分配秩序会考虑人力资本期权属性，利用收入期限错配来调动公务员在任期内的工作积极性，减少腐败。公务员劳动力市场与其他劳动力市场之间存在较大差别，属于劳动力内部市场。我国公务员的产生可以分成两类：一类是依照法定程序由人大选举产生的、有任期的高级公务员；另一类是通过考试择优录取的普通公务员，一般可以做到退休。2014 年的《决定》考虑了人力资本期权属性，开始建立公务员职业年金制度。再次，比较规范的公务员收入分配秩序，有利于提高积极努力工作的公务员的收入，实现对公务员的科学、合理激励。规范的公务员收入分配秩序下，对公务员的考核与激励将紧密结合起来，对公务员的考核也会更完善、更实际，考核的结果直接通过收入的增加对公务员进行激励，效果良好。

三、国家治理能力与合理有序的公务员收入分配制度

理顺公务员收入分配与国家整体收入分配之间的关系，既要正本清源，用正确的执政党收入分配理论指导分配实践，又要合理设计、规范激励，全面完整地学习与借鉴公务员工资管理的国际经验，调整公务员收入结构充分发挥公务员工资的正向激励效应，由此不断提升党和国家管理公务员队伍的水平与能力，增强政府的透明度与公信力，为满足党的十八届三中全会提出的“使市场在资源配置中起决定性作用和更好发挥政府作用”，铸造出一支清正廉洁高效的公务员队伍，不断提升国家治理能力和治理体系的现代化水平。

（一）公务员队伍是国家治理体系的微观基础

首先必须强调的是，公务员队伍是国家治理体系的微观基础，

如果缺乏高质量的公务员队伍，国家治理体系的建设和完善就会困难重重。国家治理体系不同于以往的社会管理，国家“治理”也不同于国家“管理”，“管理”凸显的是政府的强制性与主动性，而“治理”强调在国家保证公民权利基础上的多元主体管理，致力于以市场为主体，通过民主、参与式、互动式的管理来建立公民社会。国家治理体系下，整个社会必须有力地约束和限制公共权力，防止权力被滥用。现阶段，必须强调破除“官本位”观念，并将官员的权力关进制度的笼子，同时着重依靠建立和完善相关制度来全面保护公民权利，逐步构筑起保障公民权利的稳固长城。

对于任何一个国家来说，国家治理体系都是通过政府来建立和维持的，政府的执政水平直接决定了整个国家治理体系是否完善。公务员队伍就是国家治理体系的微观基础，只有这一微观基础处于良好运行的状态时，国家治理体系才能够发挥出影响整个社会的重大作用。公务员队伍的稳定健康发展离不开规范、合理、有序的公务员收入分配制度，因为只有在好的公务员收入分配制度下，公务员们才可能保持好的工作态度，维持政府的高效运转。从目前我国的实际状况来看，只有通过公务员收入分配改革，让广大公务员获得合理、规范的收入，才能激励公务员在日常工作中以自身的行为体现出合法、合理、程序、高效、受信、便民的政府行为价值标准。

（二）公务员收入分配改革推进公务员队伍建设

规范公务员收入分配秩序有利于确保国家政策的执行力度、提高政府的运行效率、提高腐败的机会成本、稳定公务员队伍，实现公务员队伍的可持续发展。

第一，规范的公务员收入分配秩序有利于引进公务员人才，更容易招聘到公务员团队带头人。严格的考核与科学的激励有助于让团队带头人在重要的岗位上发挥出重要作用，并有利于做好公务员队伍的梯队建设。

第二，规范的公务员收入分配秩序有利于公务员外部及内部的人才流动。公务员工资标准较高就会吸引优秀人才向公务员队伍靠拢；反之，公务员工资标准偏低，又会造成公务员人力转移流失，高质量人才留不住。[①] 规范的公务员收入分配秩序会减小公务员内部的不合理差距，尤其是津补贴乱象所造成的收入差距，有利于整个公务员系统内部的人才流动，将最适宜的人才配置到公务员体系中最需要他的地方去。

第三，规范的公务员收入分配秩序可以确保一线公务员的薪酬足以应付正常的生活开支，与当地医生、教师等专业技术人员收入相当的公务员薪酬，能让一线公务员过上较为体面的生活，无需通过权力获取灰色收入或者做兼职，容易激励其做好本职工作，改善服务态度、提升服务水平。一线或基层公务员的权力非常有限，很难以权牟利，在整个公务员队伍中是弱势群体，而基层工作是整个公务员工作的基础，必须做好、做实，故需重点保证其薪酬。

第四，着力减轻新进公务员的生存压力，可给予合理的住房补贴。应综合考虑当地的生活成本，比如北上广房价太高，新进年轻

① 杨时旺、高福来：《我国公务员工资制度的改革》，《经济与管理研究》2001 年第 6 期。

人生活压力太大，急需解决住房问题，应在短期内一次性发放大额房贴；三四线城市及乡镇农村房价相对低，可在一段时间内每月发放小额房贴。如果难以支付房贴，也可考虑将年轻公务员纳入保障性住房福利体系。

第五，规范的公务员收入分配秩序有助于推行“公开化的阳光工资”。为了避免出现因公务员的内部劳动力市场性质所导致的公务员工资或津补贴无节制上涨的情况及其引发的各种灰色收入，就必须将公务员工资进行公开，使公务员工资信息更加透明、阳光。而只有规范公务员收入分配秩序，才是公务员阳光工资的前提，否则即使被“阳光”，公布的收入金额也会与真实金额大相径庭，失去被群众监督的价值。

第六，规范的公务员收入分配秩序有助于公务员队伍的稳定和可持续发展。在规范的公务员收入分配秩序下，公务员可以形成较为明确的长期收入预期及退休后的职业年金预期，这些均可以激励公务员在任期内踏实、努力工作，通过自己在任期内的良好表现获得更多的远期收入及职业年金，更不会轻易离职，对寻租腐败的抵抗能力也会增强。年轻人看到公务员收入分配秩序的规范、合理、科学之处，会把公务员职业定位为一个可以通过努力来实现较明确的自身价值的职业，会愿意投身于公务员事业，公务员队伍的可持续发展也能得到保障。

（三）公务员收入分配秩序影响国家治理能力

公务员收入分配秩序的规范有助于完善国家治理水平和治理

体系现代化。首先，规范的公务员收入分配秩序可以通过激励公务员积极工作、建成一支优秀的公务员队伍来推进我国的行政管理体制改革，唯有堵住目前我国公务员灰色福利的漏洞、打开科学合理的加薪通道，真正将公务员收入分配秩序规范化，才能逐步提高国家治理水平、推进治理体系现代化。目前社会公众对于公务员工资的“偏见”，实质上反映的是公众对政府国家治理水平不够高和治理体系的现代化不足的不满情绪，公务员收入中诸多说不清的隐性福利和隐性薪酬分配机制，是公务员收入分配秩序不规范的集中表现之一，也是不断引发就公务员薪资问题的各种针锋相对的矛盾观点和争论的根源。其次，更科学、更细致的公务员分类是规范的公务员收入分配秩序的表现之一，而以公务员分类为切入口，可以有效提升治理能力现代化。公务员分类体制改革应与公务员收入分配改革联动设计，在细化分类的同时，对相应职级公务员的收入进行科学管理，形成激励与约束并重的公务员收入分配机制设计，从根本上提升我国治理能力体系的现代化水平。再次，规范的公务员收入分配秩序可以成为全社会收入分配的典范，树立和维护收入分配制度体系的威信，有利于进一步提高法律规定在人们心中的地位，最终实现国家治理体系的现代化。

（四）公务员收入分配改革促进政府职能转型

在我国全面深化改革的过程中，政府的角色定位必须加以深度改革和转变，政府需从“管理者”转型为“服务者”，这一切都需要通过广大的公务员来实现。党的十八届三中全会《中共中央关于全面深化改革若干重大问题的决定》已对政府作出明确的定位，政府的职责和作用主要就是保持宏观经济稳定、加强和优化服务、保障公平竞争、加强市场监管、维护市场秩序、推动可持续发展、促进共同富裕、弥补市场失灵。为了达到这一政府转型的目标，必须推进公务员收入分配制度改革，在此基础上才能进一步落实简政放权、下放政府审批权限，否则很容易引起更多以权谋私、权钱交易的腐败现象，既不利于进一步深化经济体制改革，也不利于进一步促进经济的持续健康发展。

推进公务员收入分配制度改革是实现我国政府职能转型的必经之路。首先，公务员收入分配改革有利于政府角色定位的转换。近年来我国政府职能转型滞后，与“服务型”政府还存在很大差距，其中一个重要原因就在于公务员工资过低，推进改革、改善服务态度、提高服务水平的积极性不高。低标准的公务员基本工资下，基本工资对公务员的激励作用很小，在深化和推进改革方面就难以保证工作到位，面对民众的公共服务态度也难以大幅改善，服务水平自然难以提升。只有将公务员工资与物价、经济发展水平充分挂钩并及时与社会其他行业的平均工资对照和调整，方能良好地发挥出工资对公务员的激励作用，真正助力政府职能的转型。其次，公务员收入分配改革有利于管住政府之手，减少权力寻租，真正把资源配置的权力主要交付于市场。部分权力寻租仍具有内在冲动维护既得利益，在公务员津补贴不透明、不规范、占公务员整个收入的比重过大的形势下，大部分公务员更重视津补贴部分，各部门也纷纷在增加所辖公务员的津补贴方面找机会、做文章。这样很容易致使既得利益集团与部分失职的公务员、政府领导联手通过权力寻租攫取不正当收益，这就在一定程度上阻碍了改革的深化和推进，致使行政审批制度改革举步维艰。只有改善公务员收入结构，大幅增加工资占公务员收入的比重，并同步实现津补贴的规范化、透明化，方能降低部分失职公职人员与既得利益集团联手的可能性，同时增强公众对公务员收入及行为的知情权和监督能力，净化整个公务员队伍，最终让政府与市场的边界清晰、明朗。

（五）公务员收入分配制度内生于“四个全面”

“四个全面”这一引领中华民族的伟大复兴的战略部署完整地展现出新一届中央领导集体治国理政的总体框架，是一个有机联系、环环相扣的整体，相辅相成、缺一不可。这“四个全面”，与公务员队伍的日常工作、公务员的薪酬待遇息息相关。“全面建成小康社会”也不能将公务员群体排除在外，需要妥善解决基层公务员的待遇问题，确保基层公务员能按时获得应有的工资和津补贴。“全面深化改革”要求及时对公务员工资和收入分配进行规范化、合理化、透明化的改革，规范公务员津补贴、实现养老金并轨，以体现我国收入分配与社保制度的公平公正。目前我国公务员的收入分配所遇到的问题，表面上看似乎是收入分配问题，但却可能成为全面深化改革的一个重要突破口。“全面依法治国”需要广大公务员尤其是从事与法律相关工作的公职人员在工作过程中做到有法必依、执法必严、违法必究，确保国家法律体系的健康、稳定运行。公务员中党员比例较高，“全面从严治党”更加需要公务员中的党员们为全党做出表率，严于律己、勇敢担当，发扬好党的优良传统。

规范公务员收入分配秩序有利于“四个全面”，主要表现在以下四个方面：首先，规范的公务员收入分配秩序有利于提高一线基层公务员的工资，保证他们的生活水平步入小康，并有利于提高整个劳动力市场的劳动力价格，进一步促进整个社会劳动者报酬的提升，逐步全面建成小康社会。其次，公务员收入分配制度改革是全面深化改革的重要举措，只有规范的公务员收入分配秩序才能保证全面深化改革的进度与质量。近些年来，政府职能转型比较缓慢，行政审批制度改革仍待继续推进，其中有一个重要原因就是公务员收入分配秩序不规范，一线基层公务员收入低，推进改革的积极性不高。再次，规范的公务员收入分配秩序有利于全面依法治国。只有在公务员收入分配法制化的基础上，才能督促社会上其他人员的收入分配实现法制化，从而实现整个社会在收入分配方面有法可依、有法必依、执法必严、违法必究，人们的法律意识才能进一步提高，依法治国才能全面建成。最后，规范的公务员收入分配秩序有利于激励公务员在职权范围内积极工作、厉行节约，有利于减少浪费“三公”经费的现象，有利于防止寻租腐败，最终实现全面从严治党。

四、小　结

目前，公务员收入分配体系的不合理导致了一系列的问题，这些问题如果在短期内不能妥善解决，就很容易造成以下几个不良影响：

首先，不利于国家战略的落地。公务员作为国家治理体系的微观基础，是国家政策执行过程中的中坚力量，所有的宏微观战略都必须通过公务员队伍来贯彻和实现。公务员收入分配体系的合理性直接影响公务员的工作积极性，甚至影响他们对国家战略的深入理解，从而不利于国家战略的落实和顺利推进。

其次，严重阻碍了“四个全面”的实现。“四个全面”是坚定我国走社会主义道路的重要实现路径，公务员自身的工作内容决定了其与“四个全面”的关系非常密切。而目前不合理的公务员收入分配已经不利于加速推进“四个全面”建设，只有规范好公务员的收入分配体系，“四个全面”才能在中长期中逐步实现。

再次，影响“十三五”时期社会公平正义的实现，同时严重影响有效缩小分配差距这一目标的落实。公务员收入分配目前并未在实际中与其他行业的薪酬状况进行细致的调查和比较，在一些地区、一些群体之中有失公允，如果不能迅速改革，公务员与其他收入者之间的收入差距很可能进一步加大，分配不公可能更严重，这就与实现社会公平正义的目标相差更远。

第六章　合理有序公务员收入分配制度的理论依据

公务员收入分配制度改革滞后，除了国家治理体系不够完善等原因之外，更重要的则是因为公务员工资薪酬体系缺乏科学合理的理论依据。本章从理论上对公务员薪酬体系加以分析和研究，以便为合理有序的公务员收入分配制度提供理论依据。

一、马克思主义劳动价值论与公务员收入分配

劳动力价值理论和工资理论是马克思劳动价值论的具体化，是马克思主义收入分配理论的重要组成部分。要研究马克思主义收入分配理论，就要从马克思的劳动力和劳动力价值的论述开始研究。

（一）劳动力价值的构成及其限度

第一，劳动力是劳动者个体所拥有的体力和脑力的支出总和。马克思在《资本论》第一卷第二篇第四章中谈到劳动力，把劳动力或劳动能力“理解为人的身体即活的人体中存在的、每当人生产某种使用价值时就运用的体力和智力的总和。”劳动力的定义将劳动者、劳动和劳动力分开，确定作为商品的物质是劳动力，不是劳动者，也不是劳动。在资本主义市场经济条件下，劳动力成为商品。

第二，劳动力是特殊商品。“同一切其他商品一样，劳动力也具有价值”。劳动者在商品市场上将自己的劳动力作为自由的可以买卖的商品，因此劳动力具有一般商品的属性，具有使用价值和价值，作为商品在市场上待价而沽，按照价值规律、竞争规律、供求规律运行。劳动力商品的特殊性在于使用价值特殊性。劳动力的使用价值“具有成为价值源泉的特殊属性”，即劳动力使用价值能创造价值。劳动力商品有价值，是出售价值。劳动力商品的使用价值能创造价值，而且创造的价值大于它自身的价值，也就是说，劳动力在劳动过程中创造的新价值超过了劳动者的工资。

第三，劳动力价值构成既有商品的普遍性，也有商品的特殊性。“同任何其他商品的价值一样，劳动力价值也是由生产从而再生产这种特殊物品所必需的劳动时间决定。”生产生活资料的社会平均劳动时间确定劳动力价值，这是与其他商品一样的价值确定。劳动力作为活的个体存在，生产、维持和再生产这种个体需要一定量的生活资料，这是劳动力的生产成本，因此劳动力生产成本简单说就是个人和家庭的衣食住行教总支出。包括两个部分：一是个体的总支出，个人生活费用、教育、培训等费用支出；二是家庭开支，养育整个家庭，包括老人和培育、培养下一代的支出总和，即维持劳动力家庭的生活资料的总支出。因此劳动力作为商品其价值的基础是社会平均的一定量个人和家庭的衣食住行教总支出。影响劳动力生产成本的因素主要是劳动强度、劳动类型、劳动生产力、市场的供求、历史和社会因素。

劳动力价值特殊性还在于“劳动力的价值规定包含着一个历史和道德的因素”。劳动力和劳动者不可分割，因此不同国家和地域劳动力生产成本不同，主要是劳动者对自然条件、生活习惯和文化水平的生活要求形成劳动力的生产成本不同。劳动力和劳动者不可分割，不同的劳动者受到的教育、培训不同，其生产成本不同。岗位不同，对劳动力受教育程度和技能的需求不同，劳动力生产成本的差别表现在劳动技能、教育、培训费用的增加。

第四，劳动力价值的限度。劳动力价值的最低限是“维持身体所必不可少的生活资料的价值”，但是这种状态不可能存在。因为按照商品的规律，“每种商品的价值都是由提供标准质量的该种商品所需要的劳动时间决定的”。因此劳动力价值的最低限应该是标准的生活资料的价值，而不是维持性的生活资料的价值，否则，劳动力的再生产就无法正常进行，商品交易无法顺利实现。

劳动力价值的高限不超过劳动力使用价值创造的价值。一是因为时间分割。劳动力价值的实现在流通过程，购买劳动力在劳动力进入生产领域之前，劳动力的生产成本早于流通过程即劳动力成为商品的过程和生产过程即劳动力创造价值的过程而存在。“和其他任何商品的价值一样，它的价值在它进入流通以前就已确定。”劳动力的使用价值实现在生产过程，在生产过程劳动力的使用即劳动创造价值。因此劳动力价值体现为劳动力的购买价格即支付给劳动者的工资只能根据同一岗位给予相同的社会一般工资，不可能根据个体劳动力实际耗费的生产成本不同即体力和脑力不同组合的耗费，或个体劳动力创造的价值不同而确定每个劳动者的价值。劳动力价值只能体现社会平均水平。二是劳动力成为商品的特殊属性。劳动力成为商品就在于其使用价值创造价值的属性，如果劳动力价值等于劳动力创造的价值，这种商品交换就不可能存在，劳动力成为商品，是因为劳动力的购买者“要从商品的使用上取得价值”。劳动力价值不能超过其创造的价值。三是劳动力的使用即劳动创造的价值的分配。假设在共产主义社会，劳动力已经不作为商品，没有资本，每个人只有劳动，经过劳动创造的社会总产品全部分配给劳动者，第一步扣除补偿“消费掉的生产资料的部分”“扩大生产的追加部分”“应付不幸事故、自然灾害等的后备基金或保险基金”，在第一步扣除之外要进行个人分配之前，还得扣除：“和生产没有关系的一般管理费用”“用来满足共同需要的部分”“为丧失劳动能力的人等设立的基金”。更何况“消费资料的任何一种分配，都不过是生产条件本身分配的结果”。因此在劳动力作为商品阶段，生产要素分为资本、土地和劳动力，分配就在劳动力、资本和土地之间进行。资本和土地不创造价值，劳动力价值小于劳动创造的价值扣除上述扣除项后，还要分配给资本和土地，因此劳动力价值只能少于劳动创造的价值。劳动力价值大于标准的生活资料的价值，而小于其创造的价值。

（二）工资的确定原则与增长趋势

工资是资本主义社会雇佣工人劳动力价值和价格的转化形式。在《资本论》中，马克思通过对工资的分析，揭露工资形式是怎样掩盖了剩余价值剥削的本质，把工资问题看成是“隶属于生产的分配问题”。马克思研究的工资是自由资本主义经济下产业工人的工资，剔除其中资本主义生产关系和产业工人职业的范围，马克思关于工资的一般原理的研究，有助于我们研究社会主义初级阶段市场经济下劳动力市场的工资问题。

工资是劳动力价值和价格的转化形式，劳动力价值的决定因素也是工资的决定因素。如果单纯将劳动力作为商品来看，撇掉马克思所分析的资本主义生产关系，在一般商品经济下，劳动力价值是工资运动的基础，工资是围绕劳动力价值上下波动的。劳动力价值决定工资是指工资变化的界限。

（三）简单劳动论与复杂劳动论

首先，就简单劳动与复杂劳动的内涵而言，马克思由劳动二重性原理，科学地揭示了价值的本质。形成商品价值的是抽象的简单劳动，因此，要考察形成价值的劳动，是必须“把不同的劳动化为无差别的、同样的简单的劳动，简言之，即化为在质上相同因而只有量的差别的劳动”。这种折合是分为两个步骤进行的，即把各种不同种类的劳动化为抽象劳动；再在此基础上把复杂劳动化为简单劳动。马克思科学地论述了上述的折合过程。把各种不同性质的劳动的具体形式撇开，就是相同性质的抽象劳动。只有把各种劳动还原为相同性质的抽象劳动，才能进行量的比较，才能阐明具有不同发展程度的劳动力的消费，即简单劳动和复杂劳动的差别。

复杂劳动是“紧张程度较高，比重较大而超过平均水平”的劳动。在相同的劳动时间内，复杂劳动是有着较多量的劳动，它是被看作强化的或倍多的简单劳动。简单劳动则是“每个没有任何专长的普通人的机体平均具有的简单劳动力的耗费”。所以复杂劳动“可以化为复合的简单劳动”。其二，马克思由劳动二重性学说和工资学说科学阐明资本主义商品生产的简单劳动和复杂劳动。

马克思发现劳动二重性以及建立科学的工资理论，把劳动与劳动力区别开，才能够批判地继承古典经济学家的上述科研成果，建立完全科学的资本主义商品生产的简单劳动和复杂劳动理论。马克思在对简单商品生产的简单劳动和复杂劳动科学考察的基础上，对资本主义商品生产的简单劳动和复杂劳动作了科学的考察。马克思把劳动与劳动力区别开，建立了科学的工资理论，把简单劳动和复杂劳动的差别归结于劳动能力价值的差别，就能够纠正斯密和李嘉图不能够把简单劳动和复杂劳动的差别归结于劳动力价值差别的缺陷，以及用劳动价值把复杂劳动化为简单劳动，从而陷入劳动价值决定价值的错误，科学地阐明资本主义商品生产的简单劳动和复杂劳动。

马克思认为，所谓简单劳动力，是指几乎没有耗费劳动进行教育或训练的劳动力。简单劳动力价值小于复杂劳动力价值。简单劳动在同一劳动时间内所具有的劳动量小于复杂劳动，它所生产的商品价值小于复杂劳动生产的商品价值。马克思认为，复杂劳动是压缩了的、高次方的简单劳动，一日较高级的复杂劳动就等于数日普通的简单劳动。

其次，复杂劳动可以还原为简单劳动，还原的方法可以采用因素分析法和复杂系数法两种。

第一种是因素分析法，通过分析构成复杂劳动的复杂因素及其对价值的影响程度，从而确定复杂劳动对简单劳动的还原倍数的方法。构成复杂劳动的复杂因素主要是由较多的教育费用、较多的受教育时间和创造较多的价值形成的。培养复杂劳动能力需要较多的教育费用（直接成本）和较多的受教育时间（机会成本）。复杂劳动能够创造较多的价值，是由于复杂劳动者掌握了专门的科学技术知识，承传了前人、他人的知识和技能。人的自然寿命是有限的，但人类的知识积累是无限的，正因为有教育的存在，才使自然资源被优化利用，使生产力得到奇迹般的提高，使科学技术按几何级数在发展。因而复杂劳动者增强了驾驭自然规律、社会规律和经济规律的能力，他们所创造的生产力和价值也往往是成几何级数递增的。

把复杂劳动还原为简单劳动，按因素分析法可按如下公式进行计算：复杂劳动价值系数（C）＝[复杂劳动所需要的教育费用（F）＋复杂劳动所需要的受教育时间（T）＋复杂劳动所创造的价值（V）]÷简单劳动创造的价值（S），即：$C=(F+T+V)\div S$。

第二种是复杂系数法，把复杂劳动的 F、T 和 V 统一考虑，形成一个指标来计算复杂劳动系数的方法。复杂系数法与因素分析法相比，复杂系数法只考虑简单劳动和复杂劳动所蕴含的不同的培养教育费用，而舍去培养教育时间和所创造价值这两个因素。其计算公式如下：复杂劳动系数(C)＝复杂劳动力的培养教育费用(CF)÷简单劳动力的培养教育基本费用(SF)。①

（四）按劳分配理论的条件与原则

马克思按劳分配理论是建立在共产主义的初级阶段，前提条件是生产资料全部公有制，全体劳动者参与生产劳动。因此按劳分配是社会总产品扣除生产资料后，每个人按照参与劳动时间进行分配。

1. 按劳分配的条件

在共产主义社会高级阶段之前，消费资料的任何一种分配都是生产条件本身分配的结果。社会对个人消费品的分配只能按劳分配。《资本论》第一卷提出了未来社会实行按劳分配的初步设想。马克思指出："设想有一个自由人联合体，他们用公共的生产资料进行劳动，并且自觉地把他们许多个人劳动力当作社会劳动力来使用。……这个联合体的总产品是社会的产品。这些产品的一部分重新用作生产资料。这一部分依旧是社会的。而另一部分则作为生活资料由联合体成员消费。因此，这一部分在他们之间

① 陈振羽：《正确理解马克思的简单劳动和复杂劳动理论》，《经济经纬》1999 年第 2 期。

进行分配。这种分配的方式会随着社会生产机体本身的特殊方式和随着生产者的相应的历史发展程度而改变。……我们假定,每个生产者在生活资料中所得到的份额是由他们的劳动时间决定的。这样,劳动时间就会起双重作用。劳动时间的社会的有计划的分配,调节着各种劳动职能同各种需要的适当比例。另一方面,劳动时间又是计量生产者个人在共同劳动中所占份额的尺度,因而也是计量生产者个人在共同产品的个人消费部分中所占份额的尺度。"按劳分配的前提条件是生产资料公有制,社会总产品分为归社会所有和归劳动者所有两部分,归劳动者的社会消费品的分配按照劳动时间计量,劳动时间决定分配量。

"在一个集体的、以共同占有生产资料为基础的社会里,生产者并不交换自己的产品",因此生产资料公有制是前提条件。"每一个生产者,在做了各项扣除之后,从社会方面正好领回他所给予社会的一切。他所给予社会的,就是他个人的劳动量。"马克思的按劳分配理论建立的前提条件是生产资料公有制下每个人参加社会劳动,社会在对劳动创造出来的社会总产品进行六项必要的扣除(用来补偿消耗掉的生产资料的部分;用来扩大生产的追加部分;用来应付不幸事故、自然灾害等的后备基金或保险基金;同生产没有直接关系的一般管理费用;用来满足共同需要的部分,如学校、保健设施等;为丧失劳动能力的人等设立的基金)之后,每个人的社会劳动中扣除对社会贡献之外全部返还个人,按照每个劳动者向社会提供的劳动量分配个人消费品。参与分配的生产要素只有劳动。"除了自己的劳动,谁都不能提供其他任何东西。”

马克思按劳分配建立在共产主义的初级阶段下，已经消灭了资本，劳动力已经不是商品，生产要素属于公有制性质，社会总产品的一部分已经在分配时作为生产资料留给社会。社会总产品的另一部分作为生活资料在劳动者之间分配，劳动者根据劳动时间进行分配，以劳动量为分配的尺度。

（五）按劳分配与公务员收入分配

社会主义初级阶段市场经济条件下按劳分配占主体地位，因此我国公务员收入分配的理论基础是按劳分配。按劳分配是社会主义分配的基本原则，按劳分配实施的前提是社会主义产品经济模式。在社会主义初级阶段的市场经济模式下，单一的按劳分配制度不能适应市场经济模式，要实行以按劳分配为主体，多种分配形式并存的分配制度。因为在市场经济条件下，生产要素不全是公有性质，社会总产品要在劳动力、资本、土地和国家之间进行分配，劳动力获得工资，资本获得利润和利息，土地获得地租，国家获得税收，这里的分配不完全是马克思所设想的那种分配，劳动力、资本、土地依靠市场机制获得，国家税收依靠强权获得。劳动创造价值，劳动者根据劳动时间进行分配仍是分配的主体，但是资本、技术和管理等要素参与分配，分配的方式多样化了。

在公务员的收入分配方式中，按劳分配是基本的分配方式。市场经济条件下，不可能实现劳动者给社会的就是社会还给他的，只能将社会分配给劳动者的工资总额在劳动者之间进行分配。由于是市场经济关系下的分配，虽然分配的计量单位是劳动量也只能是劳动量，但是计量的方法就复杂了。这里的劳动量就不仅仅是个人的劳动时间，而是包含了市场的因素。生产、发展、维持和延续劳动力所必需的生活资料是劳动力价值的基础，劳动者取得生活资料是以工资的形式实现，工资水平的确定要满足劳动者的基本生活需求。以社会平均生产劳动力所需要的劳动量作为社会平均工资水平，劳动力市场根据价值规律和竞争规律给每个劳动者确定工资水平。供过于求的行业和简单劳动的行业，其工资水平比较低，低于社会平均工资水平。供不应求的行业、复杂劳动的行业、垄断行业和市场需求的技术人才和管理人才，其工资水平相对高些，高于社会平均工资水平。从外部来讲，垄断行业的分配没有遵守按劳分配的原则，依靠其垄断地位取得高工资。但是其内部分配依然可以按照按劳分配的原则。对于依照市场规律取得的工资按照按劳分配的原则是最公平，也是最和谐的。在劳动力市场上，劳动力个体的差异表现在体力和脑力的不同。脑力的差异表现为劳动者受教育、培训取得的技术技能和管理技能。劳动者受教育、培训不同，其生产劳动力所需的劳动量不同。技术技能和管理技能为市场所需求，市场给予这类劳动者的工资高于社会平均工资水平，高出部分表现为技术要素和管理要素参与分配所分得的份额，实际是生产、培养这些技能和管理所需的社会生产成本即劳动量不同，因此要高于社会平均生产成本，给予高于社会平均工资水平。

二、古典和新古典经济学工资理论与公务员收入分配

（一）威廉·配第的最低工资论与公务员收入分配

威廉·配第在《政治经济学与赋税原理》一书中阐述了最低工资理论，他认为，工资是劳动力的价格和其他商品一样也有一个自然的价值水平，这个价值就是满足劳动者基本消费需求的生活资料的价值。如果最低工资低于这个水平，劳动者的最低生活将无法得到保障，生存就有问题。这是工资生存理论的最早开端。

（二）亚当·斯密的差别工资论与公务员收入分配

斯密关于劳动工资的认识，主要体现在其1776年出版的名著《国民财富的性质与原因》中，具体是“论劳动工资”这一章，详细阐述了劳动工资的来源、形成和影响。

斯密的分析是沿着从简单到复杂的思路展开的：

(1) 就劳动工资的来源，斯密认为，劳动生产物构成劳动的自然报酬或自然工资。在土地尚未私有而资本尚未累积的原始社会状态下，劳动的全部生产物属于劳动者，既无地主也无雇主来同他分享，当劳动者独享全部劳动生产物的这种原始状态，一到有了土地私有和资本累积，就宣告终结了。换而言之，在私有制和分工交换之前，劳动者占有自己所有产品，也就是对其报酬。但从商品角

度看，那只能是维持自我生存，谈不上报酬。

（2）就劳动工资的形成和作用机制，斯密认为，劳动者的普通工资，到处都取决于劳动者和雇主双方所订的契约。双方的利害关系绝不一致。劳动者盼望多得，雇主盼望少得。劳动者都想为提高工资而结合，雇主却想为减少或降低工资而联合。在劳动者不足，自然会导致雇主间的竞争；雇主们竞相出高价雇用劳动者，这样他们就自动冲破了防止工资提高的自然结合。

（3）关于劳动需求与国民财富的关系，斯密指出，对工资劳动者的需求，必随一国收入和资本的增加而增加。对工资劳动者的需求，自随国民财富的增加而增加。然而，使劳动工资增高的原因，不是庞大的现有国民财富，而是不断增加的国民财富。因此最高的劳动工资不在最富的国家出现，而却在最繁荣，即迅速变得富裕的国家出现。一国尽管非常富有，如若长久陷于停滞状态，我们就不能希望在那里找到极高的工资。劳动报酬优厚，是国民财富增进的必然结果，同时又是国民财富增进的自然表现。反之，贫穷劳动者生活维持费不足，是社会停滞不进的征候，而劳动者处于饥饿状态，乃是社会急速退步的征兆。

（4）就劳动价格的变动及其影响，斯密认为，劳动价格的变动，无论就时间说或就地方说，不但不与食品价格的变动一致，而且往往正相反。充足的劳动报酬，既是财富增加的结果，又是人口增加的原因。充足的劳动报酬，鼓励普通人民增殖，因而鼓励他们勤勉。劳动工资，是勤勉的奖励。勤勉像人类其他品质一样，越受奖励越发勤奋。丰富的生活资料，使劳动者体力增进，而生活改善和晚景优裕的愉快希望，使他们益加努力。劳动的货币价格，必然受两种情况的影响：其一是劳动需求；其二是生活必需品和便利品的价格。

（三）新古典边际生产理论与公务员收入分配

19 世纪 70 年代爆发了边际主义革命，这是在当时经济学研究上一个极为重要的变化，揭开了新古典经济学的帷幕。古典经济学主要研究收入如何在地租、工资和利润之间进行分配，而新古典主义则研究的是，在完全竞争条件下，生产要素的边际贡献对收入分配的影响。

新古典主义经济学者以边际效用价值论为工具对微观收入分配问题展开研究，寻求建立新的价值理论。杰文斯认为劳动所产之物对人而言具有一种正效用，而劳动本身又是一种具有负效用的工作。这样，劳动就通过效用的转化而可以进行交换了。他反对传统的生存工资理论和当时流行的工资基金说。他认为劳动的报酬，等于所产商品与时间的比率，乘以效用与生产量的比率之积。这是其工资论中的一个很有创建的亮点，在对资本的叙述中，杰文斯强调时间因素，他把资本的生产性能，唯一归结为时间的函数，他用数学表明：利率决定于产品增量对资本投资增长之比率。杰文斯开创了边际分析的先河，为现代经济分析打下了很好的基础。克拉克的分配理论也是一种边际生产力分配学说，其理论的主要原理是：在完全竞争条件下，一种生产劳务将被继续使用到再增加的最后一个单位劳务等于其成本核算之时，同时竞争条件也保证企业家必须对他所使用的生产要素支付一个相等于它所创造的产品价值的数量。如果自然规律能充分发挥作用，那么，从事任何生产职能所应当分配到的收入量，都将以它实际所生产的成果来衡量。

瓦尔拉斯的价值理论也是一种边际效用理论，商品要有交换价值，就必须具备有用性和稀少性两种特征，而这种商品一经被占有以后就取得了交换价值。对于交换价值的决定，瓦尔拉斯实际上是一种供求关系论，竞争决定了价格的高低，并引入了多人参与竞争的价格决定问题，这使得经济学研究更趋于精细化和现实化。瓦尔拉斯提出了存在全面均衡的可能性，使经济分析更加科学化。瓦尔拉斯在社会阶层的分类中却引入了第四类——企业家，其分配论是边际生产力论，包含了生产要素实现最优配置和生产要素报酬与其边际产量价值相关这两层含义。

克拉克认为：边际生产力决定生产要素之间的收入分配，工资和利息决定于劳动和资本的边际生产力，在自由竞争条件下，工资等于劳动边际生产力和利息等于资本边际生产力就是社会收入分配的自然规律。

（四）马歇尔的均衡价格工资论与公务员收入分配

阿弗里德·马歇尔(1896)在其名著《经济学原理的国民收入的分配》中，详细论述人力资本价格的决定和影响。马歇尔在开篇中就阐述道："本篇的宗旨在于表明这样一个事实，即培养自由人参加工作不能采取适用于机器、牛马和奴隶那样的原则。"随着人类控制大自然能力的增强，除了生活必需品之外，常常可以提供日益增大的剩余，而这种剩余并不能为人口的无限增长所用尽。马歇尔在总结了重农学派、亚当·斯密、马尔萨斯、李嘉图和穆勒的观点后，认为高工资不仅能提高领工资者的效率，而且还能提高他们子孙的效率。比较欧美各国，人们越来越注意到，报酬优厚的劳动一般是有效率的劳动，但不是昂贵的劳动。

遵循由简单而复杂的思路，逐步放松假设，马歇尔分别从需求和供给两个方面阐述了收入分配的基本问题。马歇尔首先从一个不存在着劳资关系问题的静态社会来逐步说明需求对分配的影响。他认为，可能会有一些暂时性的干扰，但一般情况下，任何人的报酬都将等于他人的报酬。换言之，在所生产的产品和服务的纯总额中，各人所得的份额都相等，而可以将产品和服务的纯总额叫作国民收入，这构成劳动需求。各种东西的价值和消耗在其上面的劳动量一致，每个人的收入都纯粹是由大自然的恩赐和生产技术的进步决定的。然后马歇尔撇开这样的假设：在全社会中，劳动所具有的流动性可以保证等量努力能够获得等量报酬。在这种情况下，国民收入总额是由大自然给予处在现有生产技术状态下的人的劳动报酬的丰厚程度来决定，但分配给各级的国民收入会有所不同，是由人民本身的需求来决定的。某行业中的人越是能满足国民收入中占有很大份额的哪些人的广泛而迫切的需求，得到的份额也就越多。结果，各类劳动者的工资倾向于等于该类边际劳动者的追加劳动所提供的纯产品。同时，一般来说，报酬增加使有效率的工作的供给立刻得到增加，或者说高工资诱导高含量人力资本。至于工资增长的后果,总能促进下一代的体育、智育甚至德育的发展,除非是在不健康条件下赚得的工资。在其他条件不变的情况下,劳动报酬的增加会提高劳动的增长率。换言之,劳动的需求价格上升会使劳动的供给增加。由此,马歇尔认为,工资既不是由需求价格又不是由供给价格决定的,而是由支配供给和需求的一系列的原因决定的。[①]

可见,斯密和马歇尔都是在市场的作用下,通过"无形之手"来决定工资高低,并且工资提高可以促进个体和后代更加健康、努力,激励做出更多努力,从而实现财富积累和社会发展。其中含有高价格可以筛选出优质人力资本的意蕴。

三、劳动力市场理论与公务员收入分配

人力资本是一种能增加劳动者价值的资本,是体现在劳动者身上的、以劳动者的数量和质量表示的资本,是劳动者掌握的知识、技能和其他一些对经济社会发展有用的才能。[②]

(一) 公务员的人力资本含量

美国经济学家舒尔茨是人力资本理论的创始人。1959 年,他在《人力投资——一个经济学家的观点》中首次提出了人力资本的

① 陈瑞祥:《公共部门人力资本定价机制研究》,浙江大学博士论文,2010 年。
② 惠宁、霍丽:《试论人力资本理论的形成及其发展》,《江西社会科学》2008 年第 3 期。

概念。

从工资决定来看，拥有较多的人力资本通常可获较高的工资收入。公务员人力资本含量是指公务员知识水平和与工作相关的技能的高低，是公务员进行人力资本投资的结果。公务员人力资本投资的目的是为了现在和将来获得效用和满足。公务员的知识和技能形成一种人力资本储备，这种人力资本的价值派生出劳动力市场上技能的报酬，也就是公务员工资。可见，公务员工资水平与其人力资本含量密切相关。由于公务员的工作不是在生产领域直接创造产品和劳务，其劳动过程中所创造的价值一般是无形的，劳动形态也就和其他社会劳动成员的劳动形态有所不同。因此，以劳动时间和强度作为指标来衡量公务员在劳动过程中的人力资源消耗并由此决定公务员工资数量存在着诸多测量等技术性障碍，从劳动能力和劳动过程中的劳动力耗费则可以较好地衡量公务员的劳动贡献。一般来说，受教育程度越高，知识水平也就越高，人力资本含量也就越高，工作能力也就越强，劳动生产率也就越高，边际产品价值也就越大。因此，人力资本含量成为公务员工作报酬差别的重要依据。公务员工资水平应该体现其受教育程度、工作经验等不同的差别。①

（二）人力资本定价与公务员收入决定机制

明塞尔刻画了著名的明塞尔方程来解释工资差异问题。在明塞尔方程中主要包括正规教育年限、工作经验、工作经验平方等基

① 高苗苗：《我国公务员工资制度研究》，山东大学，2009 年。

本的人力资本变量。反过来看，明塞尔方程可以看作是人力资本价格确定的过程，或者说是寻找人力资本价格的必要条件。在早期的人力资本价格方程中，还主要是围绕人力资本自身，通过教育、工作（“干中学”、在职培训）等提高技能来解释人力资本价格的差异。明塞尔在其论著中系统地阐述了人力资本及人力资本投资与个人收入及其变化之间的关系。他建立了人力资本投资的收益率模型，该模型用培训或教育的年数表示人力资本投资量，进行人力资本投资便意味着收益的迟延。

加里·贝克尔提出了分析人力资本与收入分配问题的基本框架。贝克尔从人力资本投资的供给和需求角度入手，把决定和影响个人收入水平的各种因素纳入到理论研究分析的框架中，并提出了一个供给与需求模型。他假定，对合理行为的追求将使人力资本投资的边际收益率等于资金的机会成本，因而，在通过市场和家庭筹集投资资金的情况下，总有一种趋势使各种收益率在边际上相等。[①]

韦尔奇（1978）将人口变量引入人力资本收益模型。他认为，劳动力市场上各种人力资本的竞争和供给都与年龄极为相关。收益率和工资率与按年龄分组的规模（人口数）负相关。对上述模型富有社会意义的是引入歧视概念，这个领域的研究坚定地依赖于经验计算。[②]

---

① 陈瑞祥：《公共部门人力资本定价机制研究》，浙江大学博士论文，2010 年。
② 张力：《我国公务员工资收入决定机制转换》，北京交通大学，2007 年。

（三）劳动力市场分割理论与公务员收入分配

现代劳动力市场分割理论（LMS 理论）将传统的理论没有涉及的贫穷、歧视等现象纳入分析框架。重点研究决定劳动力市场职业结构的性质和制度因素的作用等问题。

Piore（1971）提出二元劳动力市场理论，该理论将劳动力市场分为一级市场（primary market）和二级市场（secondary market）。两个部分不是按照特定的产业或职业，而是按照雇佣和报酬支付特征来定义的。一级市场往往工资福利待遇高，工作条件好，就业稳定，有很多晋升和培训机会；与此相对照，二级市场的工资福利低，工作条件差，劳动力流动高。两个部分的劳动力市场结构及决定工资和劳动分配的机制有着明显的不同。一级市场以结构性的内部劳动力市场为主体，是一个完全存在于某一企业内的有高度组织的正式劳动力市场，通常它有一套指导雇佣抉择的详细规则和程序，这些规则和程序代替了劳动力市场供给和需求的力量，市场力量基本不发挥作用。此类工作优先考虑现有的组织内部成员，甚至只向现有的组织内部成员开放。内部劳动力市场的工资结构安排主要根据组织内部的需要来制定，与外部劳动力市场的供求状态没有多大关系，内部劳动力市场解决供求失衡的措施主要有招聘、培训、工作的重新设计、分包、调整产出量等。而二级劳动力市场与新古典经济学描述的劳动力市场一致，企业按照劳动的边际贡献与边际成本的比较及时增减劳动雇佣，并按照劳动的边际贡献或市场工资支付报酬。在这两个市场之间，劳动者的流动性是十分有限的，一级市场的劳动者宁愿失业也不愿到二级市场就业，而二级市场的劳动者也会因为长期以来形成的诸如消极、偷懒等不良的工作习惯而不被一级市场接纳。

二元劳动力市场理论认为，一级部门的内部劳动力市场的运行并不是依据利润最大化的原则，而是制度规则代替了市场竞争；不同的市场有着不同的报酬和激励机制，个人素质相似的工人获得不同的收入；二级市场的工作会给工人带来负向的反馈作用。

(四) 效率工资理论与公务员收入分配

效率工资理论是对劳动力市场分割解释的一个主要理论，Shapiro 和 Stiglits(1984)提出的怠工模型是效率工资理论中最有代表性的模型，它深刻地阐述了效率工资的原理。模型的基本思想是：在绝大多数工作中，工人在其工作业绩完成好坏上都有一定的自由。劳动合同不可能准确规定员工绩效的所有方面。由于监督成本太大或者不准确，再加上劳动产品不可能单独计量，在这种情况下，企业支付高于市场出清水平的工资就是一种激励工人努力工作而不是偷懒的有效手段。Bulow 和 Summers(1986)以该模型为基础，提出了一个二元劳动力市场模型。该模型区分了一级和二级劳动力市场，假定二级市场的劳动能完美监督，而一级市场则不能，根据效率工资模型理论，一级市场的工人获得高于市场出清水平的效率工资，而二级市场工人则只能获得边际生产率工资。因此在均衡状态下，即使所有的工人都是同质的，一级市场的工资也要超过二级市场。二级市场的工人即使要求更低的工资，也不可能在一级市场获得一份工作。其理由和怠工模型一样，如果他们接受了更低的工资，他们就激励偷懒，企业明白这一点，所以不会降低工资雇佣二级市场的工人。从这里可以看出，均衡状态下劳动力市场会形成分割，具有同样人力资本的工人由于工作本身特征的差异（即工作能否被完美监督）而获得不同水平的工资。①

四、行为经济学视角的薪酬激励理论与公务员收入分配

近年来，随着行为经济学的兴起，大量的实践和理论研究表明人的行为是受到社会心理因素影响的。行为经济学突破了传统“经济人”假设的束缚，以“社会人”假设为基础，将社会心理因素融入薪酬激励理论的，主要有薪酬决策程序的工具性动机与非工具性动机理论、基于公平偏好的薪酬激励理论，以及薪酬激励的个性化反应及调节效应理论。②

（一）薪酬决策程序的工具性动机与非工具性动机理论

DeConinck & Stilwell（2004）认为，薪酬的激励作用主要是由

---

① 张力：《我国公务员工资收入决定机制转换》，北京交通大学，2007 年。

② 李强、纪志明：《行为经济学视角的薪酬激励理论研究评述》，《经济学动态》2009 年第 9 期。

感知到的分配程序(薪酬决策程序)决定,而并非由分配结果决定。只要人们有过程控制的权利,不管最终结果是否对自己有利,都会对人们产生一定的激励效应。那么究竟是什么动机驱使人们更关注薪酬决策程序? DeConinck(2002)认为主要有两种动机,即工具性动机和非工具性动机。工具性动机是指人们普遍关注分配程序是出于能否得到有利的结果,以及对得到这些结果是否有控制能力的考虑;非工具性动机是出于他们是否能够获得足够的尊重和认同的考虑。

强调工具性动机的专家们声称,人们注重薪酬决策程序上的公平对待是由于得到公平对待可以给他们一种控制感,这种控制感可长期地带给个人有利的结果。关于工具性动机的研究表明,发言权是影响薪酬决策程序的最重要因素,有发言权的决策程序对人们有较强的激励效应,这被称为“发言权效应”,也叫“过程控制效应”。

非工具性动机强调的是人们通过评价自己所受到的待遇是否公平,进而确定自己在组织中的社会认可和尊重程度、自尊及自我价值等。

(二) 基于公平偏好的薪酬激励理论

最具代表性的分配公平偏好模型是 F－S 公平偏好模型(也称收入差距厌恶模型)。该模型最早是由 Fehr & Schmidt(1999)建立的,后来其他学者对模型进行了修正。Fehr & Schmidt 认为互惠偏好模型为了使行为人的意图外在化不得不采用心理博弈理论，这比标准博弈理论更加难以应用，为避免这种情况他们尝试用更加简单、进而更加易处理的收入差距厌恶模型来描述公平的要素，这样可以将行为人的意图内在化。在收入差距厌恶模型中，将公平定义为“本位主义的收入差距厌恶”，简称“收入差距厌恶”。“收入差距厌恶”是指人们不仅关心自己的收入，还关心自己与他人之间的收入差距，但不关心其他人之间的收入差距。在 F－S 公平偏好模型中，参与者的效用由三部分组成：绝对收入效用、嫉妒偏好负效用、同情偏好负效用。绝对收入效用以参与者的绝对收入来表示，嫉妒偏好负效用是指不利的不公平给参与者带来的边际效用损失，同情偏好负效用是指有利的不公平给参与者带来的边际效用损失。

（三）薪酬激励的个性化反应及调节效应理论

Huseman(1987)认为人们对薪酬分配结果的反应是各不相同的，即薪酬激励存在个性化反应。薪酬激励的个性化反应是建立在公平敏感性(eqiuty sensitivity)概念基础上的。Huseman 认为公平敏感性是指个体对公平或不公平的结果有稳定且个性化的反应。公平敏感性强调的是人们对不公平事件反应的个体差异性，也就是说公平敏感性不同的雇员，对同一事件会出现反应上的差异。在企业中，雇员对薪酬激励的个性化反应普遍存在，这种个性化反应对薪酬激励存在着调节效应。行为经济学比较注重研究这种调节效应对薪酬激励效果的影响。根据 Huseman 的理论，雇员对薪酬激励的个性化反应主要表现为三种典型的类型：大公无私型、自私自利型、公平交易型。King(1993)对薪酬激励的个性化反应进行了进一步的研究。研究结果表明,三种类型雇员对薪酬激励的反应的确存在差异:大公无私型雇员关注投入,更看重工作本身;自私自利型雇员则关注结果,更看重所得的报酬;公平交易型雇员则是互惠取向,看重投入与所得的等值性。King 的研究结果表明,随着分配结果由不利变为有利,三种类型雇员的激励效应都会提高,而差异在于:在结果不利的情形下,大公无私型雇员的激励效应最高;在结果有利的情形下,自私自利型雇员的激励效应最高。

五、我国公务员收入分配理论构建:初步概括

公务员是中国社会的一个普通群体也是一个特殊群体,所负担的社会责任重大。国家机器的良好运转需要高素质人才,国家管理的各项事务中需要各方面的人才,公务员素质的高低,公务员的尽职尽责关系政府的绩效,关系国家的发展和人民生活水平的提高。

(一)公务员收入分配以按劳分配为基础

公务员的收入分配是吸收、留住、激励公务员的重要经济手段。公务员作为社会成员,其收入分配不能脱离中国社会主义初级阶段的发展阶段,公务员的收入分配按照社会主义初级阶段市场经济条件下的按劳分配原则,按照劳动和贡献进行按劳分配的

计量,分配计量的方式和计量的尺度要按照社会公平的分配方式和尺度,与社会同类人员保持合理的比例关系。公务员收入分配坚持按劳分配,才能实行公平的分配,才能合理有效配置资源,才能吸引人才、留住人才,才能发挥人才在建设国家和管理国家的作用,满足国家经济和社会发展的需要。

公务员是提供公共服务的劳动者。在社会主义市场经济条件下,工资是劳动力价值和价格的转化形式,劳动力价值的决定因素也是工资的决定因素。如果单纯将劳动力作为商品来看,在一般商品经济下,劳动力价值是工资运动的基础,工资是围绕劳动力价值上下波动的。

公务员提供的劳动还应考虑简单劳动和复杂劳动的区别。根据马克思的简单劳动与复杂劳动理论,复杂劳动是"紧张程度较高,比重较大而超过平均水平"的劳动。简单劳动则是"每个没有任何专长的普通人的机体平均具有的简单劳动力的耗费"。马克思认为,复杂劳动是压缩了的、高次方的简单劳动,一日较高级的复杂劳动就等于数日普通的简单劳动。在同样的劳动时间内,复杂劳动创造的价值要高于简单劳动,因而应该给予更高的报酬。

(二)公务员收入分配也要体现知识回报

公务员收入分配是社会分配的一部分,我国公务员的分配方式不能脱离中国现阶段社会个人分配的方式。现阶段参与分配的要素有劳动、资本、技术和管理要素等。在企业中资本、技术和管理要素参与分配常常通过分配股份的性质,获得股利,一般劳动参与分配以工资的形式，也有部分技术和管理参与分配也是以工资的形式。公务员在国家机构工作，国家不是作为创造利润的企业，国家以财政收入作为公务员工资收入的资金来源，公务员的收入是国家运转必须的成本性的支出。因此公务员收入中不存在资本参与分配，获得利润、股息和利息收入。公务员作为国家的公职人员，只能是自身所固有的劳动、技术和管理能力获得工资收入。在按劳分配为主体，其他多种分配并存的制度下，公务员的工资分配计量分为按照其劳动力成本计量获得的工资和按照其知识、技能等对国家的贡献获得奖励工资两部分。国家正常运转和经济社会稳定发展就是公务员管理国家的贡献。按贡献分配是社会的分配方式之一，因此公务员的分配方式也不是单一的按劳分配，基于知识的技术和管理能力对国家的贡献，对社会的贡献也要作为分配因素。

（三）公务员收入分配也要遵循公平和效率的统一

公务员收入水平的确定要与中国社会经济发展水平相一致。公务员的收入分配理论是建立在中国社会个人收入分配理论基础上，因此公务员收入水平的确定要与中国社会个人收入水平的确定相一致。中国现阶段收入水平确定是依据现阶段的经济发展水平。中国社会由于对社会主义初级阶段个人收入分配理论理解不一样，执行中产生了不同的结果。对于不同行业和部门来讲有的收入水平高了，有的收入水平低了；在收入水平的确定上有的符合按劳分配的原则，有的不符合按劳分配的原则；有的分配比较讲求公平和效率，有的分配倾向平均主义，有的收入差距较大。公务员的收入水平要与现阶段经济发展相适应，也要与现阶段社会个人收入水平相一致，不能超过中国现阶段的分配实际，同时要处理好公平和效率的关系。

根据效率工资理论，由于存在监督成本以及劳动产品难以单独计量等难题，劳动合同不可能完全规定员工绩效的方方面面。此时，企业为了激励工人提高绩效，就会支付高于市场出清水平的工资。因此在公务员收入分配问题上，除了按劳分配这一根本原则外，还应该考虑设计适当的激励机制，以促使公务员提供优良的公共服务。

（四）公务员收入水平应体现内外均衡的价值取向

在社会主义初级阶段市场经济条件下，公务员也是劳动力市场提供的一个职业。公务员薪酬设计还应注重同外部的平衡。从公务员体系外部看，由于公务员不直接进行生产劳动，因此对公务员劳动力价值的计量要按照社会平均劳动力价值，公务员的工资水平表现出平等分配关系。公务员的工资水平要与其在劳动力市场的招聘条件和招收的人才的生产成本、公务员家庭和个人的维持、生产、发展的成本、对社会的贡献相匹配。要与社会主义初级阶段合理有序的分配格局基本形成、家庭财产普遍增加、过上更加富足的生活的发展目标相匹配。

从公务员体系内部看，应注重薪酬决策程序上的公平对待，让公务员对薪酬决策过程具有发言权，同时应通过津贴、福利、奖金等形式的奖励，使公务员感受到自己在组织中的社会认可和尊重程度，自尊及实现自我价值等。

六、小　结

改革开放以来我国有关收入分配理论是建立在马克思主义的收入分配理论之上，是马克思主义收入分配理论的补充完善，体现了马克思主义理论与时俱进，将马克思主义的收入分配理论与中国的分配实践相结合，继承和发展了马克思主义收入分配理论。我国公务员收入分配理论是建立在马克思主义收入分配理论基础上，是中国个人收入分配理论的一个有机组成部分，其指导思想要求在新的时期坚持和运用马克思主义按劳分配理论，与时俱进与中国实际相结合，要坚持和完善按劳分配为主体、多种分配方式并存的分配制度，将社会公平作为合理的收入分配制度的本质要求，以公平促和谐，以效率促发展，处理好效率和公平的关系，构建资源配置优化、经济发展、社会和谐、分配合理有效、共同富裕的社会主义社会。

第七章　公务员灰色收入的内涵与统计初步考察

公务员的工资应具备客观、透明、高效的特点，以衡量公务员的能力及绩效，起到正向激励的作用。然而，由于市场机制设计不完善，以及对权力的约束设计不到位等原因，致使一些公务员可能存在灰色收入的来源，从而扭曲公务员收入分配，也因此会影响到总体的收入分配格局。基于这个原因，本章将围绕着公务员灰色收入进行讨论，阐述统计测算公务员灰色收入的研究方法。本章作为一种初步考察，其目的在于尝试定量探索与有效调整我国公务员系统的不规范收入，对于形成合理有序的公务员收入分配秩序，进一步完善我国公务员的工资制度，具有至关重要的价值与意义。

一、公务员灰色收入的内涵与来源

对公务员而言，工资和收入两个概念往往被混淆。工资(Wages)是指雇主或者法定用人单位依据法律规定，或行业规定，或根据与员工之间的约定，以货币形式对员工的劳动所支付的报酬。工资可以以时薪、月薪、年薪等不同形式计算，而收入则包含了一切显性和隐性的货币形式的福利。前者是由国家财政统一拨付的账面公开收入，而后者则是未公开的账外收入。因此，公务员的工资仅仅是其真实收入的一个组成部分，而并非其全部报酬。

(一) 公务员灰色收入的定义

计划经济时期，公务员收入的灰色地带空间不大。但随着商品经济的兴起，工资外收入逐步上升，隐性收入慢慢开始滋生。公务员的隐性收入一般包括以下三部分收入：白色收入、灰色收入以及浅灰色收入。

其中，白色收入是指各级公务员按国家规定获得的工资、津贴等劳动报酬，具有公开性，(区别于黑色收入、灰色收入) 必须具有合法性。白色收入还包括国家按照规定为特殊劳动环境下的公务员提供一定的岗位津贴和地区津贴。

浅灰色收入介于白色收入和灰色收入之间，主要是指超出了职务消费标准的那部分费用。一般来说这些职务消费可以包括各项接待费用、差旅费用、会务费用、通信费用、书报费用等。这些超出标准的职务消费可以说是普遍存在的。

灰色收入则包括巧立名目自发福利补助，在非公务活动总频繁接受请吃请喝等活动，在非公务活动中收受礼金，利用在临时机构任职条件收受酬金等。需要注意的是，灰色收入仍旧要区别于黑色收入，后者是违法收入，而灰色收入的界定则相对模糊。

如果仅仅将公务员账面工资作为衡量公务员收入的指标，显然忽视了未公开的账外收入这一部分数额，尤其是不能真实衡量所谓的“灰色收入”。社会持续关注公务员灰色收入问题，说明公务员灰色收入的影响有逐渐扩大的趋势。

由于制度的缺陷与监督的漏洞，公务员灰色收入与浅灰色收入对公务员群体、政府公信力以及整个社会都产生了相当负面的影响。为了改变这个现状、促进公务员的收入公开和透明化，在一定程度上抑制公务员的“灰色收入”，一些地方政府下达了关于清理整顿机关津补贴和奖金的文件通知，即拉开了所谓“阳光工资”改革序幕。但这项改革措施并不如设想那般能够解决全部矛盾，灰色收入持续影响着公务员的收入分配。

（二）公务员灰色收入的来源

关于公务员收入分配问题的研究，如果忽略了灰色收入这一部分，则不能客观反映出各业务群体的实际收入来源及收入水平。如前所述，公务员群体所获得的收入与工资也是全然不同的两个概念。事实上，由于发达国家的公务员群体已拥有较为成熟的分配体系及监督机制，因此较少出现灰色收入的现象，学术界也较少对此问题进行研究。而因为数据的敏感性，国内也尚未对于公务员灰色收入进行过量化统计或者是实证研究。现有的研究主要是从概念上、整体上对于灰色收入进行了阐述，从理论上分析了灰色收入的来源，例如余军华和夏振坤(2007)、王小鲁(2007)等学者认为灰色收入的来源主要有以下几个方面：

第一，是权力资本化收入。例如公款消费、出国考察等公共资金的流失，以及审批报备、行政许可等权力的寻租等。一些地方政府部门、行政机关运用掌握的权力对公务员录用、转岗定级等事务进行变相收费，另一些则是凭借级差优势变相出租办公用地以获得一定的收入。更有甚者利用职级资源从商业投资、合资等项目组获取好处费。

第二，是本职以外的工作收入。一些机关单位、医疗机构、科研机构的工作者除去从事本职工作之外，还会从事第二职业以获得更多收入。这部分收入由于其从业行为较为隐秘，因此也被收归为灰色收入。

第三，是行政垄断性收入。一些事业单位人员凭借其行政垄断的天然优势，变相收取一定的费用，这些费用也被归为灰色收入的范畴。比如说供水部门要求施工部门必须安装其指定厂家的水表，或者学校在录用学生时收取高额的择校费造成机会不均等，这些费用往往会以灰色收入的形式流入到个人手中。

第四，是娱乐消费场所的灰色收入。包含赌博等娱乐消费场所由于其高额利润及法律监管的漏洞，使得这些场所有了可乘之机。这也是灰色收入的重要来源。

第五，金融腐败及土地收益流失所导致的灰色收入。金融机构的额外付费可能给相关规则人员带来高额的灰色收入，而通过“招拍挂”的方式出让的土地由于低于市场价，也使得开发商趋之若鹜，为权力相关者带来大量灰色收入。

大部分学者将制度性缺陷视为灰色收入来源的根本原因。秦岭（2000）、马凌（2004）从不同角度分析了灰色收入之所以仍旧存在，主要是因为目前缺乏规范的行政法律道德约束机制，获利机会同样缺乏有效约束机制。余军华和夏振坤（2007）则从供需角度出发，认为灰色收入的存在是因为本职工作的收入低下，远远不能满足消费需求。

另外，王小鲁（2007）通过调查研究发现，在我国城镇高收入群体中存在大量的灰色收入，这也是导致收入差距扩大的主要因素。在初次分配的环节，由于灰色收入的存在，会扭曲由市场竞争决定的要素配置格局，影响经济的有效平稳发展；而在再次分配环节，灰色收入的存在则会将本来属于低收入群体的收入转移到权力相关者手中，进一步扩大收入差距。

基于以上的文献分析，我们可以认为所谓公务员的灰色收入就是将其手中掌握的无形权力转化成各项有形收入的全过程，因此可以用权力资本化收入来概括。需要注意的是，灰色收入并不包括法律明文禁止的受贿等行为带来的额外收入。

二、灰色收入的估计方法

对于大多数发展中国家来说，灰色收入都是一个较为复杂的问题，这种复杂在一定程度上是基于它的敏感性。中国也是如此。国外对于灰色收入的研究较为充分，成果也较为丰厚。主要的测算方法包括 MIMIC 模型法、收入调查法和现金比率法等。

（一）居民灰色收入规模：文献观察

从国外文献看，Frey 和 Pommerehne（1984）采取了测算地下经济规模的 MIMIC 模型，该模型使用多个因素来观察地下经济规模。其次，直接调查法通过对居民进行问卷调查等方式来估计居民的灰色收入，在这一方面最为典型的有 MaCrohan 和 Smith（1986）对于美国居民开展的直接调查。调查法的缺陷在于成本较高，并且被调查者极有可能隐瞒真实状况。再者，Phillip（1958）最早倡导现金比率法，并估算出美国居民灰色收入占 GDP 的比重在 1976 年大约是 10%左右。

国内的研究则继承了国外研究的成果。夏南新（2000）使用与 Phillip（1985）相类似的现金比率法对中国的未观测经济规模做出估计，得出 1988 年以后未统计收入占 GDP 比重在 20%以上。刘洪和夏帆（2003）修正了这一方法。戴韵珊和孙佳宏（2003）则利用 MIMIC 模型对我国台湾地区的地下经济规模做出了估计。

然而迄今为止，鲜有研究提出我国公务员灰色收入的具体数字或者规模。这是因为灰色收入具有高度的隐蔽性，因此在统计上存在很大的难度。在数据缺乏的前提下，本文试图在厘清相关实证方法的基础上，对公务员灰色收入的测算做出大致的说明和估算。当然这与现实可能还是有很大的差距，有待进一步的数据完善及研究进展。

由于研究方法、数据可信度及统计口径的差异，不同的研究或许会得到完全不同的结论，但能做出研究已经是迈出了重要的一步。受制于数据的可得性，本章主要介绍灰色收入的两种估计方法——实证方法与调查方法，以期为进一步的研究提供一个参照平台。

（二）MIMIC方法

Mimic模型，又称为多因素指标模型（Multiple indicators and Multiple causes Model），本质上是一种完整的结构方程模型。Mimic模型通过构建原因和指标之间的关联，最小化样本协方差矩阵与预测模型协方差矩阵的差异程度来估测出潜在的变量。结构方程模型包括结构模型和测量模型，结构模型作为一组变量的线性函数，它反映了潜在变量之间的因果联系，而测量模型则是探讨了潜在变量和指标变量之间的关系。结构方程可以表达为：

$$\delta_t = \alpha' X_t + \varepsilon_t \tag{1}$$

其中 $X_t = (X_1, X_2, \cdots\cdots, X_n)$ 是潜在变量 δ_t 的原因变量矩

阵，这里的潜在变量便是所要研究的灰色经济，α' 是描述原因变量与潜在变量之间关系的系数矩阵，ε_t 为干扰项。测量方程可以表达为：

$$Y_t = \theta\delta_t + \vartheta_t \tag{2}$$

其中 $Y_t = (y_{1t}, y_{2t}, \cdots\cdots, y_{pt})$ 是可观测指标变量构成的矩阵，θ 为回归系数，ϑ_t 为误差项。

为了研究的方便，假定(1)式的扰动项 ε_t 与(2)式的误差项 ϑ_t 相互独立且互不相关。Mimic 模型的结构如图 7－1 所示：

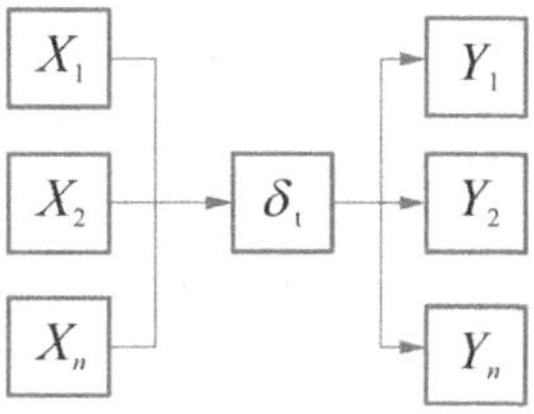

图 7－1　MIMIC 模型的基本结构

结合(1)式和(2)式可得：

$$Y_t = \varphi X_t + \mu_t \tag{3}$$

(3) 式即为 Mimic 模型。其中 $\varphi = \alpha\theta$，$\mu_t = \theta\epsilon_t + \vartheta_t$ 是(P＊1)阶的，$\mu_t \sim (0, \omega)$，协方差 $\omega = \theta'\theta\gamma E(X_t X_t')$。由于潜在变量不能被观察到，因此只能用观察变量之间的协方差矩阵来代替模型的协方差矩阵，通过使得两者差异的最小化来估算出模型参数，从而代入参数计算得出潜在变量。

在误差修正模型(ECM)的框架下，现考虑一组非平稳的时间序列存在一个平稳的线性组合，则可称该组序列是协整的。对于任何两个一阶平稳的变量，序列之间的协整关系如下：

$$y_t = \beta x_t + \mu_t \tag{4}$$

其中 x_t 和 y_t 是两个一阶平稳的变量，μ_t 为扰动项序列，建立

VAR 模型可得以下误差修正模型：

$$\Delta y_t = \gamma \Delta x_t + \epsilon \Delta \mu_{t-1} + \tau_t \tag{5}$$

其中 τ_t 为误差项，μ_{t-1} 为滞后一期误差项，(5)式表达了 x_t 和 y_t 脱离各自长期趋势后的关系。

如果考虑到并非所有变量都平稳，则误差项 $Z_{it} = y_{it} - \pi_{it} X_{it} \sim I(1)$，$Z_{it}$ 即是非平稳的，因此记模型中的平稳变量为 S_{it}，其中 $S_{it} = (S_{1t}, S_{2t}, \cdots, S_{rt})$，$r$ 为自身平稳变量的个数。将 MIMIC 模型中的结构方程(1)式变为 $\delta_t = \alpha'^{X_t} + S_t + \varepsilon_t$，代入到测量方程(2)式，得到反映趋势长期关系的 EMIMIC 模型：

$$Y_t = \beth X_t + MS_t + Z_t \tag{6}$$

其中 $\beth = \theta \beta_t$。如前所述，运用迭代法估计出模型参数，代入结构方程，求出潜在变量的长期值。

根据以往诸多既有研究，建立 EMIMIC 模型的前提是可测变量的选取。考虑到我们的研究主题以及中国的实际国情，提出以下变量：

首先，外生原因变量如税收负担、可支配收入、政府管制、宏观经济形势等。

其中，税收负担在许多研究当中都被作为是刺激灰色经济增长的一个主要因素，例如维科尔曲线表明灰色经济与税收负担呈现正相关关系。一般来说，税收负担作为影响成本收益的重要变量，造成的收入变动会刺激居民参加灰色经济活动。由于我国税收政策变动频繁，可考虑运用税收总额占据 GDP 比重作为税负指标。可支配收入是灰色经济规模的最重要因素，这是因为可支配收入与从事灰色经济活动意愿呈现出显著的负相关关系。一些研究运用居民可支配收入占据 GDP 比重作为衡量社会未观测经济规模的变量，同理可知，若要研究公务员灰色经济规模，则可运用公务员可支配收入占据 GDP 比重作为衡量这一指标的变量。同时，灰色收入作为一种存在于政府行为短缺的特殊经济形式，其规模在一定程度上受制于政府管制力度。由于政府管制行为无法做到确切的量化，可采取政府支出占据 GDP 比重作为政府管制变量的代理变量。此外，通货膨胀率可以作为衡量宏观经济是否稳定的重要因素会影响灰色经济的规模，因此我们的研究也将通货膨胀率纳入到反映宏观经济形势的指标当中。

其次，内生变量的选择可以有经济增长率、M_0 占 M_1 的比重等。

从现有研究来看，灰色经济规模与经济增长之间的关系并没有达成统一的观点。Schneider(2005)实证研究发现，处于转型期的国家灰色收入每增加 1 个百分点，则国民经济的增长会增加约 9 个百分点。此外，由于灰色收入大多采取现金交易的方式，所以货币也成为衡量灰色收入规模的重要指标。

(三) 收入调查方法

一些学者采取调查的方式得到收入的一手数据并进行分析。迄今为止对于灰色收入总量估算最为详尽的就是王小鲁(2007)的研究。其研究一经发布，立刻引来各界的广泛关注。研究指出，由于目前关于高收入人群的收入未能将灰色收入统计在内，因此统计数据存在失真的情况、远低于实际水平。他将非法收入、违纪收入等统一纳入灰色收入的范畴。

王小鲁(2007)在这个问题上做出了有价值的尝试。他综合运用了社会学与经济学的统计方法，为确保数据的可靠，调研了与调查员具有“密切关系”的人群作为样本来观察。这个调查涵盖了2005—2006年全国范围内2 000多名住户，这些住户处在不同的社会阶层当中。根据“一定的恩格尔系数对应一定的人均收入水平”，将样本与统计局调查数据进行分类对比，结果发现在恩格尔系数相同的条件下，在高收入组中，样本所得的收入均高于统计局调查数据，而收入越高这种差距则呈现扩大的趋势。

报告的结果显示，我国城镇居民家户收入前10%的居民大约有5 000多万人，人均可支配收入约为9.8万元，这个数据与统计局的数据相比是远远超过的(统计局当年数据为2.8万元，因此约为3倍)。根据这个关系，我们可以基本推测出该年城乡居民收入总额能够达到超过12万亿元。由此可以分析出当年城乡居民收入当中的灰色收入可以达到4.5万亿元。这个差异与之前类似，都是来源于前10%的高收入人群未被统计在内的灰色收入部分。

需要指出的是，王小鲁的研究对于灰色收入的来源包括以下五个方面：公共资金流失、土地收益的流失、寻租行为造成的流失、垄断行业的部分收入以及金融行业的腐败行为。可以推测出公共资金流失的额度大约为5 600亿元；行政许可和审批的寻租导致灰色收入约为 5 000 亿元;土地收益流失部分给权力相关者带来约为 7 480 亿元的灰色收入;垄断行业收入高出职工平均工资水平的数额约为 9 200 亿元。

以王小鲁的研究结果为例,我们可以综合考虑年鉴的相关数据,初步推算出我国的人均灰色收入水平,再按照收入分配比例结构推算出公务员的灰色收入。具体估算步骤如下:首先,王小鲁的研究包含了金融腐败问题造成的灰色收入,因此需要剔除这部分金额。其次,按照细分行业及注册类型可知该年的党政机关工作人员人数约为 2 651.3 万人,因此该年公务员灰色收入约为 1.504 4 万亿元。这一估计结果与高辉清等(2005)的报告中的估算结果(1.475 万亿元)基本相近,因此可以初步认为这个估算方法具有一定的参照意义。

但需要注意的是,上述方法是基于相等权重下的粗略估计,事实上不同的微观个体在灰色收入的接受上必定存在较大差异。公务员群体作为掌握一定国家权力的相关利益集团,势必比其他行业的工作者更多面临灰色经济的问题,因此将公务员群体平均到全体社会成员进行分析不尽合理。

(四) 比例效用方法

另有一些学者探索性地提出了包含价格因素在内的比例效用恒等式,并通过这种恒等式来推算出灰色收入的规模。该模型将研究视角转向灰色收入的消费者主体,基于消费者收入与消费的关系,通过消费行为来推测收入数额。这些研究包括王首元和孙淑红(2012)、王首元和王庆石(2014)等。

假定消费者的初始财富状态空间为 $M_0=(M_1, M_2, \cdots, M_i)$，其中 M_i 表示消费者所拥有的全部财富数额，i 表示不同财富的种类。在未受到外界冲击的情况下，消费者不与外界发生财富交换，也就是说维持当前所在的财富状态不改变。

现在考虑外界出现了一个交换条件 ΔG_i，i 表示不同交换财富的种类。外界影响的变化量与自身持有的财富数量的比值决定了效用程度，表达如下：

$$U=\sum \frac{\Delta G_i}{G_i+\Delta G_i} \tag{7}$$

根据(7)式可知，消费者对于消费比例有一定的限制，消费者综合收入消费均衡如下所示：

$$\frac{C}{C+C_0}-\frac{C}{M-C+M_0}=\frac{M-C}{M+M_0-C} \tag{8}$$

其中(8)式的左端代表消费效用，右端储蓄效用，在均衡条件下两者相等。C 表示消费者当期的消费额总额，M 表示消费者当期的收入额总额。C_0 表示消费者期初的消费金额，同理 M_0 代表了消费者期初所拥有的财富。

为了估算出灰色收入的规模，下面将物价因素纳入到比例效用恒等式中：

$$\frac{C/P_t}{\frac{C_0}{P_{t-1}}+C/P_t}-\frac{C}{M-C+M_0}=\frac{M-C}{M-C+M_0} \tag{9}$$

其中 P 表示消费品价格，C/P 表示消费者愿意购买的商品数量，(9)式是考虑了物价变动因素之后的消费者收入与消费的均衡情况。

由于灰色收入无法直接统计，只能采取间接的方法进行估算。考虑消费者每期可用财富由以下四部分组成：当期合法合规收入、当期灰色收入、当期总储蓄与上一期剩余财富。消费者的合法合规收入会影响当期消费，而消费者的灰色收入则会通过当期的消费型货币储蓄间接影响消费。这是由于消费者的当期合规收入能够覆盖当期消费额，而当期灰色收入则会通过平滑的方式逐渐影响消费。另外，消费者的消费存在一定的惯性，会将上一期的消费占合规收入的比例作为下一期的消费型货币储备比例。消费者的合规储蓄率会逐渐增加，这是因为无需从中提取消费型货币。由此我们可以得出以下包含了灰色收入的恒等式：

$$M_t = (M_{t-1} + M_0 - C_{t-1} + G_t) * \frac{C_{t-1}}{G_{t-1}} \tag{10}$$

其中 G_t 代表 t 期的灰色收入，M_t 代表 t 期合法合规收入。将模型估计参数 M，则可得到灰色收入的数额。

三、控制和消除我国公务员灰色收入的建议

尽管对公务员灰色收入规模的估算不易，但可以肯定的是，公

务员灰色收入的占比一般更高。这主要是因为公务员特别是拥有一定职位和权力的公务员，更接近于权力核心，一旦失于防范，将更容易滋生权钱交易，甚至引发集体腐败案件，制度漏洞迫使个人难以置身事外。

实际上，灰色收入对于公务员个人、单位及社会造成的负面效应不容小觑，它不但会腐蚀健康的社会机体，使腐败迅速扩散并愈演愈烈；而且还会扭曲公职人员的社会形象，造成对立分裂的官民情绪，由此产生强烈的社会不公平感。为此，规范和消除公务员的灰色收入，不仅是出于形成合理有序的收入分配格局，同时更是从党和国家的百年基业出发，扬正气、树新风。

（一）推进公务员收入立法

事实上，直到目前为止，我国公务员灰色收入尚未形成一个统一的概念，相关界定也是相当模糊。学术界未能形成统一的认识，立法也并未对这个现象进行详尽而明确的解释，这就导致了一些公务员利用了法律的漏洞为自己谋求私利，严重浪费了国家公共财政资源。只有从科学界定出发，从规范立法着手，才是治理当前公务员灰色收入的前提。少了这个前提，一切讨论都是无纲之论、无据之言。

（二）规范公务员收入来源

有了法律法规的依据，第二个要做到的就是要尽快完善公平且透明的收入分配体系，杜绝一切灰色收入的来源，堵住分配当中的漏洞与边缘，严格控制公务员的各项账面外的收入。合理规范公职人员的职务职级分配秩序，降低产生灰色收入的可能性。建立合理的公务员工资制度，根据不同地区实际经济发展水平和物质生活水平提供与之相适应的工资待遇，解决公务员在物质条件方面的后顾之忧，避免公务员将灰色收入列为弥补本职收入短缺的动因。

（三）倡导公务员收入公开

借鉴西方发达国家推行的公务员财产申报制度。财产申报制度是国家在编的公职人员应依法向有关部门或机关申报其财产状况及变化情况，并接受监督检查的制度。在此基础上加快建立并完善公务员灰色收入的监督机制和惩罚机制，对公务员群体形成制度约束。

四、小　　结

公务员的全部收入不等同于账面所反映的工资，收入包含有显性和隐性的部分。由于公务员灰色收入的存在，单单从工资层面不能很好地反映出公务员实际收入水平。灰色收入的界定目前并没有统一的标准，本章将这个概念概括为公务员将其所掌握的无形的权力转化为有形收入的全过程，因此可以用权力资本化收入来概括。需要注意的是，灰色收入并不包括法律明文禁止的受贿等行为带来的额外收入。

在界定了公务员灰色收入的前提下，本章介绍了三种度量灰色收入的方法：MIMIC研究方法、调查研究方法以及比例效用恒等式方法，这三种方法各有利弊，分别从或直接或间接的视角估计出全民灰色收入的宏观数据，在此基础上可以通过简单占比的方式粗略估算出公务员群体灰色收入的数额。其中，间接估算的优势在于宏观统计数据较为权威并且容易收集，劣势则在于模型的观测变量只能间接反映灰色经济规模。而直接估算则有赖于能否获得一手数据，优势是针对性更强，劣势在于成本较高，并且由于灰色收入的隐蔽性特点，这样的调查也未必能够真正做到统计的无误。虽然这些估算方法在理论上可行，但由于灰色收入特别是公务员的灰色收入数据往往不可得，这样的尝试难度颇大。

灰色收入为公务员在一定程度上带来了更好的物质条件和生活水准，然而这种存在于法律法规边缘和缝隙的不合理收入对于公务员个体、机构以及全社会都是有很大的负面效应，因此应当从源头上杜绝这种收入形式的存在。应当在科学界定和立法的前提下，完善规范公务员收入分配制度，并加强激励与惩罚的监督机制，加快促成公务员财产申报制度的完善。

第八章　公务员津补贴和福利制度改革与收入分配

我国幅员辽阔，各地发展水平差异较大，地区财政收入情况也不尽相同，从而导致各地公务员的津补贴和福利待遇差距较大，是造成地区公务员收入差距的主要原因。处理好不同地区之间公务员津补贴和福利待遇差异，是形成合理有序公务员收入分配格局的重要方面。面对目前公务员收入分配实践的重灾区，亟须构建规范和调整其津补贴、福利待遇，改变失衡的公务员收入结构，使得公务员的收入水平与社会发展水平相一致，把公务员的工资与收入作为吸收、留住、激励公务员的重要经济手段，使其尽职尽责服务于人民，维持国家机器的良好运转。

一、我国公务员津补贴合理性之辩

公务员津补贴制是为了弥补基本工资全国“一刀切”的弊端，因不同地区的经济发展水平各异以及物价水平的差异，不同部门的工作性质存在差别，以及不同级职对能力的要求不同，加上公务员自身文化水平的不同，我们就需要因地制宜地制定适合各地实际情况的津补贴制度，将会有助于在保障和改善公务员的基本生活水平、满足工作基本需要的基础上，缩小公务员收入和企事业单位的差异，吸纳高素质人才到公务员队伍来，也有利于廉政建设。但是长期以来，因为津补贴自身的“隐蔽性”和监管缺位，使得津补贴在不同部门、地区、级职以及和企事业单位之间差距过大，引起社会的公平问题和腐败等问题。

（一）公务员津补贴的由来

根据《公务员法》对公务员工资概念的限定，我国公务员狭义的收入结构主要是指公务员在一定时期固定获得的货币性报酬——工资收入。实际上广义的公务员收入，除了包括工资收入外，还包括间接的货币性报酬和职业相关的非货币性报酬，比如住房公积金、养老保险、医疗保险等显性福利和一些隐性福利。我国公务员的收入结构随着公务员收入分配制的变迁而不断发展。

根据1993年《公务员暂行条例》，我国公务员实行职级工资制，其主要收入包括职务工资、级别工资、基础工资和工龄工资，还有地区津贴、其他津贴和国家规定享受保险和福利待遇。到 2006 年《公务员法》定义公务员工资是公务员根据其劳动获得的以货币形式表现的收入时，公务员的主要收入包括基本工资、津补贴和奖金，外加养老保险、医疗保险等福利。其中，津补贴和奖金主要包括国家规定的地区附加津贴、艰苦边远地区津贴、岗位津贴等，同时还包括住房、医疗等补助和补贴，由各地方政府根据自身财力承担。

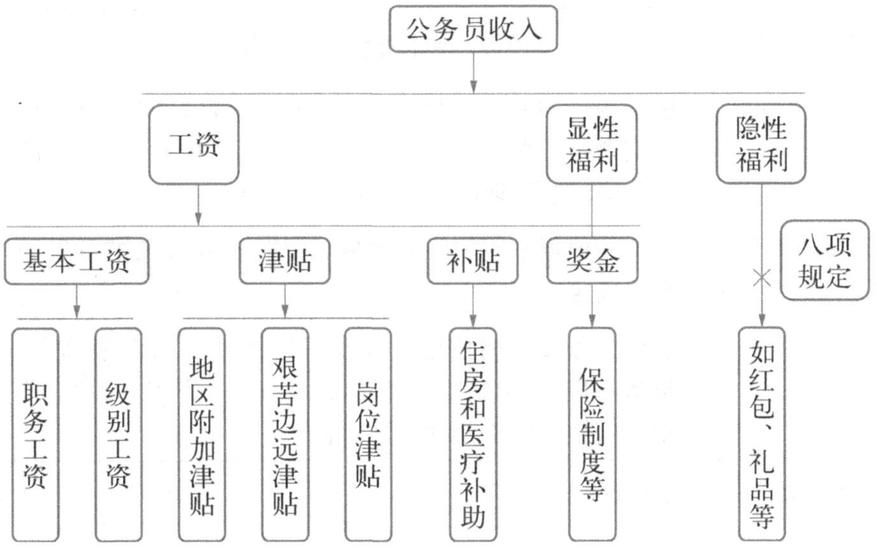

图 8－1 我国公务员的广义收入结构

在公务员收入中，津补贴是公务员基本工资外一种补充性收入。公务员的津贴主要包括岗位津贴、地区附加津贴和艰苦边远地区津贴，其中岗位津贴主要是为了补贴那些工作在特殊工作岗位上的公务员，根据其具体工作岗位的性质及条件来确定的一种额外的劳动报酬；地区附加津贴是因地区间经济发展水平、物价水平等方面的差异，为了保障公务员的基本生活水平而给予的一种补贴；艰苦边远地区津贴是对工作在艰苦环境下的公务员的额外的劳动消耗和特殊生活费支出等而给予的适当的补偿。公务员的补贴主要包括两块，一块是解决我国公务员取消实物分房的方式后，对公务员的住房消费采取的补偿；另一块是对公务员医疗费用的补助。

表 8－1 各种津贴所包含的具体项目

津　贴	具体所包含的项目
地区附加津贴	包括现行的结余保留津补贴、生活补贴、适当补贴、提高结余津补贴、物价补贴、食堂补贴、水电补贴、卫生洗理费、降温费、取暖费、节日补助等项目
艰苦边远地区津贴	主要是根据不同地区的地域、海拔、气候以及物价等因素来确定
岗位津贴	根据公务员的岗位性质以及工作条件等因素来确定，包括书报费、岗位职务补贴、职岗津贴、住宅电话费、移动通信补助等工作性津贴项目

资料来源：人社局调研得到。

公务员收入结构中除了工资之外，还包括福利待遇制度，具体包括：保险制度（医疗保险、养老保险、生育保险、死亡保险、伤残保险和待业保险）、探亲制度、冬季取暖补贴制度、上下班交通补贴制度、工作时间制度和年休假制度。公务员的福利待遇制度主要是为了改善和提高公务员的物质文化生活水平，是公务员收入结构中的重要部分。对于某些公务员而言，收入可能还包括所有权收入，比如租金、股息和利息收入等。此外，随着八项规定的推行，公务员之前的很多隐性收入基本消失了。

（二）公务员津补贴的合理性分析

首先，由于各地区的经济发展水平和物价水平各异。改革开放以来，我国东部沿海地区得到快速发展，而中西部则发展缓慢。如表 8－2 所示，一个上海市的 GDP 总量等于陕西和甘肃 GDP 的总和；北京市的人均 GDP 是吉林的 2 倍，是甘肃的 4 倍；在房价方面，北京的房价是湖南的 6 倍，是四川的 4.3 倍。这就不仅使得北京和上海等东部沿海城市的人均收入远远高于中西部地区，生活成本也远远高于中西部地区。如果按照基本工资“一刀切”，显然没办法保障经济发达地区的公务员的生活需要，更不利于整个公务员队伍的建设。所以根据各地的经济发展水平和物价水平差异，给予各地公务员适当的津补贴是必要的。

表 8－2　2014 年我国东中西部代表性地区的 GDP、人均 GDP 和房价比较

地	区	GDP（亿元）	人均 GDP（元）	房价（省会城市，2014 年 11 月，元/m²）
东部	北京	21 331	99 995	35 187
	上海	23 561	97 300	29 289
	浙江	40 154	72 967	16 524

续 表

地 区		GDP（亿元）	人均 GDP（元）	房价（省会城市，2014 年 11 月，元/m^2）
中部	河南	34 939	37 073	8 816
	湖南	27 048	40 287	6 156
	吉林	13 804	50 162	6 685
西部	陕西	17 690	46 929	6 663
	甘肃	6 835	26 427	8 288
	四川	28 537	35 128	7 995

数据来源：国家统计局。

其次，各级政府的财政收入水平各异。由于基本工资在公务员的收入中仅占 30%左右，而津补贴占到 70%左右，津补贴由各级地方政府承担，但是各级地方政府的财政收入水平不一致，不同地区津补贴的标准不可能做到全国一致，保持适当差异在现实中是需要的。如表 8－3 所示：我国东部省市的财政收入远远超过中西部地区，其中仅上海市 2013 年的财政收入是整个湖南省的 2 倍，是甘肃省的 6.5 倍。

表 8－3 2013 年我国东中西部代表性地区的财政收入状况

地 区	省 市	财政收入（亿元）
东 部	北 京	3 661
	上 海	4 110
	浙 江	3 797

续　表

地　区	省　市	财政收入(亿元)
中部	湖　南	2 031
	河　南	2 415
	吉　林	1 157
西部	陕　西	1 748
	甘　肃	607
	四　川	2 784

资料来源:《中国统计年鉴 2014 年》。

再次,缩小与其他的行业收入水平差异的需要。我国公务员的收入水平不是孤立的,它与事业单位和企业单位的收入水平存在一种紧密的关联关系,因为公务员工资没有绩效工资部分,而基本工资占总收入的比重比较小,也远低于企事业单位的工资水平,为了缩小这种差异,通过适当的津补贴来缩小这种差异也是需要的。与此同时,从我国公务员报考的条件限制——要求大专以上水平来看,公务员的平均文化水平也高于企事业单位的平均文化水平,适当的津补贴不仅有利于公务员吸纳优秀人才,也是对他们前期教育投入的回报。

另外,相对于企事业单位,我国公务员不同职级之间的基本工资的差异太小,我们以阿里薪资作为比较,经理的年薪在 30 万—50 万之间,高级经理年薪在 45 万—80 万之间,相邻两个级别之间最高与最低相差 50 万。而在公务员队伍的基本工资里面,正部级 6 000 元/月,副部级 5 500 元/月,相邻两级别年薪仅相差 6 000

元，这将不利于激发不同职位的工作积极性，通过给予不同职级的公务员适当的津补贴来增加收入的差异化，不仅有利于保障整个公务员队伍的稳定，激发整个公务员队伍的活力，还将有利于我国的廉政建设，促进整个社会的公平。

（三）公务员津补贴存在的主要问题

我国公务员享受津补贴尽管有其合理性的一面，但是由于津贴补贴是由地方财政承担发放，直接与地方政府的财政收入挂钩，因不同部门的财政收入各异，加上津补贴制本身的随意性和隐蔽性，出现“有能力”的机关单位想尽办法巧立名目提高收入，导致公务员“同城不同酬”和地区收入差异过大。尽管国家通过“阳光工资”制等改革来规范津补贴，但是由于“地区津贴”的发放标准目前还不明确，也没有清晰具体的规定进行约束，导致津补贴仍然存在很多问题。

一是发放标准不明确，缺乏发放津补贴的具体法律规范。首先是货币补贴和实物补贴并存，尤其是实物补贴的存在，将会使得津补贴更具有隐蔽性和难以计算清楚，并且很多实物补贴折算成货币后的价值有可能会远远超过公务员的工资。其次，补贴项目的权限来源不统一，既有国家统一规定的补贴项目，在全国范围内统一进行补贴；各级地方政府也有权限自行设置相关的补贴项目，多数地方政府会根据不同实际工作需要设置七八项补贴项目，有些地方政府甚至会设置十几项、有时多达二十几项的补贴项目，造成补贴项目过多，进而拉大地区间公务员的收入差距。再次，津补贴项目名称设置具有随意性，例如有的单位将交通费命名为“交通补贴”，有的则命名为“车补”，还有的称为“公车补贴”；有的单位将通信补贴细分为无线通信工具补贴、特殊通信费、住宅公务电话包干费等，而各种分类之间又相互重合，这就会使得有些单位借此将实质相同的补贴项目冠以不同的名称分别列支，然后进行重复发放。上述原因最终导致了公务员津补贴项目的过多过滥，五花八门，难以管理。

二是地区差异大。我国地域广阔，各地的经济发展水平和生活成本不一，尤其是东西部之间存在很大差异，津补贴差异有其合理性的一面，但是关键问题是目前不能确保各地发放的津补贴与当地的生活水平相适应，这就导致我国目前津补贴地区之间过大差异，最终将不利于人才的流动，更不利于公务员结构的优化。我们在调研时，西部一位教育系统的公务员表示，自己的收入仅是东部同级别公务员收入的 1/3，而最主要的差距来自津补贴水平上，同样的付出回报却相差巨大，感到十分不公平。

三是部门差异大。现阶段公务员的津补贴标准基本上取决于自己部门的经济状况，就会使得财政状况好的部门的津补贴水平明显优于其他部门。我们在调研时，据一位人社部专家介绍，现在不同省份之间、省内不同县市之间，公务员的补贴标准差距很大，同一省内公务员津贴补贴标准最多有 30 多个，最低和最高相差 1.5 万元/年。这种公务员津贴极不均衡的现状一方面会造成不同部门之间的攀比行为，利用津补贴差距不断提升本单位的补贴幅度，甚至有些部门领导以为员工着想为由，守住本部门的利益不放，甚至以此搞钱权交易；另一方面也同样不利于部门之间人才的正常流动，很多人为了能够进入“油水衙门”，不惜托关系走后门，以此滋生腐败行为。这一点在最近几年的公务员报考中已经被很好地体现出来，比如有的部门是好几千人来竞争一个职位，而每年也会有几个“冷部门”，几乎是无人问津。

二、公务员和事业单位、企业同等职位人员的津补贴与福利待遇比较

根据1993年的《国家公务员暂行条例》规定，各级国家行政机关中除工勤人员以外的工作人员都是公务员，我国第一次明确地将公务员和事业、企业彻底分离。尽管实施公务员制度的单位不实行企业和事业的职称、工资和奖金等人事管理制度。但是我国的公务员制度脱胎于行政、事业、企业机构混合的背景下，因此它的工资福利、保险制度等与事业和企业单位等有着千丝万缕的关系。我们需要通过比较分析，只有公务员的津补贴和福利待遇在一个合理水平下，比如既不明显高于企事业单位，也不过分低于社会平均水平，这样才会不仅有利于我国公务员人才队伍的建设，更有利于维护整个社会的公平。

（一）津补贴差异及比较分析

我国事业单位自2006年起，实行岗位绩效工资制度，岗位绩效工资由岗位工资、薪级工资、绩效工资和津补贴组成。事业单位

绩效工资的基础是清理规范事业单位的津补贴资金的来源，取消不合法、不合规的项目，对清理后的津补贴进行归并，纳入绩效工资。目前，事业单位的津补贴主要包括艰苦边远地区津贴和特殊岗位津补贴。其中艰苦边远地区津补贴主要是根据自然地理环境、社会发展等方面的差异，对在艰苦边远地区工作生活的工作人员给予适当的补偿，国家对艰苦边远地区事业单位工作人员，执行国家统一规定标准，所需费用由中央财政负担；特殊岗位津补贴主要体现对事业单位苦、脏、累、险及其他特殊岗位工作人员的政策倾斜，国家对特殊岗位津补贴实行统一管理。①

我国企业员工采用薪酬制度，员工的收入是以基本工资作为主要的分配方式，并且支付一定数额的奖金、福利与津补贴作为员工的辅助收入。其中奖金、福利和津贴一般都是以现金的形式发放，与工资一起进入企业的成本账户，作为企业的成本核算。尽管《劳动法》里面对员工津补贴做了详细规定，比如有补偿职工特殊或额外劳动消耗补贴、保健性津贴、技术性津贴和年功性津贴等。但是我们在走访企业过程中发现，大多数企业，对于普通员工而言，除了“五险一金”之外，几乎没有什么津补贴。

在津补贴部分，我们通过对比表 8－4 和表 8－5，以及我们前面的分析，可以得到：由于我国公务员、事业和企业实行不同的薪酬制度，津补贴的具体标准的差别也是非常明显的。从津补贴所占收入的比重来看，公务员的津补贴所占比重最高，高达 60%—70%，事业

---

① 刘东、王雁：《试论高校收入分配制度改革动因及走向》，《四川师范大学学报》（社会科学版）2011 年第 1 期。

单位比较低，而企业员工几乎没有。从对津补贴的规范和标准来看，公务员的津补贴目前全国没有统一的标准，种类繁多，随意性比较大，而事业单位的津补贴在全国有统一标准和限额。

表 8－4 2013 年昭通市机关公务员津补贴标准(元/月)

职 称	工作性津贴	生活性津贴	改革性津贴	合计
正 厅	1 815	1 090	200	3 105
副 厅	1 588	1 090	200	2 878
正 处	1 136	1 090	200	2 426
副 处	975	1 090	200	2 265
正 科	751	1 090	200	2 041
副 科	605	1 090	200	1 895
科 员	440	1 090	200	1 730
办事员	440	1 090	200	1 730
技 师	741	1 090	200	2 031
高级工	600	1 090	200	1 890
中级工	440	1 090	200	1 730
低级工	440	1 090	200	1 730

资料来源：调研得到。

表 8－5 2013 年昭通市事业单位工作人员绩效工资标准(元/月)

职 称	绩效工资		改革性补贴	合计
	基础性 70%	奖励性 30%		
正 高	1 608	689	200	2 497
副 高	1 435	615	200	2 250

续　表

职　称	绩效工资		改革性补贴	合计
	基础性 70%	奖励性 30%		
中　职	1 280	550	200	2 030
助　师	1 070	460	200	1 730
员　级	1 070	460	200	1 730
正　处	1 558	668	200	2 426
副　处	1 446	619	200	2 265
正　科	1 289	552	200	2 041
副　科	1 187	508	200	1 895
科　员	1 071	459	200	1 730
办事员	1 071	459	200	1 730
技　师	1 282	549	200	2 031
高级工	1 183	507	200	1 890
中级工	1 071	459	200	1 730
低级工	1 071	459	200	1 730

资料来源：调研得到。

（二）住房公积金差异及比较分析

我国住房公积金主要是指，当下我们国家机关、国有企业、城镇集体企业、外商投资企业、城镇私营企业和事业单位等各种各样不同形式的公司在职人员所缴存的有关长期的住房储存金。根据全国住房公积金 2014 年年报，全年住房公积金缴存额 12 956.87 亿元，比上年增长 12.41%，主要的缴存主体是国家机关、事业单位和国有企业(见图 8－2)。

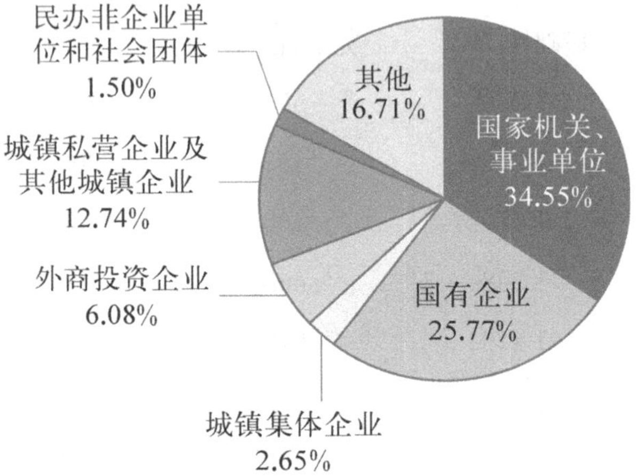

图 8－2 2014 年实缴职工人数按所在单位性质分类占比

数据来源：全国住房公积金 2014 年年报。

基于新加坡等发达国家的住房金融政策等实践经验，我国逐渐形成了现在的住房公积金制。我国住房公积金的缴存主要由两部分组成：一是由员工个人所缴纳的部分，二是由员工所在单位缴纳的另外一部分。在整个实际操作过程中，员工个人所缴纳的那部分住房公积金在由所在单位进行代扣后，然后再和单位所应该缴纳的那部分，合在一起共同缴存到住房公积金管理中心的员工个人专用账户中去，并且这些公积金都为员工个人所有。

我国在住房公积金的缴存方面，存在不同部门和不同行业因缴存比例和缴存基数不同而产生的差异。而不同的单位，因不同的经济效益，一般最终的缴存比例相差比较大。一般来说金融业、电力以及石油燃气等部门的员工和公务员所缴纳的金额要远远高于企业，很多私营企业都是按照最低标准5%来缴纳的。此外，公务员住房公积金的贷款范围相比其他行业如事业单位等所覆盖的面更加广泛，一般包括了购买商品房、定向销售经济适用房和安置经济适用房、限价商品房和私有房等。

（三）医疗保险金差异及比较分析

医疗保险主要是为了给患病的劳动者提供必要的经济补偿，减轻其经济负担而建立的一种社会保险制度，主要是通过个人和用人单位共同缴费建立医疗保险基金，一旦保险合同约定的医疗行为发生时，就会为劳动者提供必要的补偿，防止“因病致贫”。在国家层面来筹集、分配和使用医疗保险基金的制度被称为医疗保险制度。目前我国基本上形成了“3+1”的医疗保障体系，主要是由城镇职工基本医疗保险、新型农村合作医疗和城镇居民基本医疗保险，外加城乡医疗救助制度组成，是我国整个医疗保障制度体系的主体和支撑。

自从1998年国务院发布《关于建立城镇职工基本医疗保险制度的决定》，要求全国范围内所有用人单位（包括机关事业单位）及其职工全部参加城镇职工基本医疗保险制度，到2012年，我国几乎八成以上省份完成公务员医疗保险制度改革。①公务员医疗保险制度目前属于城镇职工医疗保险范畴，但是由于公务员队伍人数众多、体系庞大，其具体待遇还是有别于非公务员城镇职工的医疗保险。

首先公务员是除了可以享受城镇职工医保的基本待遇外，还

① 丁汀：《八成省份公务员取消公费医疗》，《人民日报》2012年1月19日。

设有专门的公务员补助基金,即“补充医保”,来报销公务员个人所负担部分的费用,因此,公务员的整体医疗报销比重要高于非公务员城镇职工。其次,针对公务员中的一些特殊群体如领导干部、拔尖人才、离休干部、某领域专家、部队转业干部和劳模等,公务员医保体系实际上会给予其一些特殊待遇,如优诊待遇、一级保健待遇、二级保健待遇、离退休干部待遇等。再次,在住院报销标准层面,虽然公务员的住院报销标准在政策上与参保的非公务员城镇职工是一致的,但是在实际的报销起付线、报销比例与额度上限等方面,其报销待遇远高于其他企事业单位的职工。

通过以上各方面的比较可以得到:尽管城镇职工医保制度是目前城镇基本医保制度的基础和主体,其保障水平也优于城镇居民医保制度和新型农村合作医疗制度,但是与公务员相比,其仍存在较大差异,公务员医疗保障水平在很多地方均明显优于非公务员城镇职工。

(四) 养老保险金差异及比较分析

养老保险在社会保障体系中具有十分重要的地位,我国的养老保险体系是 20 世纪 90 年代建立的,经历了 20 多年的改革完善之后,我国于 2015 年 1 月 14 日发布《关于机关事业单位工作人员养老保险制度改革的决定》,标志着养老金“双轨制”正式终结,3 700 万名机关事业单位工作人员与企业员工一样,将纳入统一的养老保险制度体系。经过这次改革后,机关事业单位及其工作人员将同企业及其员工一样,都将履行缴费义务,由用人单位按职工工资的 20%缴纳养老保险费、个人按本人工资的8%缴纳养老保险费。①

从图8-3我们可以看出，在并轨之前，“双轨制”使得行政事业单位的月养老金水平远高于企业职工，两者的月平均养老金支付水平从2005年的1 254元和727元，增长到2009年的1 830元和1 229元，到2013年，两者分别达到2 590元和1 864元。尽管两者的比值已经从2005年的1.72∶1下降到2013年1.39∶1，并且还有进一步下降的趋势。但是实行并轨之后，并不意味着这种差距就消失了。新的差距主要是由“年金”部分带来，②我国目前只有机关和事业单位普遍建立职业年金，而企业中建立年金的不足10%，最终机关事业单位的养老金还是会高于企业职工。

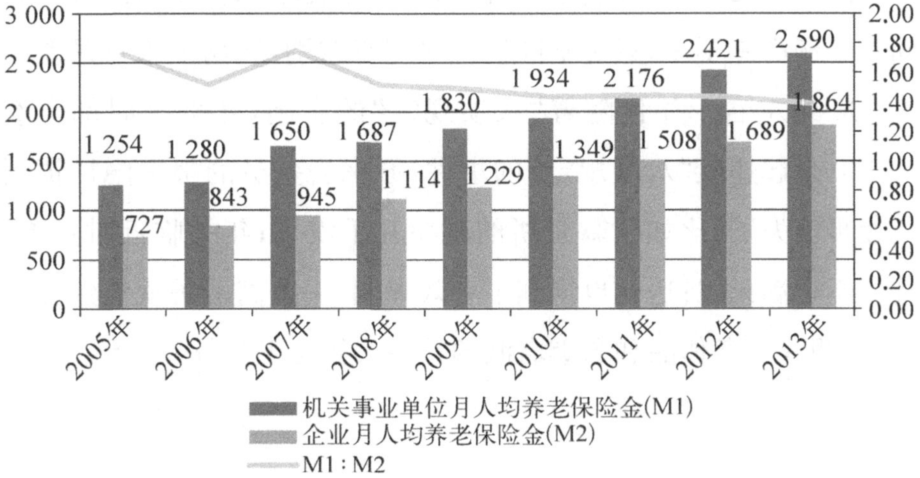

图8-3　行政事业单位与企业月人均养老保险绝对额与相对额对比

数据来源：《中国劳动统计年鉴2014年》。

① 《国务院关于机关事业单位工作人员养老保险制度改革的决定》，《人事天地》2015年第2期。

② 李丹丹：《养老金“双轨制”终结，4 000万“体制内”将缴养老保险》，《新京报》2015年1月15日。

（五）其他福利待遇差异及比较分析

其他福利制度比如失业保险，目前对公务员仍然不适用，公务员仍然是“铁饭碗”；探亲制度也只有公务员和事业单位职工享有，企业是没有这项福利的；在工作时间制度方面，公务员是8小时，几乎是没有加班的，企事业单位加班几乎是家常便饭；年假制度在一些中小企业中不被重视，其他的行政事业单位和国有企业及大型私企大多还是比较好地执行带薪休假制；在车补方面，自取消公车制度后，公务员和事业单位职员每月会获得一定的上下班交通补贴，比如上海市是每人每天20元补贴，而在企业里，普通员工是没有的，必须到一定级别才会有；高温津贴在不同行业间的发放时间和金额都差不多，只是不同省份之间有差别，平均下来每月差不多200元左右。并且随着“八项规定”的实施，几乎每周都会查处100余起违反“八项规定”的事件，原来公务员的很多隐性福利也逐步消失了，比如公款月饼的现象几乎没了；年关临近时贺卡、挂历不再满天飞；送礼也得到了有效遏制；一些高端餐饮悄然变身廉价“团购”；奢侈品和名烟名酒的销售大幅度下降等。

三、深化津补贴与福利待遇的“双轨制”并轨改革

我国公务员工资改革的初衷是旨在消除公务员工资的地区差距、

消除基层与省市级之间的差距，减少公务员和企事业单位之间的差距。根据中央纪委监察部网，仅 2015 年 9 月 23 日就通报批评 109 件违反八项规定的行为发生，而这种通报批评每一星期公布一次，违规内容很多都与滥发津补贴有关，可见规范公务员津补贴任重而道远。此外，也需要我们积极探索公务员福利待遇与企事业单位的并轨问题。

（一）推进和完善“阳光工资制”

“阳光工资制”，顾名思义即指工资条目公开透明、标准规范统一，结构健全合理。“阳光工资制”始于 2008 年，由北京和广州发起然后在全国逐步开展规范公务员除基本工资外的收入，将其纳入工资范畴进行统一核算，旨在增加公务员收入的透明度，缩小“权力部门”和“清水衙门”之间公务员的收入差距，有助于部门间人才的均衡发展，促进廉洁政府建设等。实施至今，“阳光工资制”业已取得良好效果。一是公务员工资收入大幅度提高，二是工资发放的公平性和透明性逐步得以提升。目前大多数单位积极推出相关政策标准，严格执行“阳光工资制”的相关规定，在一定程度上很好地遏制了部分单位滥发津补贴和奖金的现象，很好地解决了分配厚薄不均和“小金库”等问题，调动了公务员的工作积极性，培养了公务员良好的行政风气，有效地促进了公务员队伍内部的利益协调与和谐。然而，由于我国改革范围逐步加深，改革阻力逐渐凸显，公务员薪酬制度尚未能良好地对接改革进程，使得当前阶段的“阳光工资制”仍需进一步推广和完善。

一是优化工资结构体系。我国目前的工资结构体系仍存在不合理现象，主要表现为基本工资与津补贴基本上处于“倒挂”状态，即基本工资占比小，而津补贴占比大。以广东省为例，截至2015年9月11日，广东省69家省政府机构已有44家省级单位公布2014年部门决算。其中颇受关注的一个数据是，已公开的36家单位基本工资总支出达6.82亿元，津贴补贴总支出则为25.36亿元，津贴补贴是基本工资的3.7倍。①

按照现行工资制度，公务员工资分为三部分，基本工资、津贴补贴和奖金。事业单位人员工资也分三部分，基本工资、绩效工资和津贴补贴。基本工资具有相对统一的标准，透明度高；而津贴补贴弹性较大，地方乃至部门有较大自主裁量权，极易做文章。“倒挂”状态的工资结构，常常诱发不当的“部门利益”之争，损害公务员收入分配的公平性。

截至2015年7月，机关事业单位调整基本工资标准的兑现工作已全面完成。最新的公务员工资调整方案，不是简单地提高工资水平，而是一次完善工资制度的改革，重在“建机制、调结构”。即为了进一步优化工资结构，将部分规范津贴补贴或绩效工资纳入基本工资，提高了基本工资占工资的比重。②

二是统一津补贴的标准。目前，我国中央在规范地方公务员津补贴采取的政策是上一级政府审批下一级政府的津补贴，比如省级公务员的津贴和标准由中央控制，市区一级由省级政府控制。

① 《南方都市报》2015年9月15日。
② 《机关事业单位调资兑现工作已经完成》，《人民日报》2015年8月1日。

这种下管一级的制度，必然使得不同省份、不同职级之间的津补贴标准和水平各异，从而滥发津补贴，如有学者粗略统计，各地擅自发放的津贴补贴名目达 300 多项。

首先，我们必须明确津补贴的水平和标准的设置权限。应由国家人社局和财政部统一设置公务员津补贴项目和标准，其他下级部门只有建议权，只有这样才能够避免各部门自行制定津补贴标准和项目的乱象，并且在此基础上建立全国统一的福利项目管理机构，对公务员福利制度的改革进行统一规范和指导。

其次，实行货币化津补贴。目前公务员津补贴有很大一部分是实物形式发放的，这样带来了很多问题。我们可以通过公务员津补贴货币化改革，既可以增加公务员福利的透明化，也有利于公务员个人财产的申报，更有利于廉政建设。[①] 此外津补贴货币化改革还有利于增加公务员支配自己收入的自主性，增加公务员消费的满足感，也能刺激内需，促进经济的发展。

再次，严格财产申报制。财产申报制本质是提高公务员和事业单位财产收入透明度、强化对领导干部经常性监督。2010 年 5 月 26 日，中共中央办公厅、国务院办公厅印发了《关于领导干部报告个人有关事项的规定》。《规定》指示要加强县处级以上领导干部的廉洁自律工作，落实财产申报的重点。2015 年以来，安徽、贵州、海南、陕西等十余省区市的部分地区，已将官员个人事项报告制度“下沉”至科级。同时申报事项细化，瞒报误报后果严重，财产

---

① 古丽努尔·阿合买提：《我国公务员福利制度现状分析》，《科技信息》2011 年第 35 期。

申报制逐渐趋于成熟。

推进我国公务员“阳光工资制”的完善仍需进一步严格财产申报制。第一，申报范围要严格。一方面是申报对象要明确，让家人“先富起来”是一些官员腐败的常态，因此对公务员和事业单位其关联人是否纳入考虑以及如何考虑是未来申报的重点；另一方面财务范围要明确。住房、工资薪金、奖金列为申报内容，而工资薪金、奖金以外的讲学、咨询、股票、期货、基金等额外收入也被包括进去。第二，审核制度要严格。对所申报的财产逐一核实，不仅要通过核查其来龙去脉核实财产的合理合法性，又要核查是否有漏报、虚瞒、不报等情况，对不符合规定的情况逐一登记。第三，监督制度要严格。财产申报不仅要接受上级领导和相关纪委部门的监督，更要接受社会民众监督。“公开是最好的防腐剂”，相关信息也应及时公示。同时，如果财产申报仅仅停留在内部流程上，不向社会公开，就难以防止虚报假报，财产申报也往往“流于形式”。第四，惩罚制度要严格。强化责任追究，可将财产申报表现与绩效谨慎挂钩，发现违规违法行为要严肃追究有关人员的责任，不能“重重拿起，轻轻放下”，要增强威慑力。

最后，推行政务分开。现代经济越来越强调制度的作用，良好的组织结构和有序的制度实施是展开各种活动的平台和基础，而我国当前公务员薪酬制度改革的体制性障碍主要是政务统一的管理模式。我国现阶段实行“一党领导”，在政府机构和行政事业单位内，政务统一往往等于过分集权，这在很大程度上抑制了机构的民主性和竞争性。

推行政务分开,也就是说通过制度的建立来保证政务官和业务官的分别管理,改变当前这种“政事一体”的混合管理所呈现出的种种弊端。例如,政务类公务员严格按照宪法和组织法进行管理,实行任期制,并接受社会公开监督;业务类公务员严格按照公务员法规进行管理,接受行政首长的领导和监督,实行常任制,非因法定事由,非经法定程序不受免职或处罚。①

(二)强化“绩效”导向的规制作用

知识经济时代进程日渐加深,“效率、创新”业已成为各行各业竞争的主要动力来源,李克强总理提出“大众创业、万众创新”无疑是最好诠释。公务员和事业单位职工的收入也必须与社会、与市场接轨。公务员和事业单位职工作为国家机器运转的重要动力,其运作效率和工作业绩仍是重中之重,是影响国家稳定、社会和谐的重要因素,在此意义上,“习式反腐”正是最高领导层对国家行政工作人员以往工作业绩的全面清查和未来工作效率的行动保证。

有付出才有回报,以往行政事业单位内“不做事干拿钱”的时代已一去不复返;市场经济条件下,更要加入“效率”的考虑,不仅要做,而且必须要做好,即必须在“绩效”上面下功夫。然而现实生活中,受各种各样因素的影响,公务员和事业单位职工的“绩效考核”仍存在诸多问题,迫切需要进一步完善。

一是健全公务员考核评价体系。第一,要加强考核体系的法

① 姜晓萍、马凯利:《我国公务员绩效考核的困境及其对策分析》,《社会科学研究》2005年第1期。

定性。公务员和事业单位职工的考核必须要以相关法律、法规为依据，考核主体，考核流程，考核标准等都要有法可依。第二，要加大考核标准的综合性。政府机关和事业单位较难实施“项目制”，公务员和事业单位职工的绩效考核有阶段性、事后性及全面性的特点，要定性方法和定量方法相结合，在职期和离任后相结合，现阶段效应和可持续发展性相结合，政治经济社会各方面相结合。第三，要提升考核主体的多样性。改革进程的深化使得越来越多的社会公众参与到行政事务的考核中，监督力度也不断加大。公务员和事业单位职工的绩效考核也应确立公众的监督权，向社会公众负责，更好地为人民服务。第四，要强化考核信息的公开性。摈弃以往主观随意、封闭式考核的特点，提升考核信息的公开性，大数据的快速发展对信息社会下公务员和事业单位职工的绩效考核的透明性、公开性提出了更高的要求。

二是创新公务员薪酬的激励效应。“绩效”的初衷本来是通过工资的变更，鼓励人员的积极性。现代人力资源管理强调“以人为本”，即最大可能地挖掘人的潜力，发挥人的主观能动性。激励几乎是整个人力资源管理工作的核心，它直接关系组织的生存与发展。因此，创新薪酬激励机制，强化绩效考核中的激励功能至关重要。薪酬激励的本质是设立合理的薪酬、奖惩制度，为公务员和事业单位职工提供合理的行动预期，有利于明确行动方向。良好的工作激励制度要奖惩分明，合理有效地拉开不同层次、不同能力、不同部门工作人员的薪酬差距，从而对于不同人员形成激励，打破内部平均主义的组织氛围。创新薪酬激励机制本质上就是提高当前工作激励机制的层次性和适应性。不同部门、不同岗位、不同级别的员工，所掌握的知识、技能是不同的，受价值观、生活水平等方面因素的影响，他们的工作需求也是不同的，即使是同一员工，他的需求、价值观和动机也会随着时间的变化而变化，一组对所有的员工在同一时期或对同一员工在一个较长的时间保持同等的效力的工资激励机制是不存在的。创新薪酬激励机制就是丰富其内涵，诸如增加奖惩条目和形式、扩大奖惩力度范围，同时跟紧时代步伐，时刻保持与时俱进。

三是要适度向基层公务员倾斜。《2015 年国务院政府工作报告》中指出，要落实机关事业单位养老保险制度改革措施和同步完善其工资制度，要对基层工作人员的薪资给予适当的政策倾斜，并且在县以下机关实行公务员职务和职级并行制度等。在现实生活中，基层公务员往往处于上有老下有小的年龄阶段，正是经济压力最大的时候，通过绩效工资和津补贴层面进行适当的倾斜，有助于解决基层公务员的基本生活问题，提高基层公务员的工作效率。

此外，还需要进一步明确“基层工作人员”的范围，它泛指大范围内的基层，不仅包括公务员编制也包括事业编制。目前我国基层公务员单位中，由于现实工作的需要，通常既有公务员编制，也有事业单位编制。如果我们的改革仅仅是向基层公务员倾斜，而不向基层事业单位人员倾斜，可能会出现同一部门同一职位薪酬不同的现象，会引发新的矛盾。据此，我们在向基层公务员进行工资倾斜时，需要注意以下几个层面：一是实行职务职级并行制度，打通级别通道，基层公务员通过级别的提升获得待遇的增长；二是实施乡镇干部津贴，特别是对于艰苦边远地区工作的基层干部，要设置单独的乡镇干部津贴；三是执法类人员晋级晋职制度设计，我国基层工作人员中有近60%均为执法类人员，为他们设定层次，他们就可以通过自身的渠道而不必参照公务员，解决激励问题。[①]

（三）试行公务员工资“年薪制”

“年薪制”，就是以年度为单位，根据经营者的生产经营成果和所承担的责任、风险等确定其工资收入的工资分配制度。我国的公务员“年薪制”正在逐步探索实施，迄今为止不过十余年时间，主要是走“高薪聘任”的路径，即与普通基层公务员相比，聘任制公务员拥有较高的年薪，也拥有编制，却不具备行政级别。

截至目前，我国公务员的“高薪聘任制”取得了良好的效果。一是公务员人才队伍愈加优秀。公开聘任的都是专业性强、技术性的高端人才，这类人才是在本地很难物色且短期内难以培养。实行“年薪聘任制”主要是发挥其人才引进的作用，进而发挥专业人才团队的引领作用。二是优胜劣汰，保持公务员和事业单位队伍的优良基因，不断提高办公效率。

2014年5月，浙江省义乌市公安局、交通运输局、物流办、商务局、规划局五部门拟聘的5名技术主管结束了7天的公示期，成为浙江省首批聘任制公务员。据了解，这几名聘任制公务员税后年薪30万元，最高60万元，皆为高学历者，其中两个博士，一个海归

---

① 时圣宇：《工资如何向基层倾斜》，《人民日报》2015年3月17日。

硕士，一人曾经挂职做副县长，其中应聘义乌市交通局的李金龙，就是上海交通大学的博士。同年 5 月，新华社报道，在深圳 4 万多名公务员中，聘任制公务员占比近 10%。然而在首聘 3 年期满后，竟无一人解聘。深圳市人社局相关负责人解读称，一是聘任制公务员普遍综合素质较高；二是为了争取续聘，他们工作状况和态度较好，得到单位认可。

如何激发公务员内部活力，提高公务员工作效率，实现公务员与社会人事管理的自由流动，一直是公务员管理体制改革的应有之义。试行公务员"年薪制"还应继续探索，综合考虑多方面影响。一是平衡短期收益和长期收益。在当前实发工资收入、津补贴等短期收益和住房公积金、养老保险等长期收益中做到适当地度量。二是平衡物资收益和精神收益。真正有效的激励应包括物质和精神两个方面。一方面要给以必要而适当的物质奖励，如增加工资等级、奖金数额，发放物质补贴等；另一方面可通过提升假期丰富业余生活，也可以通过表彰、宣传、提升公务员的精神满足感。但实行公务员"年薪"制并非简单地实行统一标准，而应针对不同能力、不同背景的公务员采取不同的激励措施，提升工资内外部公平性，要与工作绩效挂钩，以达到"高薪养廉"的目的。

（四）建立廉政基金加强在职约束

受到新加坡"中央公积金"做法的启示，2010 年 7 月 1 日，"廉政公积金"制度率先在广东省江门市推行，探索经验。"廉政公积金制度"类似于"住房公积金制"，主要是应用了经济学中的激励相容原理，是一种期权制度，公积金是由公务员个人与政府财政按规定的比例按月存缴，如公务员个人没有任何腐败记录，在退休以后就可以一次性获得廉政公积金；如在退休前公务员个人发生违纪违法行为，则要按规定比例扣除账户资金并上缴国库。同时，廉政基金制度也是公务员履行职责及廉洁奉公的一种责任承诺形式，有警钟长鸣的效果，能从源头上堵住可能产生腐败的漏洞，让公务员产生“自主反腐”的强烈意识，转而奉公守法。

但也有观点认为，廉政基金实质是把经济手段引入反腐领域。当前我国廉政基金建设尚处于摸索阶段，试行条件不成熟。部分人士认为从经济学讲究成本和效益，廉政基金对不同的公务员的经济杠杆不同。引入廉政基金，增加的只是其被抓住之后的成本，而无法提高被抓住的概率，这就从根本上决定了廉政基金对大腐败者无用，只对于那些爱占小便宜、喜顺手牵羊，处在寻常岗位、权力较小的人有暂时性作用。①

因此，为进一步建立完善的廉政基金需多线开展，全面建设相关配套制度。首先是廉政公积金制度需要一个科学的公务员绩效考评、廉政监督体系；其次不同经济地区经济发展水平不同，同一地区不同部门人员的生活条件和影响程度也不相同，因此廉政公积金的标准也理应不同；三是亟须有效的监察机关来保证该基金的合理使用，保证其“廉”的特性，而不是一边拿着廉政基金，一边继续腐败。

---

① 乔子鲲：《廉政基金防小腐不治大贪》，《京华时报》2010年6月30日。

(五) 深化养老保险金制度并轨改革

2014 年 12 月 23 日在十二届全国人大常委会第十二次会议举行的第二次全体会议中通过了养老金并轨方案，确定改革的基本思路是“一个统一”“五个同步”，规定党政机关、事业单位建立与企业相同基本养老保险制度，实行单位和个人缴费，改革退休费计发办法，从制度和机制上化解“双轨制”矛盾。① 到 2015 年 1 月 14 日，随着《关于机关事业单位工作人员养老保险制度改革的决定》的发布，标志着养老金“双轨制”正式终结。截至 2016 年 7 月底，山东、上海、北京等一些地区陆续公布了当地的养老金并轨实施意见和办法，明确了个人缴费工资基数。

为了实现养老金的保值增值，国务院于 2015 年 8 月 23 日发布《基本养老保险基金投资管理办法》明确：养老基金实行中央集中运营、市场化投资运作，由省级政府将各地可投资的养老基金归集到省级社会保障专户，统一委托给国务院授权的养老基金管理机构进行投资运营。其中投资股票、股票基金、混合基金、股票型养老金产品的比例，合计不得高于养老基金资产净值的 30％；参与股指期货、国债期货交易，只能以套期保值为目的。②

但是如前所述，因为职业年金是由机关事业单位用财政资金为单位人员设立，而企业很少为企业职工设立企业年金，这就使得两大职工群体养老金的不平等依旧存在。因此，尽管现在的并轨

① 郑纪刚、薛兴利：《关于养老金并轨改革问题的探讨》，《经济论坛》2015 年第 5 期。
② 《基本养老保险基金投资管理办法》，《中国劳动保障报》2015 年 8 月 25 日。

仅只是制度上的统一，在短期内两大群体的待遇不可能一致，我们应该尽可能地优化“年金”的制度设计，缩小两大群体待遇标准的差异。[①] 与此同时，在养老金的保值增值方面，尽管已经允许入市，但是必须以保证资金的安全为前提，我们需要健全养老金入市的法律体系和其在资本市场的运行机制。最后，因为养老金并轨改革不是孤立的，我们需要跟进公务员工资和股票等资本市场等配套领域的改革。

四、小　结

津补贴作为公务员收入结构的重要组成部分，主要目的是保障公务员的基本工作和生活水平，是对我国公务员基本工资全国“一刀切”的补充，因不同省市的经济发展水平和物价水平各异，各级政府财政收入不同，加上基本工资对不同职级的公务员的差异不明显，固然有其合理性。但是同时因为地方津补贴由地方政府承担，津补贴的标准和项目没有统一规范，出现了有些部门巧立名目，滥发津补贴的现象。从而造成不同地区和部门津补贴差距过大，进而影响到公务员人才的流动，和我国整个公务员队伍的建设问题。

我国公务员群体直到 1993 年才从国家工勤人员中独立出来，

---

① 张霞、丁岩：《关于养老金并轨的风险和对策研究》，《中南财经政法大学研究所学报》2015 年第 1 期。

与企事业单位之间有千丝万缕的关系，公务员的津补贴等福利水平不仅关系公务员自身的收入水平，而且关系到整个社会的公平问题。本章把公务员的津补贴、住房公积金、养老保险和医疗保险等福利和企事业单位进行比较分析，在津补贴等福利方面，公务员明显是优于企事业单位的，未来公务员福利改革的重点，就是规范津补贴。公务员的福利保险和企业职工的福利保险未来必将走向统一。

最后本章提出规范津补贴等福利的政策性建议。首先是推进和完善“阳光工资制”，具体包括优化公务员工资结构，减少津补贴在工资中的比重；规范津补贴的标准和项目，由中央进行统一管理和指导；强化公务员财产申报，增加公务员收入的透明度，便于监管；推行政务分开，推行公务员薪酬制度。其次是强化“绩效”对公务员津补贴的规范作用，包括健全考核评估体系，鼓励津补贴适度倾斜等。再次是试行公务员“年薪制”，有利于激发公务员内部活力，提高公务员工作效率，促进公务员与社会人事管理人才的流动。此外是建立廉政基金，有利于从源头上堵住贪污腐败的漏洞，起到警钟长鸣的效果。最后就是养老保险并规制改革的完善，尽管“双轨制”已经终结，但是目前只是制度上的统一，行政事业单位和企业的养老金差异并没有消失，并轨制改革还需要我们不断探索和完善。

第九章 “三公”经费管理与公务员收入分配改革联动

近年来，财政预决算机制不公开、不透明，致使“三公”经费持续高企，变相成为公务员实际收入的重要来源之一，这是导致公务员收入分配秩序失范的重要原因之一。① 党的十八大以来，相继出台了“八项规定”等若干压缩“三公”经费的重要举措，体现了党和国家厉行勤俭节约、杜绝铺张浪费的决心和信心，不仅有助于密切党群干群关系，消除公众对“三公”经费的诸多疑虑，而且也有利于保护公务员正当的公务开支往来，形成清正、廉洁、高效的行政体系。从这个意义上讲，规范公务员收入分配秩序，需要正本清源，公务员收入分配制度改革必须同“三公”经费改革以及

---

① 王战：《“三公”经费应和公务员收入改革同步》，《劳动报》2013 年 3 月 10 日。

财政预决算体制公开化和透明化联动起来，形成奖惩、公示等新的激励约束机制。

一、我国“三公”经费管理存在的主要问题及其影响

狭义的“三公”经费，是对以下三类经费的通俗称谓，即指用财政拨款开支的因公出国(境)经费、公务用车购置及运行费和公务接待费。而广义的“三公”经费则几乎涵盖了所有的财政经费支出。本章主要讨论“三公”经费的狭义内涵。一段时期以来，“三公”经费管理始终脱离公众视线，遂成为一些腐败滋生的温床，几乎到了“百姓闻之痛恶”的地步，改革“三公”经费的呼声高涨且持续多年；与此同时，在具体操作层面，“三公”经费管理较为混乱，有关规定执行起来又带有一定的模糊性，实践中“缺钱”和“过剩”并存，严重扭曲了“三公”经费的使用效率。

(一) 新《预算法》实施前“三公”经费使用基本情况

2010年6月起，为确保公众知情权，国务院规定98个中央各部门在向全国人大常委会报告中央财政决算时，应将“三公”经费支出情况纳入报告内容，并向社会公开。截至8月9日，98个中央部门中，除了外交部、国务院侨办和港澳办尚未公布之外，其余部

门均已公开。[①] 由此，可以对中央有关部门的财政预算和财政决算情况有一个大致的了解，但地方层面的“三公”经费公示推进迟缓，阻力重重，时至今日，公开程度极其有限。

表 9－1　2010—2011 年中央本级财政预决算总数

“三公”经费财政拨款预决算数额	因公出国（境）费	公务用车购置及运行费	公务接待费	合计
2010 年决算数（亿元）	17.73	61.69	15.28	94.70
—结构（%）	18.72	65.14	16.14	100.00
2011 年预算数（亿元）	19.90	59.19	15.19	94.28
—结构（%）	21.11	62.78	16.11	100.00

数据来源：国家财政部。

可以看到，公务用车购置及运行费占了“三公”经费的大头，占比接近 2/3，因公出国（境）费和公务接待费次之，分别占 1/6 强和 1/6 弱，因此，公务用车首先成为“三公”经费改革的重中之重。其次，在已经公布“三公”经费的部门中，2010 年“三公”经费总支出决算最高的是国家税务总局，达到 21 亿 6 631.68 万元，决算最低的是国家信访局，仅 98.25 万元，二者相差 21 亿万余元。国家统计局的 2010 年“三公”经费总数 1 亿 1 627.85 万元，如果以其在编人员21 722名员工计算，人均“三公”经费5 353元；如果加上5 000名长期聘用人员，其“三公”经费人均 4 351 元。[②] 而 2009 年，中国农村居民年人均纯收入只有 5 153 元，由此可见“三公”经费的规模已非

① 《中央各部门公开“三公”经费数据》，http：//news.qq.com/zt2011/sangong/all.htm。
② 《中央各部门公开“三公”经费数据》，http：//news.qq.com/zt2011/sangong。

同一般，规模如此庞大的“三公”经费在管理和使用上的效能又如何？需要进一步在现实中加以观察和回答。

（二）“三公”经费管理失当的主要表现

一是各部门对“三公”经费理解不同，公布内容缺乏明确范围。财政预算公布的“三公”经费只规定到“款项”，即出国（境）费、公务用车购置及运行费、公务接待费这三项费用，线条太粗，细账、小账不明确，没有一个具体的分类细则，各个部门对于“三公”经费的理解也不同，核算口径也不一致。没有一个严格的范围界定，导致在实际的操作过程中直接影响了单位财务处理核算的准确性。①

二是把“三公”经费列支到其他科目。为使得“三公”经费支出不要显得过大，有的部门将出国、出境费用列支到外出考察交流费用之中；将公车加油费列支到公务费或差旅费之中；将吃喝招待费列支在会议费的工作餐之中，这些都是不符合相关规定的行为。

三是把本单位的“三公”经费转嫁给其他相关单位。有些部门把本应在本单位支出的“三公”经费转嫁给相关单位。有些部门把本应在单位账面支出的经费直接转移到下属单位和二级机构去，或将相关经费以拨出资金的形式先拨付到下属单位，再通过下属单位列支机关本单位的“三公”经费。还有借用下属单位的公务车辆，车辆费用在下属单位报销。②

---

① 孙胜：《新〈预算法〉对“三公”经费规范与监管的思考》，《经济研究导刊》2015 年第 15 期。

② 林琛山：《当前“三公”经费中违反财政纪律的主要表现及防控措施》，《经贸实践》2015 年第 10 期。

四是把“三公”经费隐藏在单位的“小金库”中。有些单位将收取的房租费、二级单位缴纳的管理费、国有资产变卖收益或有意隐瞒的一些收入未纳入单位财务而抵顶公务招待、旅游等支出。有的领导干部打起了私家车的主意，利用手中的签字报销权，将私车维修、油耗等运行费用，直接由单位“消化”，各种花费不低于在编公车，形成“私车公养”模式。①

五是虚开巧立名目的虚假发票。为了使不合理的“三公”经费支出合理化，有的单位会将“三公”经费开支发票转换成其他发票，以材料费、设备购置费、购买办公用品费、单位基建费等项目列支。或是为了规避单位监管和公众监督，虚开米、油、面等慰问品发票。一时间，报销发票成为公职人员津津乐道的话题，一些不法分子利用这种机会制造虚假发票进行兜售，形成了地下交易的“发票”市场，规模之大，令人咋舌！

六是消极管理，账目混乱、虚报瞒报。各级部门对公开“三公”经费的做法采取消极管理态度，或频频改动统计口径，导致统计数据前后不一致，“三公”经费数据疑点重重，缺乏可比性。例如，2011 年 3 月，B 市公开了 57 个部门的部门预算，但此次仅有 44 个部门公布“三公”经费。对此，B 市财政局给出的意见是，由于“三公”经费统计起来比较复杂，因而选择了预算单位中基础较好的一些单位进行统计。明年公开“三公”经费的部门将会增加。然而，B 市财政局向市人大常委会汇报在上一年度决算，透露去年全

① 林琛山：《当前“三公”经费中违反财政纪律的主要表现及防控措施》，《经贸实践》2015 年第 10 期。

市党政机关和全额拨款事业单位市级“三公”经费财政拨款决算总额为 11.3 亿元。两者相差竟达 6.9 亿元。也就是说，在两次关于同一时期同一地区的“三公”经费的报告中，竟然有 6.9 亿元莫名消失了。实际上，这类事件比较普遍，并非偶然。

七是“三公”经费透明度逐级递减。国务院办公厅 2012 年即在文件中要求，中央部门要在 2011 年公开“三公”经费支出总额和分项数额的基础上，细化“三公”经费的解释说明，各省（区、市）政府要制订“三公”经费公开时间表，争取在两年左右的时间内，实现省级政府全面公开“三公”经费。2013 年又明确要求：“各省（区、市）政府要全面公开省本级‘三公’经费”，同时指出“争取 2015 年之前实现全国市、县级政府全面公开‘三公’经费”。国务院办公厅 2014 年政府信息公开工作要点进一步要求“加大‘三公’经费公开力度，所有财政拨款安排的‘三公’经费都要详细公开”。然而，根据北京大学公众参与研究与支持中心提供的实测数据显示：截至 2015 年 6 月，包括省、市、县在内的地方政府，公开“三公”经费信息上的得分率仅为 20.1%，省级政府的得分率最高，为 30%，市级政府 16%，而县级政府则只有 10%。① 由此可见，国办对“三公”经费信息公开的政策和工作要求远未按时完成，而且随着行政级别的下沉出现明显的“效力衰减”。②

① 数据来自北京大学公众参与研究与支持中心 2015 年 9 月 24 日对外发布的《中国行政透明度观察报告(2014—2015)》，这是北京大学第四次针对我国政府信息公开绩效情况发布调查结果。

② 万静：《中国行政透明度：“三公”经费公开力度逐级递减》，《法制日报》2015 年 9 月 25 日，http：//www.chinanews.com/gn/2015/09－25/7544087.shtml。

（三）"三公"经费管理失当产生的负面效应

首先，"三公"经费成为公务员的部分隐性收入，导致收入分配恶化与公众不满。以往的改革举措表明，在不提升公务员薪酬待遇水平的前提下，试图降低"三公"经费的努力，都将在一定程度上影响公务员的工作积极性。这说明公务员的相当一部分待遇隐藏在"三公"经费中，从而导致收入分配和利益关系扭曲，社会公众对此严重不满。由于我国的公务员工资和津贴并不是很高，在有些地区难以保证公务员在社会上享受中上等地位，所以，"三公"经费用来作为保证公务员社会地位的一大收入和福利支持。显然，降低"三公"经费，其实质是减少公务员的福利和待遇，要想在降低"三公"经费的过程中不影响公务员的工作积极性，就需要对此进行改革，即切断公务员待遇与"三公"经费的利益链条，又不至于降低公务员积极性。

其次，"三公"经费支出不公开、不透明，导致较大的浪费甚至被贪污的风险。无论是公务员待遇还是"三公"经费，在我国的透明度都不太高，并且没有主动地去接受群众和社会监督。正是因为公务员待遇不透明，若要通过提升公务员的名义工资来激励其努力工作，公众由于不知晓公务员工资以外的各种津贴、福利待遇情况及其在收入中所占的比重，可能会猜测公务员名义工资提升时，其他隐性津贴、福利等也随之提升，公务员的总收入可能会被认为能得到大幅提升，所以提升公务员的名义工资就很容易遭到社会舆论的反对。而恰恰是因为难以提升公务员的名义工资，公务员要想获得与之身份相符的收入和待遇，只能让津贴、福利等在收入中保持较高比重，并且享受较多“三公”经费，甚至把一部分“三公”经费用来办私事，从而导致“三公”经费被浪费和侵占，不正当的消费增加，最终导致“三公”经费越来越庞大，且难以计算出精确的数字，逐渐成为一笔糊涂账，更加难以公开。长此以往，就会更加引发社会公众的不满，只要人们还认为公务员在奢侈地使用“三公”经费，公开增加公务员工资就沦为空谈，公务员们的工作积极性也就依然要依靠对“三公”经费的挥霍来维持，公务员名义工资的提升也就越发困难，“阳光工资”的进程也就越难推进，进而形成恶性循环。

第三，国有企业存在大量支付于公务员的“三公”消费，导致国有资产严重流失和浪费。除政府支付外，还有相当数量的“三公”消费是由企业支付的，但其用途却是用来请公务员吃喝娱乐消费甚至用来给公务员购买礼物，其目的就是为了通过公务员的权限为企业或个人自身谋利，这实质上导致国有资产严重流失和浪费。据报道，中国铁建股份有限公司年报中“业务招待费”(主要是宴请开支、赠送纪念品开支、参观开支等，但不包括会议费和差旅费)一项高达 8.37 亿元，居全部上市公司首位。2012 年共有 8 家公司的业务招待费超过 1 亿元，其中绝大多数是央企。国有企业属于全民所有，相关支出的浪费直接伤害全民利益，这些“三公”消费也需公开透明，接受公众监督。

第四，滋生特权腐败、丧失公信力，对党的执政能力形成严峻挑战。由于“三公”经费来自纳税人的税收收入，目前我国“三公”

经费所存在的上述问题已经极大地影响了社会公众对政府的印象，对铺张浪费地使用“三公”经费已经达到了忍无可忍的地步，已经遭到了社会舆论的强烈不满，所以急需积极治理“三公”经费，在进一步深化改革的过程中妥善进行治理，挽回群众对政府勤俭节约的信赖。

由此可见，我国“三公”经费不仅规模庞大，而且管理效率低下，不仅是腐败和特权思想滋生的温床，同时也是整个社会收入分配秩序混乱的始作俑者之一，尽管公务员群体人数不多，但“三公”经费滥用导致的社会后果及影响甚为负面，“三公”经费改革迫在眉睫。

二、制度反腐、“三公”经费改革及其取得的初步成效

随着我国公共领域的宏观制度环境逐步优化，及社会网络技术的普及，“三公”经费等财务信息的公开，逐渐成为全社会的共识。为进一步弘扬勤俭节约、艰苦奋斗的优良传统，党的十八大以来，中央先后开展一系列的整改措施，如出台“八项规定”和《党政机关厉行节约反对浪费条例》等，对机关工作人员公务行为做出明确规定，为进一步规范“三公”经费管理加码。2014 年，第十二届全国人大常委会第十次会议上表决通过了新的《预算法》，从政策上弥补了原有《预算法》不适应时代进步对财税体制提出的客观发

展要求，从制度层面为逐渐规范“三公”经费的管理与使用进行规范。[①] 5年来，通过制度反腐、舆论监督与纪检监察，中央“三公”经费规模连年压缩，累计降幅超过30%，相当于西部一个县的GDP，取得了“三公”经费改革的初步成效。

（一）国家层面制度反腐的若干重要举措

由于“三公”经费滥用极易涉嫌公款旅游、公车消费、公款吃喝等不良行为，甚至违法犯罪，亟须从制度层面加以约束，力推制度反腐。

党的十八大以来，“八项规定”“六项禁令”“反四风”等一系列反腐重拳相继出台，相当程度上遏制住了“三公”经费的滥用势头。比如，2012年12月4日中央提出“八项规定”，指出要厉行勤俭节约，严格遵守廉洁从政有关规定，严格执行住房、车辆配备等有关工作和生活待遇的规定。2013年1月，中央进一步明确“六项禁令”，包括严禁用公款搞相互走访、送礼、宴请等拜年活动；严禁向上级部门赠送土特产；严禁违反规定收送礼品、礼金、有价证券、支付凭证和商业预付卡；严禁滥发钱物，讲排场、比阔气，搞铺张浪费；严禁超标准接待，以及严禁组织和参与赌博活动等。同年6月18日，习近平总书记在党的群众路线教育实践活动工作会议上，强调党员的作风建设问题，要对作风之弊、行为之垢来一次大排查、大检修、大扫除，即反对形式主义、官僚主义、享乐主义和奢

① 孙胜：《新〈预算法〉对“三公”经费规范与监管的思考》，《经济研究导刊》2015年第15期。

靡之风等“四风”问题。

据《北京青年报》2013 年 11 月 19 日刊登的《中纪委首晒成绩单》一文披露，自“八项规定”实施以来，至 2013 年 9 月 30 日，短短 9 个月内，各省区市共查处地厅级以下干部违反“八项规定”1.48 万余件，处理 1.6 万余人。从被处理干部的级别看，乡科级居多，为 16 080 人，占到总人数的 96%，县处级 594 人，地厅级 25 人，仅占被处理人数的 0.1%，“蚁贪”之势尽然。从发现的问题来看，公车滥用问题比较突出，而且主要集中在基层。在查处的 1.4 万余个问题中，有超过三成属于违反公务用车管理有关规定，多达 4 800 余件，其中乡科级违反这一规定的就有 4 527 件。此外，公款吃喝、大办红白喜事的问题也比较普遍。各地查办的用公款大吃大喝的问题有 800 多件，大操大办婚丧喜庆的问题则有 680 多件。其他违反中央“八项规定”的问题，比如过节收送礼品、用公款进行高消费娱乐和健身活动、违反工作纪律等问题超过 8 000 件。[①]

（二）“三公”经费改革取得的初步成效

（1）支出总量下降

从国家财政部网站提供的数据来看，中央本级，包括中央行政单位、事业单位（含参照公务员法管理的事业单位）和其他单位 2014 年“三公”经费财政拨款执行数为 65.66 亿元，其中，因公出

① 《中纪委首晒成绩单，违反八项规定通报单无省级官员》，《北京青年报》2013 年 11 月 19 日。

国(境)费 17.08 亿元,公务用车购置及运行费 39.38 亿元(其中,公务用车购置费 5.72 亿元,公务用车运行费 33.66 亿元),公务接待费 9.2 亿元。比 2014 年年初预算减少 5.85 亿元,其中,因公出国(境)费减少 2.68 亿元,公务用车购置及运行费减少 1.89 亿元,公务接待费减少 1.28 亿元。主要是各部门贯彻落实党政机关厉行节约有关要求,压缩、取消部分出国(境)团组,加强公务用车管理,规范公务接待活动,"三公"经费支出减少。①

从中央部门连续五年压缩"三公"经费支出统计看,2011—2015 年,中央本级"三公"经费财政拨款预算从 94.28 亿元下降到 63.16 亿元,总降幅为 33%。2010—2014 年,中央本级"三公"经费支出合计从 93.64 亿元下降到 65.66 亿元,总降幅为 30.67%。中央本级"三公"经费预决算规模下降主要发生在 2013 年之后(见图 9-1)。而且除 2012 年实际支出决算略高于预算外,其余年份的实际支出均小于预算。中央本级的"三公"经费受到一定程度的压缩。

与 5 年前相比,2014 年 "三公"经费实际支出减少了一半以上。2015 年中央部门"三公"经费支出将进一步压缩。2015 年中央本级"三公"经费财政拨款预算 63.16 亿元,比 2014 年年初预算减少 8.35 亿元,下降逾 11%。② 5 年来,中央本级"三公"经费实际

---

① 《国家财政部中央本级 2014 年"三公"经费预算执行和 2015 年预算安排情况》, http://yss.mof.gov.cn/zhengwuxinxi/caizhengshuju/201504/t20150417_1218480.html。

② 《中国中央部门 2014 年"三公"经费实际节省近两成》, http://finance.chinanews.com/cj/2015/07-17/7412890.shtml。

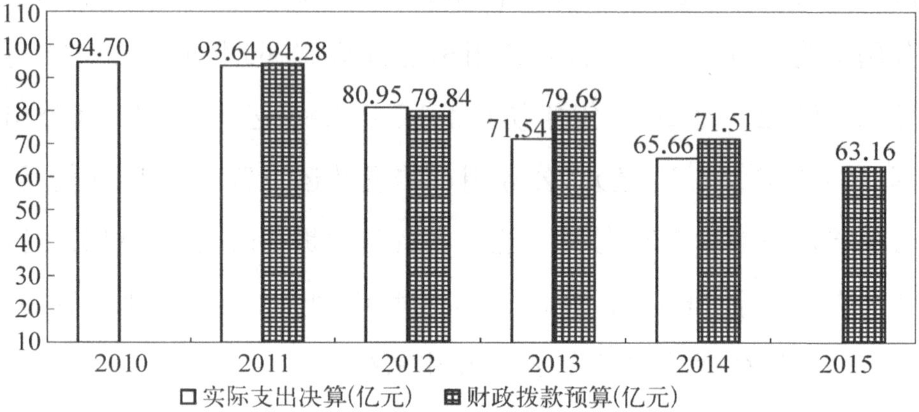

图 9－1 2010/2011 年以来中央本级“三公”经费财政预决算变化(亿元)

数据来源：国家财政部。

支出减少 29.04 亿元，约合青海省海西蒙古族藏族自治州都兰县 2014 年的 GDP 总量。①

此外，2015 年各部门“三公”经费公开内容更加细化，如在以往公开出国团组及人次、公务用车购置数和保有量的基础上，首次公开了公务接待费的相关批次及人数等。2015 年中央部门决算公开的表格由往年的 6 张增加到 8 张，并首次公开了支出经济分类款级科目数据，财政拨款基本支出用途可一目了然。同时，还首次公开了财政拨款收支汇总表，从中可见中央部门财政拨款收入支出结余情况。

(2) 支出结构优化

在“三公”经费的诸项改革中，公车改革力度不断加大。从中

① 曹煦：《中央本级“三公预算”连 5 年下降：省出 1 个西部县 GDP》，《中国经济周刊》2015 年 4 月 28 日，http://politics.people.com.cn/n/2015/0428/c70731-26914119.html。

央本级“三公”经费实际支出结构看，公务车辆购置及运行费降幅最高，达到 44%，该项预算从 2011 年的近 60 亿元降到 2015 年的 34.59 亿元；[①]预算占比从 62.78%下降到 54.77%。[②]

“三公”经费支出结构的优化，得益于制度变革，比如出台《公务支出管理办法》，实行公务卡消费，这些都从操作细节上，起到了节约开支、严控违规支出的作用。与此同时，按照党政机关厉行节约和国务院的“约法三章”，也要求确保中央本级年度“三公”经费预算总规模比上年只减不增。但在实际操作层面却不尽然，也会有少数部门从实际情况出发增加“三公”经费预算的情形出现，据不完全统计，2015 年财政拨款预算在“三公”经费上有所增加的部门有：财政部、交通运输部、人社部、中国红十字总会、中国残联、国家体育总局、中国社科院、中国工程院、中国贸促会、最高法院等。

（三）新《预算法》对“三公”经费的规范与监管

第一，列支明细清单。为了改变以往“三公”经费公布结果中，整体数据过于宏观，执行情况太过粗糙的情况，新《预算法》要求将资金的使用去向和落实情况，以及使用之后的信息反馈都应予以呈现，新《预算法》主要通过预算编制标准对各地的政府财政部门进行一定程度的监管，增加对“三公”经费每一项列支的明确展示。

① 曹煦：《中央本级“三公预算”连 5 年下降：省出 1 个西部县 GDP》，《中国经济周刊》2015 年 4 月 28 日，http://politics.people.com.cn/n/2015/0428/c70731-26914119.html。

② 作者计算而得。

明确、合理、科学分配相关部门的经费收支情况，从源头上遏制乱用"三公"经费引发的一系列问题。

第二，健全预算体系。新《预算法》在结合当地实际发展情况的基础上，通过强化不同行业相关事项的支出标准及其科学预算，科学制定出与之相适应的财务支出预算。通过设定明确的使用细则和最高限额，根据预算进行实际分配，据此实现有限资源的优化配置。

第三，加强预算监管。新《预算法》在完善的过程中，通过加入惩罚模式，加大对预算监管体制的实际投入和监管力度，采用增加违法成本的手段，对"三公"经费的超标消费及公务消费起到警示作用，从违法源头控制和杜绝滥用"三公"经费现象的产生，同时也有利于在财政支出出现问题时，明确政府各部门和事业单位人员应承担的责任。

第四，开放大众监测平台。规范"三公"经费管理与使用，需要强有力、多方位的社会监督体系。只有对政府的财政支出情况进行全方位的有效监督，才能在新《预算法》的实施中，充分发挥经济监管的作用，更好地促进社会公平发展。

三、"三公"经费管理的国际经验及其借鉴

尽管每个国家对公务员开支的明细规定有所不同，但大致上

都包括公务招待和差旅等项目，而且管理十分严格，除了引入公开机制外，还会根据各国不同情况，适度加入一些奖惩机制，其中，来自媒体和公众的监督对国外公务员“三公”经费的使用形成了有力的约束机制，甚至会影响到政治人物的声誉和事业的发展。

（一）欧洲：媒体监督

欧洲政府官员公私分明、监管严格，滥用公款一旦被媒体披露出来，便会成为一件大丑闻。公款报销必须符合规定，这不全是因为欧洲官员的觉悟高，还因为一旦在预算审核中发现问题，丢了手头经费自不待言，还会闹得身败名裂。

例如，多年前时任瑞典副首相的莫娜·萨林购物时借用了政府为其提供的信用卡，尽管后来将钱还回去了，但经媒体揭露后，她不得不辞去职务。本来是热门的首相人选，却因借用信用卡一事断送了政治生命。

又如，欧盟委员会主席巴罗佐应朋友之请乘游艇度假，媒体知道后对其紧追不舍，整个记者招待会一直围绕这一“主题”，记者们非要发言人解释清楚巴罗佐是应谁之邀请，邀请的理由又是什么，如此等等，巴罗佐好不尴尬。

德国前央行行长威尔特克也因为公款消费丢了官。据媒体报道，2002 年，威尔特克带着老婆孩子在柏林超豪华酒店阿德龙住宿 4 天，花销 7 661 欧元。按规定，他本人可因公务报销两晚上住宿费，其余费用应由他自己支付。结果整笔费用都由德国央行属下的德累斯顿银行埋了单。此事经媒体披露后轰动全国，威尔特克不得不离开年薪35万欧元的德国央行行长职位。

(二)日本:公众监督

从1994年起,日本各地陆续建立了民间行政观察员制度。民众自发成立“全国公民权利代言人联络会议”,对政府行为进行监督,检查纳税人的钱到底是怎么用的。他们时常向政府提意见,要求公开财务。在密切监督之下,政府官员自然不敢随便用公款吃喝了。

近些年,日本外务省的高额机密费开支成为民众关注的焦点之一。外务省的机密费又叫报偿费,其中一个用途是用于支付向外务省提供信息者的饮食费、报酬等,究竟如何支出,一直不对外公开。2001年,外务省的机密费高达55亿日元。也就在那年,发生了外务省官员滥用机密费大吃大喝,并购买高级公寓的案件。这起丑闻引起了民众的极大不满。此后,外务省的机密费开支大幅度减少。

日本的民间机构——情报公开市民中心曾向东京地方法院提出诉讼,指控外务省不公开有关机密费的文件是不当行为。2006年2月,日本东京地方法院作出判决,要求外务省必须公开全部文件。这是日本有关机密费的首次判决,也成为日本限制公款吃喝的重要举措。在舆论的压力之下,一些地方政府开始在网上公开政务。2006年5月12日,《每日新闻》报道,福冈县前原市市长把自己的交际费公开,包括请客吃饭以及参加婚礼、葬礼的开支等。公开的数据显示,他2006年交际费比2005年减少了20万日元,为160万日元。2006年5月16日,《每日新闻》又报道了日南市和延冈市的两位市长,同样把交际费的项目和金额很清楚地在网上公开,以接受民众监督。[①]

(三) 中国香港: 预算监督

中国香港每年2月财政司公布财政预算案,交由立法会财务委员会特别会议讨论,审核。《公务员事务规例》对使用公费做出严格又详细的规定。大笔开支(500万港币以上)要交由立法会财务委员会再审议。[②] 市民可向警方及廉政公署举报,也可向立法会议员投诉,由议员代表在立法会会议上向政府部门提出质询并要求回复。香港政府各部门开支基本都来自财政拨款,各部门需要对每年的各项开支做出预算,经立法会财务委员会表决通过才能获得拨款。社会监督。以公车使用为例,香港政府车辆总数、型号和用途都要在政府物流服务署网站公布,市民可以随时在该网站上查询公车资料。每次购置新车和处置旧车时,网站资料也会随之更新。香港每年公布《财政预算案》都很热闹,政府想方设法,甚至请明星、出漫画来邀请公众参与咨询,主动接受纳税人监管。每年预算法公布的当天,市民可以去看看现任财长到底长什么样,亲耳听听政府下一年的钱怎么花。在市内的很多地点,公务员向路过的市民派发从64开本到16开门大小不等的各种预算案解释文

---

① 宗和:《国外如何限制“三公消费”》,《政府法制》2011年第17期。

② 杨政文、袁绮雯:《香港经验:“三公”经费要过三道关》,《党政论坛(干部文摘)》2012年第10期。

本。这与一些地方政府想方设法做预算让百姓看不懂，偷偷在网站角落公布预算，可谓大相径庭。即使如此大规模的公开和解释财政预算，居民可能还是不能全看明白预算。这时拿了民众选票的议员会站出来，代理民众行使这一权力。一旦议员“挑刺”成功，就会有大批媒体跟进，不论效果如何，民众的声音确实得到了最快最直接的反映。[①] 香港政府车辆（除消防处车辆外）均以“AM”开头，行政长官和各司局长车牌，更是路人皆知。公车私用一旦发现，即时揭发。香港每部政府车辆都备有行车记录簿，记录数据包括车程、时间、公里数、地点和目的地。部门管理人员还必须查阅行车记录簿的行车记录，以防止公车私用。车辆采购，香港政府按有关车辆的实际运作用途及需要而制定车辆规格，并以招标方式按规格统一采购摩托车、小型客车、货车及大型巴士等一般用途车辆，分配给部门使用，避免出现超过配置标准的情况。[②]

（四）几点政策启示

1. 加强监督和处罚力度

要努力减少“三公”经费的浪费以及不正当的“三公”消费，一个重要举措就在于做好内部监督和社会监督，增加“三公”浪费的机会成本与约束。其中，内部监督要对公务员的工作做好定期考核，并对其财产、消费状况进行突击检查；社会监督则可以继续通过媒体、网络等形式来对不正当的消费、贪污腐败表现和行为曝

---

① 武彬：《“三公”香港解药》，《新理财（政府理财）》2012 年第 8 期。
② 尤安山：《香港的“三公”支出》，《沪港经济》2011 年第 9 期。

光，主动地接受人民群众的全面监督。只有形成良性监督的社会环境，贪污浪费现象才会真正减少。对于内部监督和社会监督过程中发现的不良行为和现象，要对相关公务员进行严格处罚，对于贪污受贿者，要严格依法追究刑事责任。

2. 制定细致的消费标准

发达国家通过制定细致的消费标准来限制“三公”经费的支出，并纳入法制化轨道。类似地，我国也可以制定出详细的相关规定，加以严格执行，确保“三公”经费不浪费。比如在公务接待方面确定人均标准，在公务出行方面限制商务舱的乘坐，住宿费设置上限等。另外也可以学习香港特区对公车的管理，对公车车牌进行特殊标号，实现公车的阳光行驶。

3. 职务消费的货币化管理

职务消费货币化就是要把公务中发生的费用货币化，计入个人的收入，并由本人统筹安排，从而把公款消费变为私款消费。这样就能更好地提高公务员节约支出的自觉性，有利于降低政府运行成本。推行职务消费货币化改革的关键在于采取自上而下的改革，即由中央直接下达指令，强制推行职务消费货币化。

四、“三公”经费与公务员收入分配改革联动设计

党的群众路线教育实践活动、反“四风”、党员的“三严三实”教

育活动等，将反腐倡廉推向了新的高峰，特别是自2012年底开始实施八项规定以来，“三公”经费改革进入加速通道，但是只约束禁止、缺乏激励与约束并重的公务员工作薪酬制度，显然也不利于改革取得长效，容易从一个极端走向另一个极端，而从制度层面设计旨在激励与约束并重的公务员收入分配制度改革方案迫在眉睫。因此，在经济结构调整期、增长速度换挡期以及社会利益格局分化期，作为全面深化改革的重要组成部分，推进公务员工资制度改革，对于形成合理有序的收入分配秩序，维护社会公平正义，具有极其重要的意义和紧迫性。

（一）联动机制设计基本原则

一是要清除特权思想，摆脱官员互相攀比的低级趣味。这意味着从公车改革到“三公”经费改革的过程中，必须由上级向下级推进，上级是下级的示范。正如李克强总理在谈及有关改革深水区的利益触动问题时所指出的，“改革中触动利益比触及灵魂还难”。[①] 但它关乎国家命运、民族的前途，因此再深的水也值得蹚。

二是要按照“先津贴、后工资”的原则，对公务员收入的不同构成部分设计具有针对性的改革方案。津补贴改革的方向是推动收入分配秩序规范化，通过改革逐步把公众意见较大的公务员的隐性收入显性化；而工资改革的方向则是破除唯职务论的单一的工

① 李克强：《触动利益问题比触及灵魂还难》，《中国日报》2013年3月17日，http://www.chinadaily.com.cn/chinesevideo/2013-03/17/content_16314777.html。

资增长机制。[①]

三是要引入自我激励和市场激励的原则，使压缩“三公”经费开支和增加公务员收入互为手段与目标，实现两者的联动和相互激励。[②] 考虑到“三公”经费压缩意味着公务员实际待遇下降，或将影响公务员队伍士气，因此亟须增设奖励，形成约束与激励并重的“三公”经费管理模式。

四是要坚持效率导向原则，通过工资改革调动公务员的工作积极性，提高行政效率，形成对公务员的正向激励，确保公务员工资水平与社会进步相适应。[③]

五是要兼顾公开公平原则，增强公务员收入的透明度，实行公务员的“阳光工资”，并为逐步过渡到实行公务员财产和收入公示制度，预留政策衔接口。

（二）联动机制具体方案设计

总体而言，公务员工资改革既需要对公务员的收入做加法，又需要对公务员的收入做减法，其中，“三公”经费和津补贴主要是做减法。为此，联动机制方案的核心，是要把降低“三公”经费改革同优化公务员收入结构、完善公务员工资的约束和激励机制集合起来。压缩“三公”经费，引入公务员的自我激励和市场激励机制，具体措施如下：

---

① 常亚青、权衡、李凌：《公务员收入与福利首先要平衡起来》，《东方早报》2014 年 3 月 11 日。

②③ 王战：《公务员工资要做加法也要做减法》，《文汇报》2014 年 3 月 6 日。

一是将“三公”经费预算落实到个人，通过“节约奖”形式，鼓励个人节省“三公”经费开支。(1) 公款消费和公费旅游。超过预算的部分由公务员自行承担；而不足预算的部分则以一定的比例(如 50%)作为“节约奖”在次年直接返还公务员本人。可以证明(证明过程见附件)，上述机制中公务员不存在瞒报和少报的动机，而且公务员在主动节省“三公”经费的同时，也增加了自己的合法收入，同时增收又成为公务员进一步思考如何压缩“三公”经费的动力来源。(2) 公车消费。分别按照自驾、自己开公务车，以及既配公车又配司机等四种不同情形，鼓励公车使用新能源车，具体方案设计如下：自驾者按市场平均租车价格对公务员进行补贴，如果自驾的是新能源车，则可额外再按照市场上同等性能的新能源车与普通汽车的租赁差价进行补贴；自己开公务车的按照自驾补贴标准的 30%进行补贴；既配公车又配司机的不予补贴。补贴经审核后于次年发放。

二是加强“三公”经费使用信息的透明度，引入公众监督，鼓励各级单位细化财政预算，“其他项”的金额不能超过总支出预算的 20%，并逐步过渡到 10%。

三是在现行的跨年度“三公”经费的预算和决算机制中，当决算小于当年预算时，次年预算就会减少。这一机制产生了对“三公”经费即使用不完也要想方设法用完的反向激励，是对“三公”经费的一种浪费，因此建议从机制设计环节，废除“三公”经费决算小于预算时，次年预算必须下降的做法。

四是增设“廉洁奖”新方案。压缩的“三公”经费可以通过延期激励方式(俗称“金手铐”)形成对公务员在职期间的约束。例如，在公务员退休时，对于连续(或累计)工作一定年限且业绩廉政的公务员进行奖励(如一次性可奖励 20 万元)。[①]

(三) 联动机制运行效果评估

可以预见，当实行“透明化”“阳光化”和联动机制之后，“三公”经费和津补贴的减少或将大于公务员工资和奖金部分的增加，其中相当一部分减少来自财政预算开支，而公务员总体收入是增加的，而且“三公”经费节省得越多，公务员收入增加幅度也就越高。不妨计算如下：若全国“三公”经费支出为 1 万亿元，假定在联动机制下每年节省 6%—10%，[②]以 8%平均降速估计为例，则可以用节省经费的一半，即 400 亿元转化为公务员工资激励和奖金激励，可增设 20 万个“廉洁奖”，以全国公务员 700 万人计，年奖励覆盖比例接近 3%；同时财政支出也还能省下 400 亿元，如果将省下的财政支出用以扶贫，按贫困人口 7 000 万人[③]计算，人均年收入可增加 570 多元，到 2020 年，5 年累计人均年收入增加 2 800 多元，有望实现减贫战略目标。

---

① 常亚青、权衡、李凌：《公务员收入与福利首先要平衡起来》，《东方早报》2014 年 3 月 11 日。

② 估算依据是，2011—2015 年的 5 年，中央本级部门“三公”经费累计下降 30%，每年平均下降 6%。

③ 2011 年农村居民家庭人均纯收入 2 300 元/年的贫困标准下，中国有 1.28 亿的贫困人口。到 2015 年底，大约有 7 017 万贫困人口。数据来自 2015 减贫与发展国际论坛，习近平总书记在主旨演讲中提到的中国政府到 2020 年的减贫目标。

五、小　结

本章针对新《预算法》实施之前我国“三公”经费使用与管理中存在的种种问题展开分析，指出“三公”经费已然构成公务员隐性收入的重要组成部分，不透明导致不规范和大量浪费，引发收入分配不公、特权腐败，以及公众对公务员群体的普遍不满。党的十八大以来，相继出台了“八项规定”“六项禁令”等若干压缩“三公”经费的重要举措，2014 年颁布的新《预算法》，从政策上弥补了原有《预算法》不适应时代进步对财税体制提出的客观发展要求，通过制度反腐推进“三公”经费改革的透明化、规范化，取得了初步成效。据统计，中央本级“三公”经费财政拨款预算从 2011 年的 94.28 亿元下降到 2015 年的 63.16 亿元，总降幅为 33%；中央本级“三公”经费支出合计从 2010 年的 93.64 亿元下降到至 2014 年的 65.66 亿元，总降幅为 30.67%，相当于西部一个县的 GDP。

对比“三公”经费管理的国际经验，我国“三公”经费改革仍需从体制机制上加以完善。研究建议采用“三公”经费与公务员收入分配改革联动，既做“减法”，压缩“三公”经费减少铺张浪费和腐败的机会，同时也要做“加法”，保障公务员合理合法的公务支出，并根据公务员的工作特点，设计相应的延迟激励措施，一方面保持公务员收入水平的正常增长，同时也有助于形成激励与约束并重的公务员薪酬体系。

第十章　公务员薪酬体系建设与分配制度改革

规范公务员收入分配秩序，不能简单套用国际经验，而是要从我国的基本国情出发，遵从约束机制与激励机制并重、公务员"政事分离"、基于信息公开的比较平衡、与"三公"经费改革联动，以及透明化、规范化、法治化、高效化的基本原则，以渐进式改革方式，制定相应的公务员收入分配制度改革过渡方案与中长期战略选择，并在公务员收入分配制度改革过程中，妥善应对可能存在的体制性问题。

一、当下推进公务员薪酬体系建设的过渡性措施

目前，人力资源和社会保障部正在研究制定公务员薪酬体系改革

方案。各种信息显示，目前正在推进的改革重点是提高基层公务员待遇，主要聚焦两项任务：一是规范公务员地区附加津贴制度；二是完善职务和职级并行的薪酬制度。① 实际上，公务员收入分配问题是在长期历史发展中逐步形成的，且具有敏感性、复杂性，公务员薪酬制度改革一步到位非常困难，应秉持循序渐进、先易后难的顺序和原则。在整个社会的收入分配并未改善的情况下，简单通过提高公务员薪酬水平会遇到阻力，容易引发社会一边倒和各种不满。同时，目前由于地方融资平台高筑、政府财力有限、基层公务员生活压力大，推进公务员薪酬改革又具有现实性和紧迫性，所以我们认为首先设计一些过渡性措施。

（一）过渡性措施的时间表和路线图

可以考虑的时间表和路线图是：拟在本届政府执行期间提出并落实若干过渡性措施，即公务员薪酬体系改革的第一阶段，重点解决公务员收入结构扭曲问题，力图转变目前公务员收入中工资和津补贴"倒挂"和激励错位问题；与此同时结合目前所处的发展阶段，为进一步贯彻落实党和国家的治国理念与改革措施，形成约束和激励并重的公务员薪酬体系。

（二）过渡性措施的具体内容

1. 凝聚改革共识

一是将公务员薪酬体系建设纳入国家收入分配改革之中，将

---

① 胡颖廉：《公务员薪酬改革"前世今生"：有效的公务员薪酬制度，必须兼顾效率与公平两大要素》，《瞭望新闻周刊》2014 年第 14 期。

公务员收入改革作为完善整体收入分配的排头兵，全面落实和体现国家的收入分配改革。

二是坚持党的群众路线，严格执行密切联系群众的“八项规定”“六项禁令”，增强公务员为人民服务的公仆意识。严格要求公务员秉公执法、厉行节约、公正清廉。

三是全社会统一思想、凝聚共识。全社会的舆论和媒体报道应以实事求是的态度来正视公务员收入分配改革，不应为博眼球而偏向某些片面的报道，分析要全面、客观，既要揭示腐败，也要把公务员八年来未增加工资、基层公务员收入偏低等真实情况反映出来。要主动营造深化公务员薪酬体制改革的社会舆论与社会氛围，创造有利于基层公务员工资增长的社会环境。

2. 精简公务员编制

考虑到未来几年经济运行将可能处于下行期，财政压力比较大，建议“十三五”时期暂时冻结高校应届毕业生招考录用的公务员编制，减少人员，精简机构。目前，我国有 700 万—800 万名公务员，精简机构的好处在于，一方面可以提高公务员的收入和工作效率，另一方面则能有效减轻财政负担。值得注意的是，通过严格控制和规范政府部门内的劳务派遣用工，方能有效减少用于劳务派遣用工的财政支出、强制提高体制内公务员的效率，实现通过公务员队伍的减员增效。而对于在一些事业单位、乡镇和街道以及村、居委会中从业的优秀基层工作者，建议拓宽其转变为公务员的上升通道，完善基层队伍激励机制。

3. 规范收入结构

一是要严格执行公务员薪酬的相关文件，取消公务员的各种灰色收入。应继续严格执行中央文件，增强公务员拒腐防变的能力，切断灰色收入链条。革除不合理的收入待遇，完善与规范公务员薪酬体系，以渐进式改革方式，逐步推行"透明化"和"阳光化"的"新津补贴方案"。

二是针对公务员收入结构中津补贴占比过高，而且各地发放额度悬殊等问题，设立津贴补贴调控线、征收调节基金和将一部分津贴补贴纳入基本工资，缩小不同地区间的收入差距。工资和津补贴的结构比例应从现在的 2∶8 逐步提高到 1∶2，并向 1∶1 过渡。

三是对工作津贴和生活补贴的名目和类别加以明确，实行全国统一的津贴和补贴类别，实行津补贴收入信息的公开与监督，遏制假借名目发钱的乱象，渐次使同一地区不同部门的津贴水平在实际购买力意义上不断接近。

四是按照各省经济发展水平（人均 GDP）进行划区，分为高、中高、中低和低四档，参照以往发放津补贴的惯例以及各地发展水平高低制定发放标准，形成与经济发展水平挂钩的津补贴增长机制。中央直属机关公务员津补贴建议不超过各省公务员津补贴的均值。

五是在基层干部中较为普遍的科长以下职务，增加对应的级别数量，一定程度上缓解基层公务员待遇较低的问题。

4. 促进工资增长

一是尽快建立合理的公务员工资增长机制，坚持约束与激励并存，让公务员共同分享中国经济高速增长的果实。根据经济增长情况、同类人员的工资水平、物价上升、就业形势等每年制定公务员薪酬增长指数，由于各地的实际情况不同，该指数应存在合理的差别。

二是确保一线和年轻公务员的薪酬足以应付正常的生活开支，可与当地医生、教师等专业技术人员的收入相当，并给予合理的住房补贴。一线或年轻公务员权力有限、很难以权牟利，在整个公务员队伍中是弱势群体。应综合考虑公务员当地的生活成本，如房价、物价等，在短期内对大城市的公务员一次性发放大额房贴，为三四线城市及乡镇农村公务员每月发放小额房贴。若实在难以支付房贴，也可考虑将年轻公务员纳入保障性住房福利体系。

5. 联动“三公”经费改革

一是将节省的“三公”经费用于支付公务员的“节约奖”、职业年金，并补充全社会的养老保险。由于公务员（尤其是职务高的公务员）的部分待遇隐藏在“三公”经费之中，如果将“三公”经费预算落实到个人，推行职务消费货币化，并通过“节约奖”的形式将一部分节省下来的“三公”经费用于奖励公务员节约使用“三公”经费的行为，则非常有利于减少变相和过度使用“三公”经费的现象，同时让公务员的收入光明正大地提高。还可将一部分省下来的“三公”经费用于支付公务员的退休年金，以促成以后养老金的并轨。另外一部分省下来的“三公”经费则必须用于补充全社会的社保、医保、养老补贴等，真正让民众在“三公”经费和公务员薪酬改革中受益，让老百姓拥护公务员薪酬制度的改革取向。

二是减少公车使用量，建议政府公务员带头示范将新能源车作为公车使用，减少雾霾和污染。科学研究表明，大城市 PM2.5

主要来源于工业生产、汽车尾气等，所以政府带头采购和使用新能源公车是减少雾霾和保护环境的重要可行举措。与此同时，建立公务员公共交通专项补贴。为减少公车使用，鼓励公务员搭乘公共交通，并给予相应的补贴。对于使用公车的公务员，可采取公车补贴的做法，分别按照自驾普通车、自驾新能源车、自己开公车、司机开公车四种不同情形来设计方案：自驾普通车者按市场平均租车价格对公务员进行补贴，自驾新能源车者按市场平均租车价格的1.2—1.5倍获得补贴，自己开公车的按照自驾补贴标准的30%进行补贴，既配公车又配司机的不予补贴。

三是推动现有各种福利的货币化进程，如住房、医疗、养老、采暖等。严格控制实物福利发放，将各种福利尽可能地直接体现在薪酬上，让“阳光工资”反映出公务员的真实待遇。

四是增设行政办公大楼节能奖，从源头上减控政府办公大楼及设备设施能源浪费现象，厉行节俭，把节省下来的能源经费作为公务员的奖金收入。

6. 加强制度约束

一是加大个人收入所得的电子信息系统建设，推进“阳光工资”防腐，加强公务员薪酬管理。纪委每年定期通过银行系统调询每个公务员的入账明细，如与薪酬不符则限期查实和处理，以减少公务员利用职务便利做兼职、谋利益的机会，督促他们全身心投入工作。另外需公示官员的财产和收入。

二是建议关闭公务员与国企高管之间的“旋转门”。由于目前国企高管由国资委直接任命，不是从市场上选拔出来的职业经理人，有些高管就是由组织部门直接任命的少数公务员，当其进入国企后薪酬大幅提升，引起了其他公务员的不公平感，不利于促进公务员队伍的凝聚力，更不利于增加普通公务员的收入。

7. 重视队伍建设

一是通过引进人才的方式招聘公务员团队带头人，在重要的岗位上以聘任制的方式引进公务员人才，并通过严格的考核让引进的公务员发挥出带领团队的作用，做好队伍的梯队建设。加强团队管理，重视公务员队伍的可持续发展。

二是完善公务员考核激励机制。根据具体的岗位职责量化工作，每季度进行考评并向名列前茅者发放奖金，同时对最后一名进行警告，一年内有两次季度考评排名末尾者予以解聘，打破“铁饭碗”制度。此外，为每年考核合格的公务员小额增加薪酬。让公务员的薪酬与工作经验挂钩，除在经济增长为负的特殊时期以外，但凡合格的公务员均能公平地增加合理数额的薪酬。另外，全国及各省实行优秀公务员评比，对获奖者实施物质奖励。

三是构建公务员退休补偿制度，建立职业年金。对在职期间没有受过处分的公务员，退休时根据工作年限与级别领取一笔奖励或者丰厚的退休年金。

（三）对 2015 年改革方案的简要评论

针对目前公务员工资制度存在的缺陷，2015 年 1 月，国办法〔2015〕3 号文件转发人力资源和社会保障部、财政部制定的《关于调整机关工作人员基本工资标准的实施方案》（以下简称《实施方案》)，调整内容主要有两方面，一是提高工资标准、规范津补贴；二是建立公务员基本工资标准的正常调整机制。

首先，在提高工资标准、规范津补贴方面，《实施方案》规定，从2014年10月1日起，上调公务员基本工资标准，同时将部分规范津补贴纳入基本工资。调整后，职务工资标准由现行的340—4 000元分别提高到510—5 250元；级别工资各级别起点标准由现行的290—3 020元分别提高到810—6 135元，其他各级别工资档次标准相应提高。将部分规范津补贴纳入基本工资后，规范津补贴标准相应减少(见表10-1)，并严格按纳入基本工资后剩余的额度执行。与此同时，机关工人技术登记(岗位)工资标准也做类似调整。

表10-1 公务员和机关工人规范津补贴减少额度(元/月)

公务员		机关工人	
职务	减少额度	职务(技术等级)	减少额度
省部级正职	650	高级技师	360
省部级副职	590	技师	310
厅局级正职	530	高级工	280
厅局级副职	480	中级工	240
县处级正职	430	初级工	210
县处级副职	380	普通工	210
乡科级正职	330		
乡科级副职	290		
科员	250		
办事员	220		

其次，在建立公务员基本工资标准的正常调整机制方面，《实施方案》要求落实《公务员法》关于定期开展公务员和企业相当人员工资水平的调查比较，推动工资比较原则落地。仿照最低工资标准的调整机制，基本工资标准原则上每年或每两年调整一次，依据工资调查比较结果，综合考虑国民经济发展、财政状况和物价变动等因素确定调整幅度。近期基本工资标准每两年调整一次，参考同期物价上涨幅度、同期企业在岗职工工资增长率等因素，确定工资增长幅度。此外，如遇金融危机、重大自然灾害等特殊情况，基本工资标准延后调整。

再者，《实施方案》同时指出，要逐步规范机关事业单位收入分配秩序，推进落实机关事业单位养老保险制度改革，建立与城镇职工统一的养老保险制度，调整优化公务员工资薪酬结构，适当提高基层公务员工资水平，逐步缩小收入分配差距，研究建立与完善公务员工资水平的调查比较制度，以及科学合理的职务与职级并行制度。

二、推进公务员薪酬体系改革的中长期目标与对策建议

实际上，2015 年的国发 3 号文仍然只是一个过渡性文件，面对的是阶段性任务，重点是调整公务员收入结构和建立公务员工资正常增长机制，还未触及公务员收入调查、收入公开，以及财政体

制改革等深层内容。为此，在加快落实《实施方案》要求和严格执行国家规定的改革性补贴政策和考核奖励政策，渐次推进公务员收入分配制度改革。

（一）公务员收入分配制度改革的意义与中长期目标

从中长期看，推进公务员薪酬体系建设的总体目标应着力于两方面，一是解决公务员队伍的激励有效性问题，既做“减法”，也要做“加法”，使约束机制与激励机制相匹配；二是通过建立科学的薪酬体系，加强公务员队伍建设，提高行政效能，使之成为保证党和国家各项事业顺利推进的中坚力量；三是立足国家战略高度，培育治国理政的主体和基础，在实现全面建成小康社会的历史进程中，形成一支信念坚定、为民服务、勤政务实、敢于担当、清正廉洁的公务员队伍，肩负起国家重大使命，协调推进“四个全面”战略布局。

为此，具体时间表和路线图是：在本届政府的下一个5年内，在规范津补贴和完善薪酬制度基础上，科学规划公务员薪酬体系的宏观和微观治理机制，将公务员收入分配制度改革同与之相关联的改革联系起来，形成改革联动机制，全面协调有序推进。

（二）全面推动公务员收入分配制度改革的对策建议

一是公务员收入分配实践创新与理论创新联动。针对目前公务员薪酬体系设计缺乏理论指导的现状，一方面，需要从现有的理论体系和国外的实践经验中挖掘和比较能够指导现实的理论学说，如复杂劳动论、持久收入说、效率工资说、薪酬激励理论、延期薪酬机制等；另一方面，还要擅于总结、归纳和提炼公务员收入分配实践，形成具有中国特色的执政党收入分配经验范式与理论创新，不断丰富执政党党建理论体系，进而推动实践创新深入。

二是建立健全公务员工资增长与经济增长、物价和财政收入浮动联动。中华人民共和国成立以来，我国共经历 1956 年、1985 年、1993 年、2006 年和 2015 年 5 次公务员工资改革。也就是说，在最近 10 年内，公务员的薪酬标准一直维持在 2006 年水平上，多年来从未加以调整。但经济增长（扣除物价因素）水平基本上翻了 1 倍，物价水平上升了约 30%。为此，改革的长期取向是，参照和借鉴美国等发达国家每年定期公布公务员工资职级工资调整表，调整的依据主要是经济增长、当地物价和财政收入浮动情况，并根据比较平衡原则做出适当修正。因此，从完善治理制来说应当予以充分考虑。

三是公务员薪酬制度改革与人事制度改革联动。目前《国务院关于改革公务员工资制度的通知》对公务员工资增长机制的设计或许过于“狭窄”，主要是集中在“职务”上，极易引发“官本位”思想和腐朽作风。为此，改革的取向应当是，引入“职级”等工资正常增长机制，级别工资将体现同一职务层次的公务员工作年限、资历和能力差别，使公务员不提升职务也能通过晋升级别提高待遇，从而把激励重心更多放在级别和专业技术职称上来。

四是公务员收入薪酬体系改革与深化政府职能改革联动。整顿和规范公务员收入分配秩序也是要从根本上限制和约束政府扩充权力和资源的动机，要求政府“放权于民”，不要“与民争利”，从以“保增长”为首要目标的管理型政府向“促民生”为核心内容的服务型政府转型。这就要求在公务员薪酬体系设计中,坚持因事设岗原则,减少一般经济事务岗位设置,合并机构、精简人员、放权让利,使政府从过度干预的初次分配中退出,更好地发挥政府在再分配领域的调节与补位职能。

五是公务员收入分配制度改革与反腐倡廉的一揽子制度安排联动。党的十八大,特别是十八届三中、四中全会以来,中央的各项措施都表明了加大反腐的决心,尤其是坚持"老虎""苍蝇"一起打,深得民心。在千方百计为公务员加工资的同时,也要规范公务员的工资外收入,彻底清除一批腐败贪污分子,"把权力关进制度的笼子里",铲除滋生腐败的温床。

六是公务员收入薪酬体系改革与收入管理制度创新联动。为进一步规范公务员的收入来源,需要创新现行收入管理制度。一种可行的渐进式调整方式应当包含两方面:即"自下而上"逐级分批对公务员(如新进公务员)实行收入信息公示制度、电子账务监督制度;以及"自上而下"逐级分批推行公务员财产公示,特别是不动产登记与公示制度。自 2010 年起,国务院再三要求中央各部委公开"三公"经费的预决算体系,5 年来,公示制度在压缩"三公"经费和节俭开支方面,取得了一定进展。北京、广州等地已将公务员收入公示列上议事日程。这些都表现在规范公务员收入方面,我们有着善治的管理经验和基层基础。从长远发展看,公务员收入和财产的阳光化、透明化,以及充分运用信息化手段形成制度监督,将进一步有助于构建激励与约束机制并重的公务员薪酬体系。

七是公务员津补贴收入规则设定与公务员工资立法联动。公务员津补贴之所以混乱，固然有公务员收入结构不合理的原因，但归根结底，是因为行政决策难以深入操作层面，致使负责公务员津补贴发放细节的操作部门自由裁量权过大，因此，尽管《公务员法》中对津补贴的范围做出了明确规定，但执行起来却很难，决策和操作都缺乏足够的细致的法律依据。为此，调整公务员收入结构、规范公务员津补贴发放，都应该制定相应的工资、收入管理条例（法），确保最低工资、社会保障标准、薪酬水平的调整正常化、制度化、程序化、标准化，而不是依据部门领导人的行政命令，要把《公务员工资法》的立法事宜提上日程。

八是公务员收入监察机制与制度反腐联动。不遗余力地推进公检法独立公开，减少司法腐败，形成防腐、反腐的长效机制。公安、检察院和法院作为国家机关对公民执法的三大部门，应完全独立，且直接由中央财政拨款用于各项支出，不再依赖地方政府。实现三大部门互相监督，及时纠正错误，让司法透明，减少因司法腐败引起的民愤，减轻老百姓对公务员群体的不满。

九是公务员薪酬体系改革与公务员退休金制度、社保制度改革联动。改革的指向是取消公务员在养老金和社保待遇方面的“超国民特权”。但需要指出的是，取消养老金双轨制并不是要降低公务员退休待遇，更不是要拉平公务员与普通企业员工的退休待遇，而是要注重将公务员的薪酬与养老保险统筹起来，推动公务员社会养老保险向职业年金转型，维护社会公平公正。在具体操作上，可以采用“新人新办法，老人老办法”的渐进模式。实际上，取消公务员的“超国民特权”也是为了更好地理顺公务员收入增长机制，为公务员增加收入奠定基础。例如，针对公务员工作具有显著的内部劳动力市场特征，借鉴国外公务员管理经验，可以在公务员薪酬体系设计中，适度增加一些以人力资本期权形式的专项奖励，在公务员退休后，对于凡是连续（或累计）工作一定年限且经考核业绩廉政的公务员进行专项奖励（比如一次性奖励），退休后方可领取，用延期激励来约束公务员的当职行为。

十是从严从实抓好公务员队伍建设。习近平总书记强调，要坚持以严的标准要求干部、以严的措施管理干部、以严的纪律约束干部，使干部心有所畏、言有所戒、行有所止。[①] 公务员所处的地位、肩负的使命、承担的责任，决定了对这支队伍必须“严”字当头，把从严从实贯彻落实到日常管理的各个环节。

总之，在过渡性措施和中长期改革联动机制设计的共同推进下，形成一套科学完整的公务员薪酬体系治理机制，实现公务员薪酬体系建设透明化、规范化、法治化、高效化方向发展，成为激励和约束公务员队伍建设的主要抓手，推进政府职能转型的关键举措，以及全面深化改革和完善国家治理体系现代化的重要组成部分。

三、小　结

本章提出，在借鉴汲取国外公务员收入分配秩序规范经验时，

① 《党中央对新形势下坚持从严治党的部署要求》，《共产党员》2014 年 11 月 15 日。

应当立足基本国情，不能生搬硬套，渐进式改革基调将有助于深化改革。在制定具体战略时，应充分考虑我国公务员的环境、职业规划和职务分类等基础信息，妥善应对可能存在的体制性问题。

在具体的对策建议方面，本章提出当下推进公务员薪酬体系建设的过渡性措施和中长期方案。其中，过渡性措施聚焦两项任务：分别是规范公务员地区附加津贴制度，以及完善职务和职级并行的薪酬制度。在中长期方案中，公务员薪酬体系改革需要与多个领域内的改革联动推进，主要涉及与收入分配理论创新联动，与经济增长、物价和财政收入浮动的联动，与人事制度改革的联动，与深化政府职能改革联动，与反腐倡廉的一揽子制度安排联动，与收入管理制度创新联动，与公务员工资立法联动，与制度反腐联动，与公务员退休金制度、社保制度改革联动，并从严从实抓好公务员队伍建设等。

参考文献

[1] Akerlof GA, Yellen JL, The fair wage-effort hypothesis and unemployment. Q. J, Econ. 1990, 105(1): 255 - 283.

[2] Alejandra Mizala * , Pilar Romaguera, Sebastián Gallegos. Public-private wage gap in Latin America (1992 - 2007): A matching approach[J]. Labour Economics. 2011(18): 115 - 131.

[3] Ana Lamo, Javier J. Pérez. Ludger Schuknecht a. Are government wages interlinked with private sector wages? [J]. Journal of Policy Modeling. 2013, 35(5): 697 - 712.

[4] Andrew I. E. Ewoh, Stephen Sonnenfeldt-Goddard. Pay-for-performance reform and organizational discrimination: An exploratory analysis of the United States federal agencies[J]. International Review on Public and Nonprofit Marketing.

2012，9(1)：65－94.

[5] Anthony Milanowski. Using Occupational Characteristics Information from O * NET to Identify Occupations for Compensations Comparisons with K － 12 Teaching [R]. CPRE-UW Working Paper Series. 2008.

[6] Bender K A，Elliot R F. Relative earnings in the U.K > public sector：The impact of pay reform on pay structure [C] //B El-liott，C Lucifora，D Meurs. Public Sector Pay Determination in the European Union，Macmillan. 1999：285－328.

[7] Bender，K.A. The Central Government-Private Sector Wage Differential [J]. Journal of Economis Surveys. 1998 XII (2)：177－220.

[8] Bitzan，John D；Bahrami，Bahman. The Effects of Unions on Wages by Occupation in the Public Sector[J]. The International Business & Economics Research Journal. 2010，9 (7)：107－119.

[9] Bradley，Steve；Green，Colin；Mangan，John. Gender Wage Gaps within a Public Sector：Evidence from Personnel Data [J]. MANCHESTER SCHOOL. 2015，83(4)：379－397.

[10] Bregn，Kirsten. Detrimental Effects of Performance-Related Pay in the Public Sector? On the Need for a Broader Theoretical Perspective [J]. Public Organization Review.

2013, 13(1): 21 - 35.

[11] Brueckner, JK (Brueckner, Jan K.); Neumark, D (Neumark, David). Beaches, Sunshine, and Public Sector Pay: Theory and Evidence on Amenities and Rent Extraction by Government Workers [J]. AMERICAN ECONOMIC JOURNAL-ECONOMIC POLICY. 2014, 6(2): 198 - 230.

[12] Central Provident Fund Board. CPF Statistics, Last Updated on: Oct 29, 2007. http: //mycpf. cpf. gov. sg/CPF/About-Us/CPF-Stats/CPF_Stats2007q3. httn.

[13] Cheol- Sung, Lee. Income Inequality, Democracy, and Public Sector Size [J]. American Sociological Review. 2005, 70(1): 158 - 181.

[14] D'Adamo, Gaetano. Wage spillovers across sectors in Eastern Europe [J]. Empirical Economics. 2014, 47 (2): 523 - 552.

[15] Dahlström Carl; Lapuente Victor. Explaining cross-country differences in performance-related pay in the public sector [J]. Journal of Public Administration Research and Theory. 2010, 20(3): 577.

[16] Elliot RF, Bender KA. Decentralization and pay reform in the central government: A study of three countries [J]. British Journal of Industrial Relations. 1997, 35 (3): 447 - 475.

[17] Falch, Torberg; Strøm, Bjarne. Local flexibility in wage setting: Evidence from the Norwegian local public sector[J]. Empirical Economics. 2006, 31(1): 113-142.

[18] Grimshaw, Damian. Public sector employment, wage inequality and the gender pay ratio in the UK [J]. International Review of Applied Economics. 2000, 14(4): 427-448.

[19] Heitmueller, A. Public-Private Sector Wage Differentials in a Devoled Scotland [J]. Jounal of Applied Economics [J]. 2006, 4(9): 295-323.

[20] Honadle, Beth Walter. Wage Determination in the Public Sector: A Critical Review of the Literature[J]. Journal of Collective Negotiations in the Public Sector. 1981, 10 (4): 309.

[21] Hunter, Lawrence colvin. Economic of wages and labor[M]. London: Macmillan. 2008.

[22] Jackman, R., Rutkomoski M. Labor markets: wages and employment[M]. In: Barr, N. Ed, Labor Markets and Social Policy in Central and Eastern Europe. Oxford Univ. Press, New York. 1994.

[23] James Antwi a, David C. Phillips. Wages and health worker retention: Evidence from publicsector wage reforms in Ghana[J]. Journal of Development Economic. 2013, 102:

101 - 105.

[24] Jared J. Llorens, Uncovering the Determinants of Competitive State Government Wages[J]. Review of Public Personnel Administration. 2008(28): 308 - 326.

[25] Johansen, Kare; Strøm, Bjarne. Efficiency wages, wage comparison, and public sector budgeting[J]. Economics of Governance. 2003,4(3): 215 - 228.

[26] John Baffoe-Bonnie. Black-White Wage Differentials in a Multiple Sample Selection Bias Model[J]. Atlantic Economic Journal. 2009, 37(1): 1 - 161.

[27] Ketelaar, A., N. Manning and E. Turkisch. Performance-based Arrangements for Senior Civil Servants OECD and other Country Experience, pp.39 - 40, May 2007. http://www.oecd.org/dataoecd/11/40/38990099.pdf.

[28] Klingner Donald E, Lynn Dahlia Bradshaw. Beyond civil service: The changing face of public personnel management [J]. Public Personnel Management. 1997, 26(2): 157 - 174.

[29] Krueger, A.B. "Are Public Sector Workers Paid More Than Their Alternative Wage? Evidence from Longitudinal Data and Job Questions". NBER Working Paper. 1988.

[30] Lamo, Ana1, Pérez, Javier J. 2, Schuknecht, Ludger3. The cyclicality of consumption, wages and employment of the public sector in the euro area [J]. Applied

Economics. 2013，45(12)：1551－1569.

[31] Lucas，R.E. J. On the mechanics of economics development [J]. Journal of Monetary Economics. 1988(22)：3－42.

[32] Lynne Miller Franco，Sara Bennett，Ruth Kanfer. Health sector reform and public sector health worker motivation：a conceptual framework [J]. Social Science and Medicine. 2005，54(8)：1255－1266.

[33] Matschke，Xenia. Are There Election Cycles in Wage Agreements? An Analysis of German Public Employees[J]. Public Choice. 2003，114(1－2)：103－135.

[34] Melly，Blaise. "Public-private Sector Wage Differentials in Germany：Evidence from Quantile Regression" [J]. Empirical Economics. 2005，30(2)：505－520.

[35] Monazza Aslam，Geeta Kingdon. Public-private sector segmentation in the Pakistani labour market[J]. Journal of Asian Economics. 2009，20(1)：34－49.

[36] Mueller，Richard E. Public-private Sector Wage Differentials in Canada：Evidence from Quantile Regression [J]. Economics Letters. 1998，20(7)：605－627.

[37] Naticchioni，Paolo；Ricci，Andrea. Public Sector Reforms and the Evolution of Wage Inequality：Evidence from Italy [J]. Economia Politica. 2012(2)：1.

[38] Odden A，Wallace Jr M J. New directions in Teacher Pay.

[M]. St. Paul, MN: Freeload Press, 2006.

[39] OPM. Report on Locality-based Comparability Payments for the Central Schedule. http: //www. opm. gov/policy-data-oversight/

[40] Owen E. Hughes. A guid book: Public management[M]. Prinston Press. 2001.

[41] Paul.M.Romer. Echandogenous Technological Change[J]. Journal of Political Economy. 1990, 198: 71-102.

[42] Risher, Howard. How much should federal employees be paid? The problems with using a market philosophy in a broadband system [J]. Public Personnel Managment. 2005, 34(2): 121-140.

[43] Robinson, C., Tomes, N. Union wage differentials in the public and private sectors: A simulateous equations specification[J]. Journal of Labor Economics. 1984 (2): 106-127.

[44] Roland F. Spekléa, Frank H. M. Verbeetenb. The use of performance measurement systems in the public sector: Effects on performance [J]. Management Accounting Research. 2014, 25(2): 131-146.

[45] Roswitha M. King. Conversations with Civil Servants: East European Public Administration Reform in Search of Socioeconomic Development[J]. European Socio-Economic

Integration Innovation, Technology, and Knowledge Management. 2013 28: 173 - 191.

[46] Russell M. Linden. Seamless Government: A Practical Guide to Re-Engeneering in the Public Sector[M]. Harward press. 2002: 78 - 80.

[47] Sare L Rynes, George T. Milkovich. Wage Surveys: Dispelling Some Myths about The "Market Wage" [J]. Personnel Psy-chology. 1986, 39(1): 71 - 90.

[48] Schanzenbach, Max. Explaining the Public-Sector Pay Gap: The Role of Skill and College Major[J]. Journal of Human Capital. 2015(9): 1 - 44.

[49] Torberg Faleh, Brjarne Strom. Local flexibility in wage setting: Evidence from the Norwegian local public sector[J]. Emvirieal Economies. 2006, 31(1): 113 - 142.

[50] U.S.Census Bureau. Government Employmen, March 2002, issued Octorber 2003.

[51] Ugo Panizza, Christine Zhen-Wei Qiang Public-private wage differential and gender gap in Latin America: Spoiled bureaucrats and exploited women? [J]. The Journal of Socio-Economics. 2005, 34(6): 810 - 833.

[52] Vera A. Adamchika, Arjun S. Bedi b. Wage differentials between the public and the private sectors: Evidence from an economy in transition [J]. Labour Economics. 2000, 7

(2): 203-224.

[53] Weibel, Antoinette; Rost, Katja; Osterloh, Margit. Pay for Performance in the Public Sector-Benefits and (Hidden) Costs[J]. Journal of Public Administration Research and Theory. 2010, 20(2): 387.

[54]《中纪委首晒成绩单,违反八项规定通报单无省级官员》,《北京青年报》2013 年 11 月 19 日。

[55]《配第经济著作选集(爱尔兰的政治解剖)》,商务印书馆 1981 年版。

[56]《人社部: 当前未现公务员离职潮》,《中国青年报》2015 年 4 月 25 日。

[57]《中共中央关于深化党和国家机构改革的决定》,人民出版社 2018 年版。

[58] 2013 年的美国 GS 量表,详见 http: //www.opm.gov/policy-data-oversight/pay-leave/salaries-wages/2013/general-schedule/gs.pdf。

[59] 保罗·A.萨缪尔森和威廉·D.诺德豪斯:《经济学(第十四版)上》,胡代光等译,首都经济贸易大学出版社 1996 年版。

[60] 本刊编辑部:《党中央对新形势下坚持从严治党的部署要求》,《共产党员》,2014 年 11 月 15 日。

[61] 曹煦:《中央本级"三公预算"连 5 年下降: 省出 1 个西部县 GDP》,《中国经济周刊》,2015 年 4 月 28 日,转引自人民网, http: //politics. people. com. cn/n/2015/0428/c70731 -

26914119.html。
[62] 曾莉:《我国政府部门公务员薪酬制度研究》,电子科技大学,2007年。
[63] 柴茂昌:《公务员工资调整机制的国际经验及启示》,《现代经济探讨》2016年第6期。
[64] 常亚青、权衡、李凌:《公务员收入与福利首先要平衡起来》,《东方早报》2014年3月11日。
[65] 陈都:《中国公务员收入差距问题研究》,《商品与质量》2011年第7期。
[66] 陈洪玲:《中国特色的公务员薪酬公平导向研究》,吉林大学,2009年。
[67] 陈华燕、姜秀敏:《国外公务员工资机制对我国的启示》,《华中人文论丛》2014年第1期。
[68] 陈瑞祥:《公共部门人力资本定价机制研究》,浙江大学,2011年。
[69] 陈振羽:《正确理解马克思的简单劳动和复杂劳动理论》,《经济经纬》1999年第2期。
[70] 戴正宗:《庞大赤字难消减美州政府疲应对》,《中国财经报》2012年1月19日。
[71] 丁进:《公务员工资水平调查战略对策研究》,《中国行政管理》2009年第5期。
[72] 丁汀:《八成省份公务员取消公费医疗》,《人民日报》2012年1月19日。

[73] 丁薛祥:《深化党和国家机构改革是推进国家治理体系和治理能力现代化的必然要求》,《人民日报》2018 年 3 月 12 日。
[74] 丁悦:《公务员加薪的经济学分析》,《中南财经政法大学学报》2004 年第 6 期。
[75] 董克用、王丹:《建立中国公务员工资水平调查比较机制的理论基础》,《中国人才》2008 年第 8 期。
[76] 范允奇、徐玉生、曹文轩等:《公务员薪酬、腐败与经济增长——基于 SVAR 模型的实证研究》,《人文杂志》2014 年第 10 期。
[77] 盖伊·彼得斯:《政府未来的治理模式》,中国人民大学出版社 2001 年版。
[78] 高苗苗:《我国公务员工资制度研究》,山东大学,2009 年。
[79] 高文书:《公务员薪酬制度改革势在必行》,《人民论坛》2014 年第 22 期。
[80]《公务员工资结构明年调整,逐步提高工资水平》,《新快报》2003 年 12 月 17 日。
[81] 龚平:《深化公务员工资制度改革的政策建议》,《中国财政》2001 年第 11 期。
[82] 辜堪生:《试论公共服务劳动也能创造价值》,《社会科学研究》2002 年第 6 期。
[83] 古丽努尔·阿合买提:《我国公务员福利制度现状分析》,《科技信息》2011 年第 35 期。
[84] 广东省统计局:《2001 年广东政府机关公务员工资状况调查

分析》(2004－04－06) http://www.gdstats.gov.cn/tjfx/t20040406_10123.htm。

[85] 郭沛:《美、英两国公务员分类管理制度的演变及其启示》,《中国行政管理》2009 年第 1 期。

[86] 郭云凯:《人民网评:以平常心看待公务员辞职现象》,《人民网—观点频道》2015 年 4 月 7 日。

[87]《国务院关于机关事业单位工作人员养老保险制度改革的决定》,《人事天地》2015 年第 2 期。

[88] 郝小宝:《公共服务:一种创造价值的生产性劳动》,《西北农林科技大学学报》(社会科学版)2014 年第 2 期。

[89] 何凤秋:《事业单位工资收入分配改革方向分析》,《理论参考》2014 年第 3 期。

[90] 何凤秋:《公务员工资水平平衡比较理论与应用》,《中国人才》2008 年第 3 期。

[91] 何宪:《公务员工资水平实证分析》,《中国井冈山干部学院学报》2016 年第 1 期。

[92] 胡卫:《英国高级公务员薪酬管理制度改革的最新进展》,《外国经济与管理》2004 年第 3 期。

[93] 胡颖廉:《公务员薪酬改革"前世今生":有效的公务员薪酬制度,必须兼顾效率与公平两大要素》,《瞭望新闻周刊》2014 年第 14 期,2014 年 4 月 7 日。

[94] 黄丽娅:《以改革公务员工资制度为契机规范社会收入分配秩序》,《价格月刊》2008 年第 3 期。

[95] 惠宁、霍丽：《试论人力资本理论的形成及其发展》，《江西社会科学》2008 年第 3 期。
[96]《机关事业单位调资兑现工作已经完成》，《人民日报》2015 年 8 月 1 日。
[97]《基本养老保险基金投资管理办法》，《中国劳动保障报》2015 年 8 月 25 日。
[98] 贾玲玲、吴庄：《公务员退出机制研究》，《大连民族学院学报》2010 年第 6 期。
[99] 姜晓萍、马凯利：《我国公务员绩效考核的困境及其对策分析》，《社会科学研究》2005 年第 1 期。
[100] 蒋嵘涛、李伟伟：《我国公务员薪酬制度的公平性困境及对策分析》，《湖南大学学报》(社会科学版)2014 年第 1 期。
[101] 晋利珍：《劳动力市场双重二元分割与工资决定机制研究》，首都经济贸易大学，2008 年。
[102]《聚焦：工资制度如何向基层工作人员倾斜?》，《人民网—人民日报》。
[103] 赖德胜：《当前收入差距扩大原因分析》，《经济研究参考》1996 年第 17 期。
[104] 李丙红：《基于政府部门人力资本投资理论的公务员收入探析》，《江西社会科学》2008 年第 7 期。
[105] 李丹丹：《养老金“双轨制”终结，4 000 万“体制内”将缴养老保险》，2015 年 2 月。
[106] 李飞：《中国公务员的薪酬问题研究》，对外经济贸易大

学,2007 年。
[107] 李广斌:《我国公务员工资制度存在的问题及改革建议》,《攀登》2006 年第 5 期。
[108] 李佳禾、周茜:《公务员"阳光工资"政策分析》,《法制与社会》2009 年第 3 期。
[109] 李佳琪:《专业技术类公务员管理现状及对策研究》,《中国行政管理》2013 年第 8 期。
[110] 李军、魏哲景:《新公共管理视角下公务员激励机制创新》,《西北工业大学学报》(社会科学版)2007 年第 2 期。
[111] 李克强:《触动利益问题比触及灵魂还难》,《中国日报》2013 年 3 月 17 日,www. chinadaily. com. cn/chinesevideo/ 2013 - 03/17/content_16314777.html。
[112] 李强、纪志明:《行为经济学视角的薪酬激励理论研究评述》,《经济学动态》2009 年第 9 期。
[113] 李实、佐藤宏:《经济转型的代价:中国城市失业、贫困、收入差距的经验分析》,中国财政经济出版社 2004 年版。
[114] 李永利:《规范公务员工资标准,确保国家法制统一正确实施》,《海南人大》2005 年第 12 期。
[115] 李占乐:《中国政府"三公"经费公开的现状、问题与对策》,《云南社会科学》2012 年第 2 期。
[116] 李显龙:《不能单靠配套恢复经济》,联合早报网,Oct 13, 2003. http: //www. zaobao. com/special/singapore/pagesl/economY131001d.html。

[117] 林琛山:《当前“三公”经费中违反财政纪律的主要表现及防控措施》,《经贸实践》2015 年第 10 期。
[118] 林胜:《我国公务员收入分配问题研究》,福建师范大学,2012 年。
[119] 凌军辉:《从预算乱象看预算公开的制度障碍》,《法治与社会》2013 年第 8 期。
[120] 刘碧强:《美国公务员薪酬制度及其启示理论探索》,《南方论刊》2010 年第 11 期。
[121] 刘东、王雁:《试论高校收入分配制度改革动因及走向》,《四川师范大学学报》(社会科学版)2011 年第 1 期。
[122] 刘桂芝、薛方晓:《公务员工资水平公平性不足的争论及改进策略》,《当代经济研究》2010 年第 12 期。
[123] 刘寿明、陆维臣:《公共领域中的委托代理理论及其拓展》,《求索》2009 年第 4 期。
[124] 刘武军:《公务员人力资本产权残缺的类型、表现形式与纠正》,《商业时代》2012 年第 16 期。
[125] 刘晓妍:《我国公务员收入分配差距问题研究》,华中师范大学,2013 年。
[126] 刘昕、董克用:《公务员工资水平调查比较制度:我国政府的困境与对策》,《公共管理学报》2016 年第 1 期。
[127] 刘昕:《完善我国公务员工资制度的几点建议》,《中国人力资源开发》2007 年第 10 期。
[128] 刘旭涛:《公务员工资会不会涨疑惑辨析》,《人民论坛》2014

年第 7 期。
[129] 刘忠林:《中外公务员绩效考核概述及启示》,《大江周刊:论坛》2012 年第 2 期。
[130] 鲁彦平、何欣峰:《从加薪看我国公务员工资制度》,《安阳大学学报》(综合版)2003 年第 4 期。
[131] 吕晓丹:《新时期我国公务员工资制度存在的问题》,《前沿》2007 年第 1 期。
[132] 毛艾琳:《美国公务员工资调查机制及其启示》,《四川行政学院学报》2014 年第 2 期。
[133] 毛艾琳:《政府公务员与企业职工工资比较方法研究》,《安徽行政学院学报》2014 年第 6 期。
[134] 钱先航、曹廷求、曹春方:《既患贫又患不安:编制与公共部门的收入分配研究》,《经济研究》2015 年第 7 期。
[135] 乔子鲲:《廉政基金防小腐不治大贪》,《京华时报》2010 年 6 月 30 日。
[136] 任太增:《我国公务员收入水平偏低吗》,《经济学家》2002 年第 6 期。
[137] 沈建磊:《公务员工资制度改革的几点建议》,《中国人力资源开发》2004 年第 1 期。
[138] 石剑、吴质:《中国官员的工资》,改革出版社 1993 年版。
[139] 石少辉:《政策执行过程中的修正——浅谈我国第四次公务员工资制度改革》,《改革与开放》2010 年第 7 期。
[140] 时圣宇:《工资如何向基层倾斜》,《人民日报》2015 年 3

月 17 日。

[141]《国家财政部中央本级 2014 年“三公”经费预算执行和 2015 年预算安排情况》，详见 http：//yss. mof. gov. cn/zhengwuxinxi/caizhengshuju/201504/t20150417 _ 1218480. html。

[142] 宋圭武：《公务员工资改革应坚持的原则》，《发展》2014 年第 4 期。

[143] 孙宏伟：《中法公务员工资制度比较及其启示》，《山西财经大学学报》2009 年第 11 期。

[144] 孙胜：《新〈预算法〉对“三公”经费规范与监管的思考》，《经济研究导刊》2015 年第 15 期。

[145] 孙晓民：《公职人员薪酬制度改革初探》，《现代财经》2004 年第 6 期。

[146] 谈炳和：《国外公务员的薪酬待遇》，《当代世界》2008 年第 1 期。

[147] 唐丽敏：《论我国公务员有效薪酬系统的构建》，吉林大学，2005 年。

[148]《推进我国公务员薪酬体系建设过渡性措施》，《民主》2016 年第 8 期。

[149] 万静：《中国行政透明度：“三公”经费公开力度逐级递减》，《法制日报》2015 年 9 月 25 日，转引自中国新闻网，http：//www.chinanews.com/gn/2015/09－25/7544087.shtml。

[150] 王丹：《建立中国公务员工资水平调查比较机制的理论基础》，

《中国人才》2008 年。
[151] 王峰明：《商品“价值”问题的“元”考察——以威廉·配第为个案并与亚里士多德作比较》,《学术界》2008 年第 4 期。
[152] 王红茹、朱杉：《公务员工资，该涨吗？》,《中国经济周刊》2011 年 8 月 29 日。
[153] 王金华：《试论我国公务员激励机制的完善》,《云南行政学院学报》2005 年第 3 期。
[154] 王礼鑫：《公务员收入分配透析》,《党政干部文摘》2006 年第 7 期。
[155] 王礼鑫：《公务员收入分配透析》,《南风窗》2006 年第 12 期。
[156] 王萍：《中美公务员工资制度研究与启示》,《财政研究》2012 年第 6 期。
[157] 王涛：《我国公务员工资制度存在的问题及其改革方向》,《中国商界》2010 年第 11 期。
[158] 王晓霞：《试论我国公务员激励机制的完善》,新疆大学，2006 年。
[159] 王孝廉、刘碧强：《中国公务员工资制度改革原则探讨》,《经济研究导刊》2012 年第 6 期。
[160] 王学力：《我国公务员工资的现状、问题与对策建议》,《经济研究参考》2006 年第 32 期。
[161] 王战：《公务员工资要做加法也要做减法》,《文汇报》2014 年 3 月 6 日。
[162] 王战：《“三公”经费应和公务员收入改革同步》,《劳动报》2013

年 3 月 10 日。

[163] 韦莉娟：《对新一轮公务员“离职欲”缘何难以转化为“离职潮”的探索》,《商》2016 年第 23 期。

[164] 文刀：《我国公务员工资制度应当改革》,《社会科学论坛》2001 年第 9 期。

[165] 翁文先、李兵：《浅析我国公务员薪酬定价困境》,《甘肃社会科学》2003 年第 5 期。

[166] 武彬：《“三公”香港解药》,《新理财》(政府理财)2012 年第 8 期。

[167] 香港特别行政区政府公务员事务局网站,《公务员队伍的管理,附带福利》,http：//202.67.226.40/gate/gb/www.。sb,gov.hk/tc_chi/adniin/benefits/62.html。

[168] 香港特别行政区政府公务员事务局网站,《统计数字》,http：//202.67.226.40/gate/gb/www.csb.gov.hk/tc_chi/stat/annually/1333.html。

[169] 香港通过《公职人员薪酬调整条例草案》,中国养老金网,www.cnpension.net.2009.12.17.http;//www.cnpension.net/index_lm/2009－12－17/1011218.html。

[170] 项仲韬：《国家公职人员的人力资本定价》,浙江大学,2009 年。

[171] 谢海虹、孙剑平：《我国公务员工资水平市场对比方法设计研究》,《华东经济管理》2012 年第 1 期。

[172] 熊通成、曾湘泉：《地方财力、分配决策与公务员工资收入地区

差距的实证分析》,《统计与决策》2014 年第 19 期。
[173] 熊通成:《美国公务员工资水平调整机制及其对我国的启示》,《人事天地》2011 年第 7 期。
[174] 熊通成:《以“可比机制”建构我国公务员地区附加津贴制度探讨》,《人事天地》2011 年第 8 期。
[175] 熊通成:《地方财力、分配决策与公务员收入地区差异》,中国人民大学博士学位论文,2010 年。
[176] 闫红梅:《我国公务员薪酬制度建设研究》,大连理工大学,2006 年。
[177] 晏扬:《禁令“逼退”部分公务员实乃幸事》,《新华每日电讯》2014 年 1 月 10 日。
[178] 燕农:《“小孩都看得懂”的公开别局限于工资》,《福建日报》2014 年 2 月 26 日。
[179] 杨兵杰:《中国近代公务员工资制度思想研究》,上海财经大学,2002 年。
[180] 杨时旺、高福来:《我国公务员工资制度的改革》,《经济与管理研究》2001 年第 6 期。
[181] 杨政文、袁绮雯:《香港经验:“三公”经费要过三道关》,《党政论坛(干部文摘)》2012 年第 10 期。
[182] 杨智、牛汝伟:《刍议我国公务员工资改革》,《当代经济》2011 年第 1 期。
[183] 姚东旻、樊洛明、林思思:《公共部门人员收入是否相对偏低》,《统计研究》2016 年第 33 期。

[184] 尤安山：《香港的“三公”支出》，《沪港经济》2011 年第 9 期。
[185] 袁宝华：《中国公务员制度》，中国人事出版社 1993 年版，第 179 页。
[186] 袁双双：《浅析公务员离职现象》，《人力资源管理》2016 年第 5 期。
[187] 詹红岩：《试析我国公务员工资制度改革》，《理论导刊》2009 年第 3 期。
[188] 张柏林：《中华人民共和国公务员法释义》，党建读物出版社、中国人事出版社 2005 年版。
[189] 张力、袁伦渠：《我国公务员工资收入决定机制成因：一个基于劳动力市场分割理论的定性解释》，《北京交通大学学报》(社会科学版)2007 年第 1 期。
[190] 张力：《我国公务员工资收入决定机制转换》，北京交通大学，2007 年。
[191] 张霞、丁岩：《关于养老金并轨的风险和对策研究》，《中南财经政法大学研究所学报》2015 年第 1 期。
[192] 张旭霞：《公务员制度》，对外经济贸易大学出版社 2006 年版，第 119 页。
[193] 张英民：《寻求正当性：公务员薪酬制度改革的一种思路》，《党政干部论坛》2009 年第 9 期。
[194] 张智涵：《我国公务员薪酬激励制度研究》，河北大学，2014 年。
[195] 赵湖嘉：《关于公务员收入分配合理性的几点思考——桐乡

市实行"四统一"管理前后公务员收入差距状况及心态调查》,《嘉兴学院学报》2004 年第 7 期。
[196] 赵娜:《对公务员薪酬改革的几点建议》,《法制与社会:旬刊》2010 年第 20 期。
[197] 郑功成:《工资要涨更要规范——郑功成教授谈公务员工资制度改革》,《职业》2004 年第 9 期。
[198] 郑纪刚、薛兴利:《关于养老金并轨改革问题的探讨》,《经济论坛》2015 年第 5 期。
[199] 志华:《美国公务员制度的改革与转型》,上海交通大学出版社 2006 年版。
[200] 中国人事科学研究院编:《海峡两岸与区域人才合作发展论文选》,中国人事出版社 2011 年版。
[201] 周洪:《我国公务员宽带薪酬实施与发展趋势探讨》,上海师范大学,2009 年。
[202] 周知秋:《公务员收入分配改革亟须破除的四个困惑》,《东方早报》2014 年 3 月 11 日。
[203] 子非鱼:《国外公务员的薪酬怎么定》,《决策探索月刊》2014 年第 5 期。
[204] 宗和:《国外如何限制"三公消费"》,《政府法制》,2011 年。

后　记

中国进入新时代，中国经济也进入新常态。新常态下，我国面临经济结构调整、增长速度放缓、利益格局分化的新挑战。研究公务员工资收入分配改革对于形成合理有序收入分配格局，具有重要意义。

近年来，随着中央“八项规定”颁布和“三公”经费改革加快推进，公务员收入分配制度成为各方关注的焦点问题之一。公务员从众人竞相追捧的“铁饭碗”逐渐变得不那么吃香，一些在职公务员不断抱怨收入低、福利差，涨薪呼声越来越高，局部地区甚至还出现了“公务员队伍不稳定”和“离职潮”等问题。如何正确认识和解释这一转变？我国的公务员工资究竟高了还是低了？党的十八届三中全会也提出，要形成合理有序的收入分配格局，而公务员收入分配格局是整个社会收入分配格局的重要组成部分，推进公务员收入分配制度改革，更加符合在深层次调整和理顺社会利益关系的内在诉求。新常态下，合理确定公务员工资水平，建立科学完善的公务员薪酬制度，保持合理的地区间公务员收入差距，理顺收入分配关系，对于形成合理有序的收入分配格局，引导和推动社会收入分配关系的深层调整，乃至提升国家治理能力和治理体系现代化水平、全面落实十八届三中全会提出的336项改革举措、回应当下有关公务员收入分配制度改革热点问题、推进政府职能转型以及反腐倡廉等具有重要现实意义。

也是带着这些问题和思考，笔者组织研究团队在以往进行一系列收入分配研究基础上，聚焦我国公务员薪酬体系与收入分配开展研究。在过去的几十年中，笔者主要研究的领域之一是经济发展的收入分配问题。先后完成了10多本有关收入分配方面的研究著作和成果，也发表了大量的学术论文和文章。笔者的感觉是，中国收入分配问题的研究，从早期对分配制度尤其是围绕按劳分配为主进行研究，转到20世纪90年代开始聚焦收入分配差距问题，收入差距扩大；再到最近10年研究收入差距与经济发展的关系等，的确是在一步步深化和细化。值得一提的是，学术界和理论界把定性分析与定量研究结合起来，特别是运用实证分析对我国收入分配格局演变、收入差距扩大、减贫效应等问题进行了大量的分析。就研究总体特点而言，绝大多数研究还是从整体上聚焦收入分配的宏观问题研究，如总体差距问题、城乡收入差距、地区收入差距、行业和部门收入差距等，这当然也是十分有价值和意义的工作。但是，就目前以及今后中国收入分配发展趋势来看，收入分配内部结构也出现了十分复杂的情况，不同行业、不同部门，甚至不同群体和阶层等收入分配情况也是不同;从实践发展和政策设计与需求来看,更需要对收入分配问题开展分门别类的深入研究,进而提出分类改革、分类施策的研究方案;这样的分类研究、分类施策可能对解决中国多层次收入分配问题更具针对性和有效性。

也正是这样的思考,笔者首先考虑聚焦公务员收入分配及其薪酬体系开展研究。其实,具体的分类研究还有很多,如国有企业经营者薪酬体系研究、企业工人工资稳定增长机制研究、金融行业薪酬体系合理化研究、事业单位绩效工资体制机制改革与完善研究、研发行业与创新阶层收入分配机制研究、农民增收机制研究、农民工阶层收入增长与分配机制研究、税收政策完善与再分配调节机制研究等,这些细化和深入的研究,更加对指导中国形成合理有序的收入分配格局具有现实和重要意义。

本书是在笔者主持的国家社科项目"合理有序收入分配格局下公务员收入分配制度改革研究"(14BJL036)基础上形成的成果。课题研究过程中,笔者还主持了上海社会科学院国家高端智库的相关研究项目。这些研究中的部分成果和建议也被有关领导和部门采纳。本课题研究由权衡研究员提出思路和提纲;在研究过程中,还组织了多次专家讨论会。

本研究报告和初稿写作分工如下:序言及第一章,权衡、李凌执笔;第二章,薛安伟、刘子源执笔;第三章,智艳执笔;第四、五章,常亚青执笔;第六章,周大鹏执笔;第七章,陈陶然执笔;第八章,张鹏飞执笔;第九章,李凌执笔;第十章,李凌、权衡执笔。初稿完成以后,权衡研究员对整个初稿进行统稿,并做了进一步修改,对部分观点和结构也做了进一步调整，使之更加合理和完善。

本书成稿出版之际，恰逢中国改革开放40周年。愿以此献给伟大的改革开放40周年。也借此期盼新时代，中国改革再出发！

权　衡

2018年4月6日，于北京，中央党校掠燕湖畔

图书在版编目(CIP)数据

构建合理有序的公务员收入分配制度研究/权衡等著.—上海：上海社会科学院出版社，2018

ISBN 978-7-5520-2424-1

Ⅰ.①构… Ⅱ.①权… Ⅲ.①公务员—工资制度—研究—中国 Ⅳ.①D630.3②F249.24

中国版本图书馆CIP数据核字(2018)第186364号

构建合理有序的公务员收入分配制度研究

著　　者：权衡　等
责任编辑：董汉玲
封面设计：周清华
出版发行：上海社会科学院出版社
　　　　　上海顺昌路622号　邮编200025
　　　　　电话总机021-63315900　销售热线021-53063735
　　　　　http://www.sassp.org.cn　E-mail:sassp@sass.org.cn
排　　版：南京展望文化发展有限公司
印　　刷：常熟市大宏印刷有限公司
开　　本：710×1010毫米　1/16开
印　　张：19.75
字　　数：200千字
版　　次：2018年8月第1版　　2018年8月第1次印刷

ISBN 978-7-5520-2424-1/D·504　　定价：98.00元